本书受 2021 年吉林财经大学学术著作出版资助管理项目和 2021 年吉林财经大学会计学院学术著作出版资助管理项目资助

薪酬差距
对中国上市公司外源融资的影响研究

Research on the Effect of Salary Gap on
External Financing of Listed Companies in China

时 军 著

中国社会科学出版社

图书在版编目（CIP）数据

薪酬差距对中国上市公司外源融资的影响研究/时军著 .—北京：中国社会科学出版社，2022.6
ISBN 978-7-5227-0413-5

Ⅰ.①薪⋯ Ⅱ.①时⋯ Ⅲ.①上市公司—工资差额—影响—企业融资—研究—中国 Ⅳ.①F279.246

中国版本图书馆 CIP 数据核字（2022）第 113209 号

出 版 人	赵剑英	
责任编辑	谢欣露 刘晓红	
责任校对	周晓东	
责任印制	戴 宽	
出　　版	中国社会科学出版社	
社　　址	北京鼓楼西大街甲 158 号	
邮　　编	100720	
网　　址	http://www.csspw.cn	
发 行 部	010-84083685	
门 市 部	010-84029450	
经　　销	新华书店及其他书店	
印　　刷	北京君升印刷有限公司	
装　　订	廊坊市广阳区广增装订厂	
版　　次	2022 年 6 月第 1 版	
印　　次	2022 年 6 月第 1 次印刷	
开　　本	710×1000 1/16	
印　　张	21.5	
插　　页	2	
字　　数	343 千字	
定　　价	118.00 元	

凡购买中国社会科学出版社图书，如有质量问题请与本社营销中心联系调换
电话：010-84083683
版权所有　侵权必究

序

公司能够正常开展生产运营离不开作为其物质基础的资金，融资活动作为解决公司资金来源的关键问题，既能够为保障公司顺利开展生产经营提供必要的资金支持，又能够为公司拓展经营规模，开展创新和对外投资提供坚实的基础与保障。融资决策的合理制定对公司的生存与发展至关重要，是现代公司财务管理活动中重要的组成部分之一，已成为理论界和学术界关注的焦点。由于公司采用留存收益等方式的内源融资会受到公司规模和盈利能力的限制，筹集资金时间较长。外源融资能够更有效地筹集资金，是目前上市公司普遍采用的融资方式，其主要融资方式为债权融资和股权融资。随着我国经济不断发展，作为短期经营性债权融资渠道的商业信用融资已经发展为连接本国公司和跨国公司之间经济利益关系的纽带。尤其在我国大力发展"一带一路""丝绸之路"等国际化战略背景下，商业信用融资在国际经济发展和业务交流中更加凸显其关键作用。因此，本书将商业信用融资作为外源融资渠道之一进行研究，是研究主要贡献之一。

公司薪酬差距制定的合理性是判定公司薪酬激励机制行之有效的科学依据之一，对解决现代公司由于"两权分离"产生的委托代理问题具有重要作用。随着我国国有公司管理层薪酬的不断增加，中国政府于2009年和2014年分别颁布《关于进一步规范中央企业负责人薪酬管理的指导意见》和《中央管理企业负责人薪酬制度改革方案》，两次实施的"限薪令"对国有公司高管的薪酬起到了限制作用。由于公司薪酬差距的制定会影响到公司员工日常工作积极性，对公司生产经营的绩效产生影响，最终影响公司融资活动的开展。但目前学术界已有研究尚未对公司薪酬差距与外源融资方式的选择展开深入探究。

基于上述背景，《薪酬差距对中国上市公司外源融资的影响研究》一书从公司薪酬差距视角入手，既考虑基于公司外部行业基准的高管团队、高管与员工之间的薪酬差距，也涵盖公司内部高管团队、高管与员工相对薪酬差距，基于锦标赛理论、行为理论、代理理论和公司治理理论，探究薪酬差距对债权融资、商业信用融资和股权融资产生的影响效应。分析在不同产权性质的公司中，薪酬差距对外源融资产生的影响差异，进一步结合公司外部环境因素和公司股权制衡特征考察其异质性的作用。

总体内容来看，本书属于公司治理体系和资本市场公司财务决策的研究范畴，其主要贡献体现为以下三方面：第一，本书以公司外源融资作为研究主题，将公司外源融资分为以长期债权性融资为主的债权融资、短期债权性融资的商业信用融资和上市公司偏重的股权融资三个维度，较之传统的外源融资活动研究的范畴而言，更加全面。进一步将债权融资分别从融资水平、融资期限和融资方式三个方面进行考察，商业信用融资和股权融资选取融资水平进行探究。从政府部门层面提出应当健全证券市场，营造适合股权融资的资本市场环境，构建商业信用监督体系的建议；建议公司管理层应当提升公司核心竞争力，增强商业信用融资的吸引力。

第二，本书从薪酬差距视角探究其对外源融资的影响效应，拓宽了薪酬差距的经济后果。薪酬差距的研究内容既涵盖公司外部基于行业基准确定的高管团队、高管与员工之间薪酬差距，也包括公司内部高管团队、高管与员工之间相对薪酬差距，结合公司产权性质的异质性分析，丰富了外源融资的影响因素。最终为政府部门完善薪酬激励相关法律规章建设提供数据支持，建议公司管理层设定合理的岗位薪酬标准，完善公司激励机制，制定合理的公司管理层晋升制度。

第三，本书结合公司外部环境因素和公司内部治理特征两方面视角，进一步分析了地区经济发展、行业垄断程度和公司股权制衡对薪酬差距与外源融资的影响效应，充实了薪酬差距与外源融资的研究框架，建议公司管理层建立有效的监督体系，完善公司内部治理机制，合理制衡公司股东控制权。

本书是时军博士在博士论文基础上修改而成的。相信本书的出版，可以为公司财务与金融管理相关领域的深化提供理论基础和经验支持。希望作者坚持不懈，踔厉奋发，一如既往地深入思考开展学术研究，勤勉致知，为推进中国公司治理体系的完善和资本市场的发展贡献力量。

王爱群
吉林大学教授
2022 年 3 月

摘　要

　　上市公司融资渠道薄弱一直困扰着中国实体经济的发展。融资渠道的拓展作为资本结构研究的主要核心问题，其对公司融资能力的提高，公司生产经营规模的扩张，公司成长的稳健性，以及公司应对外部环境的变化以期实现可持续发展战略规划目标起着举足轻重的作用。由于内源融资受到公司盈利能力和规模的限制，且筹集资金时间较长，因此，学术界和实务界一直关注如何有效合理地开展公司外源融资活动，其主要是围绕着债权融资和股权融资进行研究。目前，我国经济处于转型阶段，金融体系和资本市场尚待完善，商业信用融资能够有效地缓解公司融资压力，拓宽公司融资途径，促进公司资金周转使用，已经成为公司重要的外源融资方式，其对降低公司融资约束，优化资金管理具有重要作用。因此，本书将商业信用融资纳入公司外源融资渠道开展进一步研究。

　　由于现代公司主要特征是"两权分离"（即所有权和经营权），导致在资源委托方（即资源所有者）和资源受托方（即资源经营者）之间产生了委托代理问题（Jensen and Meckling, 1976），薪酬契约制定的有效性可以作为解决委托代理问题的公司治理机制之一。科学、合理地制定薪酬差距，是公司薪酬激励机制的重要研究内容，也是公司薪酬政策是否有效、可行的判断依据。由于薪酬差距会对公司高管和员工日常工作的积极性产生影响，最终影响到公司绩效，导致在资本市场中向公司投资者、债权人、供应商等利益相关者传递出的公司偿债、营运、盈利和发展能力信息受到影响，最终会影响公司进行外源融资的效果。但是，目前学术界还缺乏关于薪酬差距对公司外源融资的影响研究，且学术界针对薪酬差距所产生激励效果的研究尚没有统一结论,其究竟会对公司外源融资渠道会产生什么样的作用还需要进一步验证。

目前,对薪酬差距和外源融资的研究范畴还缺乏权威、一致的界定,且已有研究很少考虑薪酬差距对商业信用融资的影响。因此,首先,本书以锦标赛理论和行为理论为基础,结合代理理论和公司治理理论,对已有研究的文献进行系统梳理,探索出本书的研究空间。其次,通过分析我国上市公司薪酬差距和外源融资方式的发展趋势,探究研究薪酬差距影响外源融资的必然性,对两者之间关系进行理论分析。再次,从三个维度开展薪酬差距对外源融资的影响研究:第一维度是薪酬差距对债权融资的影响;第二维度是薪酬差距对商业信用融资的影响;第三维度考虑薪酬差距对股权融资的影响。最后,对本书的实证结果进行稳健性验证和进一步分析的基础上,提出针对性的对策和建议。

通过以上研究,本书主要结论为:

(1) 实证检验我国上市公司薪酬差距对债权融资的影响。

研究结果表明:债权融资水平方面,公司外部和内部高管员工相对薪酬差距越高会显著降低负债融资比率。债权融资期限方面,公司高管员工外部薪酬差距中值、高管团队和高管员工相对薪酬差距与长期负债比率呈现显著负向关系。债权融资方式方面,公司外部和内部高管员工薪酬差距与长期借款比率均呈现显著正向关系。实证检验进一步区分了公司产权性质,国有企业能够加强高管团队和高管员工外部薪酬差距中值与负债融资比率的负向效应;高管员工外部薪酬差距中值、高管员工相对薪酬差距对长期负债比率的负向效应被加强,说明在国有企业中,薪酬差距越高,高管会建立有利于自身谋利机制,削减公司债权融资,提高其薪酬操纵的便利性。股权制衡度高的公司,会加剧公司外部和内部高管员工薪酬差距对长期负债率负向效应,高管团队外部薪酬差距中值对长期借款比率的正向效应被减弱。此外,考虑了行业竞争程度,采用垄断度进行分类,发现垄断程度较高的行业会增强高管员工外部和内部薪酬差距对负债融资比率、长期负债比率的负向效应,对长期借款比率的正向效应会被减弱;将公司注册地划分为东部及沿海地区和中西部地区,发现位于经济发达的东部及沿海地区的公司高管员工相对薪酬差距对负债融资比率负向效应被加强,高管员工外部薪酬差距中值和相对薪酬差距对长期负债比率的负向效应被减弱，高管团队外部薪酬差距中值对长期借款比率的正向效应被加强。

（2）实证检验发现公司高管团队、高管员工薪酬差距的增加会降低商业信用融资水平。

国有公司会加剧公司薪酬差距与商业信用融资水平的负向效应；股权制衡度高的公司，会削弱公司高管员工外部薪酬差距中值与商业信用融资水平的负向效应；处于高垄断行业的公司，高管团队相对薪酬差距与商业信用融资水平的负向效应会加强；处于经济发展较好地区的公司，高管团队和高管员工相对薪酬差距与商业信用融资水平的负向效应会减弱。

（3）实证检验我国上市公司薪酬差距对股权融资的影响。

研究表明我国上市公司薪酬差距与股权融资水平呈现负向效应，随着公司外部和内部薪酬差距的增加，公司的股权融资水平会下降。实证检验进一步研究发现，在国有公司、垄断度较高的公司和处于经济发展较好的地区的公司中，高管团队、高管员工相对薪酬差距对股权融资水平的负向效应均会得到加强；股权制衡度较高的公司中，高管团队相对薪酬差距对股权融资水平的负向效应会减弱。

综上分析，基于对我国上市公司薪酬差距对外源融资渠道影响的理论分析与实证检验，本书提出的主要政策建议为：完善薪酬激励相关法律规章建设，提高法律法规执行的有效性；完善资本市场公司商业信用融资相关规范，完善商业信用监督体系，净化商业信用融资环境；设定合理的岗位薪酬标准，综合考虑公司内外部差异，科学制定薪酬差距，构建适合本公司的薪酬差距体系；完善公司激励机制，明确奖惩标准，制定合理的公司管理层晋升机制；明确公司管理层责权，并建立行之有效的监督体系；完善公司内部治理机制，合理制衡公司股东控制权；增加公司高管薪酬透明度，完善公司高管薪酬信息披露制度；公司还应注重树立诚信为本、规范经营的理念，积极发挥自身优势，不断提高公司核心竞争力，逐步扩大市场份额，增强商业信用融资的吸引力。

关键词：薪酬差距，债权融资，商业信用融资，股权融资

Abstract

Research on the Effect of Salary Gap on the External Financing of Listed Companies in China

Weak financing channels for listed companies have been plagued by the development of China's real economy. The expansion of financing channels is the main core issue of capital structure research. It plays a key role in the improvement of the company's financing capacity, the expansion of the company's production and operation scale, the stability of the company's growth, and the company's response to changes in the external environment in order to achieve sustainable development strategic planning goals. Because endogenous financing is limited by the company's profitability and scale, and it takes a long time to raise funds, the academic and practical circles have been paying attention to how to effectively and reasonably carry out the company's external financing activities, which mainly focus on debt financing and equity financing research. At present, China's economy is in a transition stage, and the financial system and capital market need to be perfected. Commercial credit financing can effectively alleviate corporate financing pressure, broaden corporate financing channels, and promote the use of company funds. It has become an important external financing method for companies. It can play an important role in reducing the company's financing constraints and optimizing capital management. Therefore, this book includes commercial credit financing as a source of external financing for further research.

Due to the separation of ownership and management rights of modern companies, the principal - agent problem has arisen between resource owners and resource operators (Jensen and Meckling, 1976). The validity of the compensation contract can be used as a corporate governance mechanism to resolve the principal - agent problem. The scientific and rational formulation of salary gaps is an important research content of the company's salary incentive mechanism, and it is also the basis for judging whether the company's salary policy is effective and feasible. The salary gap will affect the enthusiasm of the company's management and employees, and then affect the improvement of the company's performance, leading to the information of the company's debt repayment, operation, profitability and development capabilities transmitted to the company's investors, creditors, suppliers and other stakeholders in the capital market affected. It will ultimately affect the effectiveness of the company's external financing. However, at present, there is still a lack of research on the impact of salary gaps on the company's external financing, and the research on the incentive effects of salary gaps in academia still lacks a unified conclusion. Further research verification of effect of salary gaps on the company's external financing channels is need.

At present, the research scope of salary gap and external financing still lacks an authoritative and consistent definition, and existing research rarely considers the impact of salary gap on commercial credit financing. Therefore, this book is based on tournament theory and behavior theory, combines agency theory and corporate governance theory, systematically reviews existing research literature, and explores the research space of this book. Secondly, based on the analysis of the development gap of China's listed companies' salary gap and the source of external financing channels, this book explores the necessity of the effect of salary gap on external financing, and makes a theoretical analysis of the relationship between them. Thirdly, the research on the impact of salary gap on external financing from three dimensions: the first dimension is the impact of the salary gap on debt financing; the second dimension is the impact of the salary

Abstract

gap on commercial credit financing; the third dimension considers the impact of the salary gap on equity financing. Finally, based on the empirical results of this book, specific countermeasures and suggestions are proposed.

Through the above studies, the main conclusions of this book are:

(1) The empirical test of the impact of China's listed company salary gap on debt financing.

The research results show that: in terms of debt financing level, the higher the relative salary gap between external and internal executives of the company will significantly reduce the debt financing ratio. In terms of debt financing term, the median external salary gap of the company's executives and employees, the relative salary gap of the senior management teams and the executives – employees and the long – term debt ratio shows a significant negative relationship. In terms of debt financing methods, the salary gap between external and internal executives and employees of the company and long – term bank loan ratio show a significant positive relationship. The empirical test further distinguishes the nature of the company's property rights. State – owned enterprises can strengthen the negative effect of the median external salary gap of the senior management teams, the executives – employees and the debt financing ratio; the median external salary gap of the executives – employees and the relative salary gap of the executives – employees affect the long – term debt ratio. The negative effect has been strengthened, which indicates that the higher the salary gap in state – owned enterprises, the senior managements will establish their own profit – making mechanism, reduce the company's debt financing, and improve the convenience of their salary manipulation. Companies with a high degree of equity balance will exacerbate the negative effect of the salary gap between external and internal executives and employees on long – term debt ratios, and the positive effect of the median external salary gap of senior management teams on long – term bank loan ratio will be weakened. In addition, considering the degree of competition in the industry and using the degree of monopoly to classify, it finds that industries with a higher degree of monopoly will enhance the negative effects of salary gaps between external and internal executives and employees on debt financing ratios and long – term debt ratios, but the negative effects of salary gaps between external and internal senior management teams and employees on debt financing ratios and long – term bank loan ratio will be weakened; divide the company registration place into the eastern and coastal regions and the central and western regions, and finds that the negative effects of the median external salary gap of the management teams, the relative salary gap of the executives – employees on the debt financing ratio is strengthened in the economically developed eastern and coastal regions, the negative effect of the median external salary gap and the relative salary gap between executives and employees on the long – term debt ratio is intensified, and the positive effect of the median external compensation gap of the senior management teams on the long – term bank loan ratio is strengthened.

(2) Empirical inspection shows that the increase in the salary gaps between the company's senior management teams, executives and employees will reduce commercial credit financing.

State – owned companies will exacerbate the negative effects of the salary gaps and commercial credit financing; companies with a high degree of equity balance will weaken the negative effects of the median external salary gap for executives – employees and commercial credit financing; companies in high – monopoly industries, the negative effect of the relative salary gap of senior management teams and the commercial credit financing level will be strengthened; in companies with better economic development, the negative effect of the relative salary gaps between senior management teams and executives – employees and the commercial credit financing level will decrease.

(3) Empirical test of the impact of China's listed company salary gap on equity financing.

The research results show that the listed company's salary gap and equity financing level have a negative effect. As the company's external and internal salary gap increases, the company's equity financing level will decrease. Empirical test further research finds that in the state – owned companies, companies with higher monopoly levels and companies in regions with better economic development, the negative effect of the relative salary gaps of the senior management teams and executives – employees on equity financing level will be strengthened; In companies with a high degree of equity balance, the negative effect of the relative salary gaps of the senior management teams on equity financing level will decrease.

To sum up, based on the theoretical analysis and empirical test of the impact of China's listed company's salary gaps on external sources of financing, the main policy recommendations in this book are: it should improve the construction of laws and regulations related to salary incentives, and improve the effectiveness of laws and regulations; it should improve the capital market the company's commercial credit financing related specifications, and improve the commercial credit supervision system, and purify the commercial credit financing environment; it should set reasonable post salary standards, and comprehensively consider internal and external differences of the company, and scientifically formulate the salary gaps, and build the salary gap systems suitable for the companies; it should improve the company incentive mechanism, clear reward and punishment standards, and formulate a reasonable promotion mechanism for the company's management; it should clarify the company's management responsibilities and rights, and establish an effective supervision system; it should improve the companies' internal governance mechanisms, and reasonably check and control the company's shareholder control; it should increase the companies' executive salary transparency and improvement of the companies' executive salary information disclosure system; companies should also focus on establishing the concept of integrity – based and standardized management of companies' operations, and actively play their own advantages, and continuously improve the companies' core competitiveness, and gradually expand market share, and enhance the absorption force of commercial credit financing.

Key words: Salary gap, Debt financing, Commercial credit financing, Equity financing

目 录

第一章 绪论 ·· 1

    第一节 研究背景与研究意义 ·· 1

    第二节 研究框架与研究内容 ·· 18

    第三节 关键概念界定 ··· 21

    第四节 研究方法 ·· 32

    第五节 研究贡献 ·· 34

第二章 文献综述 ·· 36

    第一节 外源融资研究的文献综述 ····································· 36

    第二节 薪酬差距研究的文献综述 ····································· 51

    第三节 薪酬差距影响外源融资相关文献综述 ······················ 60

    第四节 公司产权性质影响外源融资的文献综述 ··················· 65

    第五节 文献评述 ·· 67

    第六节 本章小结 ·· 70

第三章 薪酬差距影响外源融资相关理论分析 ······················ 71

    第一节 锦标赛理论 ··· 71

    第二节 行为理论 ·· 74

    第三节 代理理论 ·· 78

    第四节 公司治理理论 ·· 85

    第五节 本章小结 ·· 93

第四章 薪酬差距对债权融资的影响 ··············· 94
第一节 理论分析与研究假设 ··············· 94
第二节 研究设计 ··························· 103
第三节 实证结果及分析 ··················· 113
第四节 本章小结 ··························· 191

第五章 薪酬差距对商业信用融资的影响 ······· 196
第一节 理论分析与研究假设 ··············· 196
第二节 研究设计 ··························· 203
第三节 实证结果及分析 ··················· 206
第四节 本章小结 ··························· 240

第六章 薪酬差距对股权融资的影响 ··············· 241
第一节 理论分析与研究假设 ··············· 241
第二节 研究设计 ··························· 246
第三节 实证结果及分析 ··················· 250
第四节 本章小结 ··························· 283

第七章 研究结论与政策建议 ······················ 284
第一节 研究结论 ··························· 284
第二节 政策建议 ··························· 287
第三节 研究局限与展望 ··················· 293

参考文献 ··· 295

第一章

绪 论

本章主要分析了研究主题的现实背景和理论背景,对本书研究的整体框架和主要内容进行系统阐述,对本书采用的主要研究方法进行概述,总结本书研究的主要贡献。

第一节 研究背景与研究意义

一 研究背景

(一)现实背景

资金是公司运营的"血液",公司开展生产经营必须有足够的资金支持,资金"从哪里来"是融资活动要解决的主要问题。融资活动作为现代公司财务管理活动的主要组成部分,其主要解决公司资金供给问题,是公司生产经营活动开展之前公司管理层首先需要考虑的问题。上市公司开展融资活动,融资渠道总体分为两类,一类是以留存收益和资产折旧为主进行的内源融资,另一类是公司外源融资,包括债权融资和股权融资。由于内源融资主要通过公司内部积累完成公司融资(如公司内部保留的盈余资金),其不仅会受到公司规模和公司盈利状况的限制(黄少安,2001),而且其明显的缺点是依赖公司自身积累开展公司生产经营活动,会需要耗费很长时间(马永斌,2018)。基于此,本书以外源融资作为主要研究对象。

外源融资能够快速地筹集公司发展所需资金,作为典型的、标准化融资合同(张维迎,2014)的债权融资和股权融资是目前绝大多数上市公司主要的融资方式。上市公司在资本市场上采用外源融资进行更有效资金筹集是确保公司顺利开展生产经营的经济基础。

在市场经济环境下，债权融资是公司资金主要融资渠道之一，能够为公司提供资金支持。债权融资能够抑制公司股东与公司高管之间的委托代理问题，其本质也是一种公司治理机制（唐雪松等，2007）。Jensen 和 Meckling（1976）认为公司与债权人签署的债务契约能够影响公司高管工作的勤勉程度和财务行为的选择，导致公司管理层和股东利益的趋于一致性，对公司管理层产生激励的约束效果。公司高管以追求自身利益最大化为目标，有可能会发生损害股东权益的行为。债权融资通过到期偿付债务的债务契约，限制了公司高管自由支配公司资金的行为。如果公司到期无法清偿债务，发生破产风险，会对公司高管的自身投机行为起到约束作用。由于债权融资所发生的利息费用在所得税计税之前抵扣，具有抵减公司所得税的作用，会降低公司债权融资的资金成本。在债权融资过程中，公司如果从银行等金融机构取得资金需要经过严格审核贷款项目的可行性分析，必要时会要求公司提供贷款担保，或者以公司资产进行抵押。采用债权融资不会削弱公司股东的持股比例和控制权，能够起到完善公司治理结构，促进公司治理机制有效运行的作用。

股权融资是外源融资的又一主要渠道，其能够避免债权融资中公司到期还本付息的财务压力的缺陷，公司筹集资金能够长期使用，降低了公司融资风险。但股权融资主要缺陷在于公司通过发行股票吸引投资者的资金，会分散公司已有股东的持股比例和公司控制权。公司股票发行需要向证券机构支付手续费和佣金，与债权融资不同，股权融资没有利息费用发挥"税盾"的作用，因此，股权融资成本相对较高。股权融资取得资金后，公司管理层要对资金的有效运营负责，确保股东投入的资金能够保值增值，同时，公司的控制权会转移给股东，例如，董事会席位、累积投票权等（马永斌，2018），即以释放公司控制权进行融资（张维迎，2014）。

改革开放初期，中国公司融资方式较为单一，较多依赖于公司自有资金积累，或者国家财政拨款，也有部分公司通过银行取得政策性贷款，融资渠道相对匮乏。随着我国市场经济逐步确立，市场竞争强度不断提升，资本市场不断完善，上市公司主要通过债权融资取得资金。

1998年年底，全国6.47万家国有及国有控股制造业公司绝大部分采用债权融资，资产负债率达到63.74%，流动负债率为96.5%，国有公司偏重债权融资。进入21世纪，我国上市公司采用债权融资规模不断上升，债权融资规模（不包括国债、地方政府债、央行票据和同业存单）由2012年的64119亿元上涨至2016年的142234亿元，年增长率为17.3%；同时，股权融资规模也呈现上升趋势，股权融资规模由2012年的4457亿元上升至2016年的21134亿元，年增长率达到36.5%。外源融资规模的不断扩大，说明我国上市公司融资需求仍然很大，公司管理层更为注重债权融资和股权融资这种直接融资方式。还有部分学者通过调研发现我国资本市场中绝大部分上市公司的资产负债率仍然较低，更多偏重于股权融资，出现"股权融资偏好"现象（黄少安和张岗，2001；陆正飞和叶康涛，2004）。我国上市公司债权融资比例相对较低，其主要原因在于：一是由于公司内部资金积累不足，在进行外源融资渠道选择时，债权融资到期还本付息的契约方式会增加公司融资压力，债权人的监督会对公司高管进行相关计划的制订和决策的选择产生约束，由于破产风险的存在，公司高管还会承担较高的破产成本。由此，导致我国上市公司在现有融资环境下，考虑融资成本和所承担的风险，较少地选择债权融资；二是作为债权人的银行等金融机构没有充分发挥债权人监督作用。由于我国政府对银行的资本金、财产等控制力度较大，导致银行等金融机构参与公司监督和治理的积极性并不高。银行等金融机构对公司的监督仅仅停留在公司高管层面，没有深入公司内部治理结构，其目标仅仅考虑维护自身的权益，缺乏为公司长远战略发展的考虑；三是我国债券市场发展并不完善，公司债券与股票市场的发展存在较大差距，公司发展债券融资比例相对较低，无法有效提升公司绩效。

近年来，随着我国经济不断发展，公司面临更多新的机遇和挑战，为不断扩充公司资金供给量，公司会更多选择商业信用方式进行融资，较多以短期资金融资为主。根据中国企业营运资金管理研究中心调查显示，2014年中国上市公司流动资产中的应收账款、应付账款和存货整体呈现增加的趋势，上涨幅度超过5%，短期金融性负债占比高达69.53%；根据《中国上市公司资本效率与财务风险调查》显示，2015

年年末我国非金融类上市公司中商业信用融资金额来自短期债务比例为79.56%，2016年短期债务比例呈现小幅下降。我国上市公司开展融资活动时，银行债权融资、商业信用融资、公司债券融资已经成为我国公司三大主要融资活动（李辰颖和刘红霞，2013），为公司生产经营提供主要的资金来源。依据融资优序理论，债权融资相较于股权融资存在一定优势，但我国金融市场还不完善，我国上市公司存在股权融资偏好的现象，导致公司融资结构不合理。公司开展商业信用融资，能够适当地增加公司债权融资的比重，促进融资结构不断优化。因此，有必要对商业信用融资进行研究，公司开展有效的商业信用融资活动，是公司持续发展和良好运行的前提和基础。

商业信用融资作为短期经营性债权融资渠道于1960年由Meltzer首次提出，逐渐引起学术界和实务界关注。在资本市场不发达时期，商业信用融资是公司融资的主要方式之一。在经济日趋国际化的今天，商业信用融资不只作为公司融资渠道，其已经发展为连接本国公司和跨国公司之间经济利益关系的纽带。美国作为全球经济发展最发达的国家，公司赊销金额占销售总收入的比重较大，商业信用融资额占整体融资额达到8%，为美国经济发展注入了活力。日本公司采用商业信用融资金额占整体融资额比例高达17.9%，该项指标在法国、德国和英国分别达到15.5%、8.2%和5.7%，商业信用融资俨然成为公司的主要融资渠道之一（郝文静，2018）。尤其在我国大力发展"一带一路""丝绸之路"等国际化战略背景下，商业信用融资在国际经济发展和业务交流中更加凸显其关键作用。随着我国市场开放程度的加深，商业信用融资在公司之间开展业务过程中，起到"润滑剂"的作用，能够不断提升公司营运效率，有助于公司绩效的提高。当公司资金短缺时，采用商业信用融资获得资金能够有助于公司把握市场机遇，扭转公司不利局势，促进公司长期战略的顺利实施。对于金融体系尚不健全的地区，其对经济发展的推动作用远远超过银行借贷的融资渠道，对公司的成长起到重要作用。尤其在资本市场存在信贷紧缩的情况时，商业信用融资能够发挥替代性融资的效应。随着经济的发展，商业信用融资逐渐成为公司普遍采用的一种非正式的融资渠道，作为公司现金管理的一种方式，有助于提高公司生产经营的持续稳健性。

但不容忽视的是，我国上市公司普遍面临融资约束问题。从宏观经济环境分析，自2008年始于美国次贷危机，随后国际金融危机爆发之后，商业银行等金融机构的贷款能力呈下降趋势，贷款提供意愿更加谨慎，公司"拓展融资渠道难""融资成本较高""融资条件苛刻"等一系列问题更加棘手。此外，商业信用融资本质上属于公司的一种债权融资方式，同样存在公司利用商业信用恶意拖欠债务支付等融资风险，对公司商业信用融资的顺利开展产生不良影响。一系列案例表明公司采用商业信用融资存在还款付息的财务压力和融资风险，公司需要注重维护自身良好的商业信用。

综上所述，融资渠道的薄弱是中国上市公司发展的主要障碍，与西方发达国家相比，我国公司债权融资、商业信用融资和股权融资还没有有效开展，我国上市公司普遍存在信用融资观念淡薄，部分公司还存在滥用商业信用的行为。面对不断变化的外部经济环境，基于资源所有权和经营权分离的现代公司如何能够有效拓展外源融资渠道？在有效运行公司治理机制的情况下，公司管理层为抵御债权人监督，是否会削减公司债权融资从而降低债权治理在薪酬激励契约中的影响力？公司外源融资渠道究竟受到哪些因素的影响？……对外源融资渠道开展相关研究无疑具有重要的现实意义，这也正是本书研究的主要内容。

（二）理论背景

基于公司融资方式的选择对公司发展起到至关重要的作用，财务学领域研究文献主要围绕着债权融资、商业信用融资和股权融资的影响因素展开较为集中和丰富的研究。

对于公司而言，债权融资优于股权融资（廖理和朱正芹，2003）。学术界研究公司债权融资的影响因素主要从"外部环境因素"和"公司自身特征"两方面展开。外部环境为公司持续发展提供基本保障，国内外学者进一步从经济环境、法律政策、金融市场和审计监督四个维度分析其对债权融资的影响。①经济环境维度方面，已有研究认为产品市场竞争程度会提高公司违约风险，进而降低公司偿债能力（Irvine and Pontiff，2009）。利率市场化程度会影响公司债务融资水平（张伟华等，2018）。宏观经济政策的不确定会降低公司取得银行贷款的可能性（Valencia，2017；蒋腾等，2018），政府官员异位会延迟债权和股权融资（Jens，2017），显著降低公司短期债权融资水平（叶勇和张丽，2018）。②法律政策维度方面，已有研究证实资本市场诉讼案件越多，会降低公司价值（Engelmann et al.，1988；Firth et al.，2011），公司存在未决诉讼案例较多时，会增加债务融资成本（刘慧等，2016），我国实施"营改增"政策会影响公司债权融资水平（岳树民和肖春明，2017）。③金融市场维度方面，已有研究指出金融危机会增加公司内外源融资成本的差异（Korajczy and Levy，2003），上市公司偏重选择内源融资和负债融资（闵亮，2011）。货币政策会影响公司融资规模（Kashyap et al.，1993）和融资成本（Bougheas et al.，2006；赵振洋等，2017）。当利率市场中出现放松利率管制的行为时，会促进公司进行资本结构调整，公司融资约束得以缓解（Koon and Shin，2004），公司短期贷款受到明显抑制（王红建等，2018）。④审计监督维度方面，已有研究发现分析师预测（Hong et al.，2000；宫义飞和夏艳春，2017）、审计意见类型（Chen et al.，2016；周楷唐等，2016；刘文欢等，2018）、审计质量（Gul et al.，2009；郑登津和闫天一，2017）和审计师行业专长（袁卫秋等，2018）对债权融资会产生影响。在公司自身特征方面，国内外学者从公司治理环境、高管特征、公司避税和违规行为四个维度开展影响债权融资的研究。①治理环境维度方面，已有研究指出良好的公司治理结构，能够影响债务融资期限（Myers，1977；谢军，2008）和债务融资比率（Berger et al.，1997）。而债务融资对公司治理机制也会产生影响，短期负债融资会促进代理成本的下降，长期负债融资降低代理成本的效应不显著（戴钰，2011）。对公司高管进行股权激励，能够提高公司债权融资水平（Leland and Pyle，1977）。公司内部控制质量越高，债务融资成本越低（陈汉文和周中胜，2014），存在内部控制缺陷的公司，债务融资成本越高（Kim et al.，2011），会影响公司债务契约的签订（Costello et al.，2011）。②高管特征维度方面，已有研究发现高管持股比例（Warefield et al.，1995；王怀明和陈雪，2017）、性别特征（Faccio et al.，2016；许晓芳等，2018）和专业背景（Fan et al.，2012；雷宇和曾雅卓，2019）会影响债权融资。③公司避税行为维度方面，已有研究指出公司通过避税行为，降低了债务融资（Graham and Tucker，2006；姚立杰等，2018）。④公司违规行为维度方面，已有研究指出发生违规行为的公司，债务融资成本会增加（Parthasarathy and Newberry，2007），内部人交易会影响债务融资规模（李碧连，2015）。

已有文献研究债务融资的内容主要集中于债权融资成本（Pittman et al.，2004；陈汉文和周中胜，2014；郑登津和闫天一，2017；袁卫秋等，2018）、债权融资规模（王怀明和陈雪，2017；蒋腾等，2018）、债权融资期限结构（Guedes and Opler，1996；Datta et al.，2005；谢军，2008；雷宇和曾雅卓，2019）、债权融资方式（Smith and Watts，1992；Cull et al.，2009；王怀明和陈雪，2017；黎来芳等，2018）和债权融资行为（包括债权融资规模、债权融资期限和债权融资来源）（黄文青，2011；许晓芳等，2018）。债权融资活动的顺利开展，不仅体现为债权融资成本的下降、债权融资规模的上升，还会涉及债权融资期限结构和债权融资方式的选择。债权融资成本仅仅是从财务视角出发，是债权融资所付出的代价，其研究仅仅停留在公司为开展债权融资活动而发生的支出层面，并没有深入挖掘债权融资活动的具体层面。而且债权融资成本还会受到来自债权融资规模和融资方式的影响。依据传统公司财务理论，公司债权人对公司高管具有监督和管理的动机。当公司资本结构中负债比重较高时，债权人会更积极监督公司高管（Stiglitz，1985）。债权融资期限结构对公司治理会产生影响效应（Harford et al.，2006），负债融资越高的公司，代理成本会越低，短期负债融资与公司代理成本呈现负向效应，长期负债融资没有体现降低代理成本的作用，但会降低公司绩效（戴钰，2011）。银行作为公司的债权人，能够促进公司治理机制有效运行。依据债务契约"代理观"，债务契约的限制性条款能够有效缓解公司债权人和股东之间的矛盾（Smith and Warner，1979），公司债权人通过缩短公司债务期限，增加保护自身利益的条款等方法实现规避潜在风险的目标（Myers，1977）。综上分析，本书借鉴已有文献黄文青（2011）和许晓芳等（2018）研究，对债权融资研究从更加全面的视角入手，具体包括债权融资规模、债权融资期限和债权融资方式三个维度，其中选取负债融资比率衡量债权融资规模，选取长期负债比率衡量债权融资期限。在研究债权融资方式时，已有文献研究指出，中国是以债务融资为主的国家，公司债务融资结构存在严重失衡的现象，银行借款在中国非金融类公司中新增资金来源占60%以上[①]。在公司融资方式中，近90%的融资额来自银行借款，债券和股票直接融资仅占社会整体融资金额的10%，根据2012年中国人民银行统计数据显示，2011年银行贷款融资金额达到74 715亿元，占社会融资总额的58.2%，公司债券融资仅为13 658亿元，占社会融资总额的10.6%。银行借款已经成为我国公司债权融资资金主要来源之一。其主要原因在于中国缺乏具有一定规模、运行较为规范的债券市场，公司债务融资方式过度依赖于从银行取得借款。尽管我国资本市场中存在股票融资偏好现象，已有部分公司选择发行股票进行融资，但其在配股或者股票增发条件方面均受到政府的严格管制。对于实现股权再融资的公司，由于公司募集的资金不能全部作为流动资金的补充，会导致资本结构不合理。借鉴王鲁平等（2014），本书选取长期借款比率衡量长期债权融资方式。本书研究债权融资主要从长期融资视角展开研究。

与银行借款相比，商业信用的提供者作为公司的债权人在公司治理过程中所发挥的效应更具有优势（杨勇等，2009）。其主要原因在于通过商业信用，供应商和公司之间建立了密切的合作关系，作为提供商业信用的上游公司，能够对处于下游的公司具有一定控制力和监督力（Petersen，1997）。相对于银行而言，供应商通过对公司购入的存货的监控进而能够有效地监督公司。随着我国市场经济不断深化，商业信用融资规模不断扩大，目前已经成为公司筹集流动性资金、缓解公司融资压力的一个重要的融资渠道。商业信用融资具有融资门槛低、成本低、融资风险易控制等优点，已经作为上市公司外源融资中一项替代性融资方式。我国金融体系还有待完善，公司通过银行直接融资取得的资金有限，加之银行贷款审核条件相对严苛，融资约束问题仍然困扰着绝大部分公司。商业信用融资没有严苛的约束条款，相对银行贷款而言取得较为容易，能够有效缓解公司"融资难、融资贵"的现实问题。尤其在当前我国金融体系尚不健全条件下，公司采用商业信用融资能够显著提高资源配置效率，满足公司日常扩大生产经营规模和长远战略规划目标

---

① 根据《中国金融年鉴》（2001—2006）整理。

的实现,对公司持续、稳定、健康的发展起到至关重要的作用。因此,本书将商业信用融资作为公司开展流动负债进行融资的主要方式进一步展开后续研究。

国内外文献资料中针对商业信用融资影响因素的研究主要集中于公司外部环境和内部特征两个方面,其中外部环境方面主要从经济政策不确定(Wang,2014;王满等,2017;刘惠好和冯永佳,2019)、法律诉讼(李晓玲和赖亚文,2019)、行业竞争(Fabbri and Menichini,2010;余明桂和潘洪波,2010)、媒体报道(Dyck,2003;宋婕等,2019)四个视角分析其对商业信用融资产生的具体影响;公司自身特征方面围绕着公司治理(Kim et al.,2011;郑军等,2013;徐虹等,2013)、高管特征(Van Horen,2005;胡珺等,2016;曹向等,2013)、战略定位(Miles et al.,1978;朱杰,2018;侯德帅等,2019)、审计质量(陈运森和王玉涛,2010)等维度开展研究,此外,公司财务报告重述(钱爱民和朱大鹏,2017)、分析师跟踪(Bowen et al.,2008;黄波和王满,2018)和供应商关系(李艳平,2017)等因素也会影响公司商业信用融资的效果。

国内外研究商业信用融资的内容范畴主要包括四个方面:一是商业信用融资成本(冯丽艳等,2016);二是商业信用融资模式(Hui et al.,2009;袁卫秋等,2017);三是商业信用融资水平(Petersen and Rajan,1997;Fisman and Love,2003;陆正飞和杨德明,2011;朱杰,2018;李晓玲和赖亚文,2019);四是商业信用供给与需求(Summers and Wilson,2002;冯丽艳等,2016;刘进等,2018;黄波和王满,2018)。上述文献对于商业信用融资成本、融资模式、融资水平和融资供求[①]的衡量方法存在很多重合部分,最终目的都是反映公司采用商业信用融资的具体情况。本书研究的主要对象是采用商业信用开展融资活动的资金需求方,即商业信用融资的需求方,参照方红星和楚有为(2019)研究方法,选取商业信用融资水平衡量商业信用融资并开展进一步研究。

---

① 本书对债权融资、商业信用融资和股权融资具体衡量方法的确定在关键概念界定部分详细阐述,这里不再赘述。

股权融资作为企业价值评估与交易过程，是成长型公司获取资金的重要外源融资途径之一（王宇和于辉，2017）。学术界从"外部环境因素"和"公司自身特征"两个方面展开对股权融资的影响研究。外部环境因素选择从媒体报道、融资约束、机构投资者、投资者权益保护和供应链五个维度开展探究：已有研究认为媒体报道能够起到有效监督作用，降低股权融资成本（Botosan，2000；刘全齐和李力，2017；赵玉洁，2019）；融资约束会影响公司股权融资（Campello and Graham，2013；陈文和王飞，2013）；机构投资者能够对股权融资成本产生影响（Pitotroski et al.，2005；范海峰和胡玉明，2010）；公司投资者权益保护与股权融资成本呈现负向影响（Doidge et al.，2004；姜付秀等，2008），与股权融资规模和股权融资比例呈现正向效应（吴克平等，2015）；公司供应链合作会影响到公司股权融资（De Bettignies，2015；Chod，2014；于辉和王宇，2018）。公司自身特征主要从公司治理和股票投机两个维度进行探究：良好的公司治理环境能够降低股权融资成本（魏卉等，2011），公司所有权性质（肖作平和尹林辉，2015）和股权制衡（杨兴全等，2012）会影响公司股权融资。股票投机行为会影响公司股权融资成本（Hirshleifer et al.，2009；王振山和王秉阳，2018）。对于股权融资内容的研究，已有文献主要围绕着股权融资成本开展，股权融资成本是资金需求方为获取股权融资所付出的代价，或者资金供给方所取得的回报，其仅仅是考虑了股权融资资金付出的层面，还没有深入思考影响股权融资决策的其他层面，且股权融资成本的衡量模型需要遵循严格的前提假设条件，在现实经济环境中很难实现，导致其衡量结果难免存在一定偏误。股权融资水平作为衡量股权融资规模的指标能够反映公司股权融资开展的整体情况，对股权融资成本也会产生影响，借鉴已有文献研究债权融资规模（许晓芳等，2018）的方法，本书选取股权融资水平衡量股权融资开展后续研究。

通过上述分析可以发现，已有文献研究对公司债权融资、商业信用融资和股权融资的影响因素主要集中于公司外部环境和自身特征两个视角。我国上市公司处于同一外部宏观环境，具有基本相似的外部环境因素，由此研究公司自身特征影响因素显得尤为重要。在公司自身特征方面，已有研究较多基于公司治理环境、公司经济行为、高管特征等方面展开研究,但这些研究都仅仅停留在融资活动影响因素的外在表现层面,公司治理相关措施执行效果的优劣、公司经济行为实施的合法合规,以及公司高管特征所产生的影响效应其归根结底都取决于其行为主体"人"的因素,即公司高管和员工。

融资活动作为公司生产发展的基础,其影响因素中更不容忽视的是做决策的"人"的因素,对"人"的激励效应能够直接作用于人的行为中。基于英国经济学家亚当·斯密(Adam Smith)所提出的"经济人"假设,其认为人的行为动机源自于经济诱因,人需要争取自身最大的经济利益期限,工作的目的在于取得经济报酬。公司薪酬差距的制定会对公司高管和员工产生不同的激励效果,进而影响公司融资方式的选择。从资金需求端分析,公司融资活动主要由公司管理层做出,且公司日常规范、有序、高质量的生产经营活动,以及公司所提供高质量的产品和服务与员工工作积极性更是息息相关,公司薪酬差距的设定对公司高管和员工所产生的激励效果会直接影响其责任感和团结合作的积极性,从而影响公司融资效果;另外,从资金供给端分析,薪酬差距对公司高管和员工的激励效果,会直接影响公司生产经营活动的顺利开展,以及公司所提供产品和服务的质量,导致公司绩效发生变化。在资本市场上,公司的债权人、投资者、供应商、客户等通过上市公司提供的财务绩效信息,能够了解公司偿债、盈利、营运和发展能力的变化情况,考虑是否有必要对公司提供充足的资金,最终作用于公司融资方式产生的效果。因此,薪酬差距对公司融资活动的顺利开展具有重要影响作用,但已有文献研究尚缺少从薪酬差距视角分析其对公司融资渠道的影响。

公司的薪酬契约作为可以降低委托代理问题的现代公司治理机制的重要组成内容,一直受到来自学术界和实务界的普遍关注。西方学者研究薪酬差距的制定对公司绩效的影响问题形成两种相互对立观点的理论:即锦标赛理论(Tournament Theory)和行为理论(Behavior Theory)。前者的提出者是 Lazear 和 Rosen(1981)、Rosen(1986),其主要观点为随着公司各组织中不同层级之间薪酬差距的增加,会对公司员工工作的积极性产生激励效用,进而促进公司绩效的提升;后者的提出者为 Cowherd 和 Levine(1992),主要观点为薪酬差距的增加,不利于公司员工团结合作，对公司绩效会产生消极影响。国内学者研究薪酬差距对公司绩效的影响，其主要结论有三种类型：部分学者研究结论支持锦标赛理论（赵颖，2016；董斌和曲蓬，2014；黎文靖和胡玉明，2012），部分学者研究的经验数据支持行为理论（张正堂和李欣，2007；张正堂，2007），还有学者研究发现薪酬差距与公司绩效呈现非线性关系，即倒"U"形曲线关系（赵健梅等，2017；潘敏和刘希曦，2016；吕峻，2014）。由薪酬差距与公司绩效研究的结论衍生出较为有价值的锦标赛理论、行为理论，以及两者呈现非线性倒"U"形关系的结论，具有一定学术贡献，但还存在需要完善和进一步充实的领域。薪酬水平和差异是公司员工最关注的问题，会影响到公司员工的态度与行为（Yanadori and Cui，2013），最终会作用于公司绩效，公司绩效发展的趋势，能够传递给公司投资者、债权人以及利益相关者有关公司未来发展能力、盈利能力、营运能力和偿债能力变化的情况信息，最终对公司融资活动的开展产生影响。

基于薪酬差距与公司绩效之间关系所形成的锦标赛理论、行为理论和非线性关系的结论，学术界陆续围绕风险承担、投资行为、研发创新、公司发展和盈余管理五个视角开展薪酬差距的经济后果研究，其研究结论普遍呈现出多元化的特征。薪酬差距对风险承担会产生正向效应（Kini and Williams，2012；朱晓琳和方拥军，2018）、负向效应（Wright et al.，2007；刘思彤等，2018）和非线性关系（张志宏和朱晓琳，2018）。薪酬差距对公司投资行为的影响具有正向效应（Lee et al.，2008；刘敏和冯丽娟，2015）、负向效应（熊婷和程博，2017）和非线性关系（刘美玉和姜磊，2019）。国内外学者研究发现薪酬差距的增加，能够有效激励公司研发投入（Sharma，2011；巩娜和刘清源，2015；朱芳芳和李海舰，2018），而基于行为理论随着薪酬差距的增加会降低公司员工工作积极性，从而降低研发投资（Barker and Mueller，2002）。部分学者研究发现薪酬差距的增加与公司研发行为呈现非线性关系（甄丽明和杨群华，2014；杨婵等，2017）。在公司未来发展方面，薪酬差距降低能够缓解危机事件给公司员工带来的焦虑（Baron et al.，2016），薪酬差距对公司股价绩效的弹性（Murphy，1985）、公司股东回报率（Guy，2000）和公司业绩（Ganarella and Gasparyan，

2008)等一系列成长性指标会产生影响,我国中央企业高管员工薪酬差距与公司成长性呈现正向效应(王爱国和王哲,2016)。公司薪酬差距的增加会降低公司战略选择和执行(Henderson and Fredrickson,2001),其与公司战略差异存在负向关系(潘镇等,2019)。薪酬差距的变动对公司生产效率(Mahy et al.,2011;盛明泉等,2019)、公司人员的会计错报(Burns and Kedia,2006;Guo et al.,2017;马晨等,2018)和员工离职(DeConinck and Stilwell,2004;步丹璐和白晓丹,2013)均会产生影响。此外,公司制定高管薪酬契约过程中应当考虑盈余水平和盈余持续性(Baber et al.,1999),公司薪酬差距同样会影响盈余管理。公司内部薪酬差距与盈余管理呈现正相关关系(Brian et al.,2014;Park,2017;杨志强和王华,2014)、负相关关系(Miller,2006;杨薇等,2019)和非线性关系(于富生和张颖,2013)。

综上所述,理论界和学术界已有研究可以发现外源融资渠道的影响因素和薪酬差距的经济后果已有成果较为丰富,但还鲜有学者考虑薪酬差距对公司外源融资的影响,尤其缺乏将商业信用融资纳入公司外源融资研究范畴中,考察薪酬差距对其产生的具体影响。本书研究将以薪酬差距为视角探究其对公司外源融资渠道的影响。

代理理论(Jensen and Meckling,1976)主要是探究公司所有权和经营权分离的情况下,资源委托方和受托方之间的契约关系的基础理论。代理理论中,与本书研究薪酬差距对外源融资影响的主题密切相关的有两个理论:债务代理成本理论和管理层防御理论。债务代理成本理论指出由于公司资源的委托方和受托方之间存在信息不对称的情况,为避免受托方发生仅有利于自身利益的机会主义行为,在签署契约过程中会发生债务代理成本,其具体包括监督成本、约束成本和剩余损失成本(Jensen and Meckling,1976)。当公司员工的薪酬不断增加时,会促使公司高管和股东的利益趋于一致,很有可能会加剧公司股东和债权人之间的矛盾,产生较高的债务代理成本。公司高管薪酬契约能够调节公司高管、股东和债权人之间的矛盾(Brander and Poitevin,1992)。公司采用股票期权进行薪酬激励,受到股票价格的影响,公司高管偏重选择高风险的投资项目,会增加公司债权人对股东的监督成本。债权人为能够降低成本,会采取相应对策(包括缩短债务期限,或者要求公司提供更多债务抵押，或者提高公司发行债券利率等方式），公司债权融资会受到影响。因此，理性的债权人会考虑公司高管薪酬这一影响因素（Brockman，2010）。另外，成长性较好的上市公司会倾向于短期债务融资（肖作平和李孔，2004）。

管理层防御理论会影响公司融资决策的选择和资本结构的构成（Harris and Raviy，1988；Israel et al.，1991）。尤其当公司融资约束较弱时，管理层防御理论所发挥的作用更为突出。当公司外部控制机制和内部监督机制存在问题时，公司管理层很可能做出不利于股东权益的行为。在进行融资方式选择时，公司高管具有"防御"意识时，会倾向选择股权融资，防止减少可支配的公司的自由现金流，避免受到公司债权人的监督（Gilson，1993）。债权融资方式会降低公司管理层持有可支配的自由现金流（Harris and Raviv，1988；Stulz，1988）。因此，公司在选择融资方式中，具有"防御"意识的管理层，会尽量避免债权融资，尽可能地降低公司资本结构中负债的比重（Jensen，1990），倾向于选择股权融资（Abe de Jong and Chris Veld，2001）。当公司CEO兼任公司董事会主席、公司外部董事所占董事会比例较低或者公司CEO任期期限较长的情况下，CEO所具有的"防御"意识会越强，公司选择债权融资的可能性更小（Chafik and Younes，2012）。

公司治理理论认为公司经营目标主要有两个方面：①股东价值最大化观，此观点认为公司经营的目标是实现利益最大化（青木昌彦，2001），股东是公司资源的所有者，股东大会是公司进行决策的最高权力机构。股东的利益是公司经营目标中被关注的唯一目标（Berle and Means，1932）。公司的有效运行能够增加社会整体利益，股东的权益和社会整体利益趋于一致，因此，公司有效运行能够实现公司股东利益最大化。②利益相关者理论，该理论认为公司治理的目标旨在实现公司利益相关者的利益最大化，不是仅以股东利益最大化作为目标。公司治理过程中，利益相关者可以共同参与，对公司实施合理、有效的管理，充分调动公司利益相关者参与公司经营管理的积极性，确保公司能够更有效运营。以此为基础，公司治理的问题主要分为两大类型：一类是股东与公司管理层之间的利益冲突，即公司管理层控制资源和道德风险；另一类是公司大股东（控股股东）和小股东之间的利益冲突，即控股股东对公司资源控制和利益侵占（宁向东，2005）。由于资本市场发展尚不完备，且资源的所有者和经营者之间存在信息不对称，导致公司治理问题的产生，并增强了公司融资活动与公司治理结构的紧密联系。公司规模的扩大与生产经营的发展离不开公司融资活动，而公司融资活动的开展导致资源的所有者和经营者分离，从而产生公司治理问题（张维迎，2014）。融资活动中债权融资会增加公司对经济利益流入、还款期限的规定，如果到期公司无法偿还债务，债权人会根据相关规定，要求公司进行破产清算以偿还债务，公司控制权会被债权人接收。股权融资没有对经济利益流入强制性规定，公司的控制权会转移给股东。

不容忽视的是，公司产权性质对于我国上市公司外源融资的效果所产生的影响。依据 2017 年中国财政科学研究院统计调查报告[①]显示：我国国有控股公司的银行贷款加权平均利率普遍较低，但针对融资困难存在与否的问题展开调查的过程中，有数据显示：52.1% 的国有公司认为不存在融资困难，而民营公司中仅有 38.6% 认为不存在融资困难。由此可以发现我国公司产权性质对于公司融资活动的开展和银行贷款的取得会产生不同的影响效应。在我国，国有公司和民营公司所处的国民经济发展中的地位和所受到的国家政策扶持程度具有明显的区别，首先，国有公司的控制权属于国家中央政府或者地方政府，因此，国有公司的管理层在具备一定经营管理专业素养的基础上，会受任于政府，在进行公司战略规划和财务决策时难免会受到国家政策方针的影响。其次，国有公司绝大部分属于国家基础性产业，不仅以盈利为目的，更要兼顾国有资本保值增值，履行相应的社会职责。由于国有公司受到国家政府的政策扶持，相对于民营公司而言，能够更快地筹集资金，很少受到"信贷歧视"，融资效果相对较好，与民营公司存在明显区别。另外，由于国有公司受到国家政策扶持，公司薪酬差距增加所产生的激励效应并不能够有效发挥，公司未来发展趋势还存在不确定性，这些都会影响公司外源融资的最终效果。因此，考察公司薪酬差距与外源融资的影响效用时，势必需要探究公司产权性质对其产生的异质性影响。

基于上述理论分析，本书关注的问题是：薪酬差距对公司外源融资

[①] 中国财政科学研究院 2017 年发布《降成本：2017 年的调查与分析》。

渠道会产生什么影响？以公司外部和内部薪酬差距对外源融资影响作为研究主线，首先对公司外源融资渠道进行重新界定，包括从长期债权融资视角分析的债权融资、短期债权融资视角分析的商业信用融资和上市公司更多倾向选择的股权融资三个方面，具体从理论分析和实证检验两方面探究薪酬差距对公司外源融资的具体影响。薪酬差距从公司外部和内部入手，将薪酬差距划分为高管团队和高管员工之间的薪酬差距进行探究。同时，将研究样本划分为国有公司和民营公司，进一步考察公司产权性质所产生的调节效应。本书的研究能够为公司管理层及相关机构制定薪酬差距提供依据，同时为进一步发展与拓宽公司融资渠道提供支持。

本书的主要研究思路如图1-1所示。

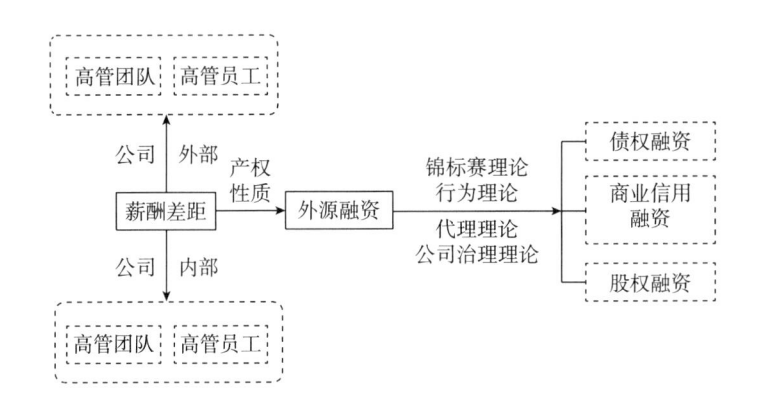

图1-1 本书研究思路分析

二 研究意义

(一) 理论意义

(1) 深化债权融资的影响因素范畴。现有研究主要围绕薪酬差距对公司绩效的影响研究，针对薪酬差距对公司外源融资的影响效应缺乏系统、全面和深入的研究。公司采用薪酬激励能够促使公司高管和股东的利益趋同，从而加深公司股东和债权人之间的利益冲突程度，导致债务代理成本较高。薪酬契约的调整，可以作为降低高管与股东、债权人与股东之间利益冲突的工具（Brander and Poitevin, 1992; John,

T. A. and John，K.，1993）。薪酬差距的设定所产生的激励效应，最终能够体现对债权融资的影响。本书实证检验公司外部和内部薪酬差距对债权融资水平、债权融资期限和债权融资方式的影响，丰富了债权融资的影响因素的研究领域。

（2）拓展并延伸了商业信用融资研究范畴。已有文献资料研究主要集中于商业信用融资的影响因素，分别从公司外部环境和自身特征两个方面展开研究。本书基于研究薪酬差距与公司绩效相互关系所形成的两种对立观点理论：即锦标赛理论和行为理论，以及代理理论、公司治理理论，从薪酬差距的视角分析其对公司商业信用融资的影响，拓展了理论基础的研究领域，丰富了商业信用融资研究成果。

（3）拓宽股权融资的影响因素及相关内容的研究范畴。已有文献研究股权融资的内容主要集中于融资成本，股权融资是公司财务研究领域的重要内容之一，上市公司进行股权融资能够提高上市公司的净资产规模。本书探究公司外部和内部薪酬差距对股权融资的影响，丰富了股权融资相关内容的研究。

（4）丰富了薪酬差距相关理论基础研究。公司薪酬差距的增加，能够促使高管与股东利益一致性的提高，会增加公司股东和债权人之间的利益冲突爆发的可能性，导致公司债权人对公司高管监督成本的增加，债务代理成本会不断升高。公司高管在公司内部和外部控制机制共同作用情况下，更倾向于发生有助于维护自身职位、追求自身利益最大化的管理层防御行为（Managerial Entrenchment），因此，本书选择代理理论中的债务代理成本理论和管理层防御理论作为主题研究的理论基础。此外，本书通过深入分析锦标赛理论、行为理论和公司治理理论在研究薪酬差距对外源融资渠道的影响中所起到的理论基础效应，不仅进一步拓展了薪酬差距的经济后果和外源融资相关研究范畴，更丰富了薪酬差距相关理论基础的影响效应和研究领域。

（二）现实意义

（1）基于对我国上市公司薪酬差距的经济后果和外源融资的影响因素现状进行分析，在我国对中央企业负责人薪酬实施限制等相关政策颁布背景下，考察样本公司的薪酬差距对债权融资产生的影响。从融资水平、融资期限和融资方式三个方面考察分析债权融资如何受到上市公司外部和内部薪酬差距的影响，并探究公司产权性质对其产生的异质性影响。进一步分析公司股权制衡、行业垄断程度和公司注册所在地区经济发展情况对薪酬差距与债权融资的影响，最终为公司制定科学、合理的薪酬差距提供有力的实证支持和具体对策建议，为公司管理层拓展债权融资提供重要的参考依据。

（2）基于对我国上市公司薪酬差距影响商业信用融资问题进行分析，全面考察我国上市公司外部和内部薪酬差距对商业信用融资的影响，进一步分析公司自身治理特征和公司外部环境对薪酬差距与商业信用融资的影响，最终为提高公司重视薪酬差距的制定，积极开展商业信用融资提出合理化建议，为公司管理层进行商业信用融资提供重要的参考依据。

（3）基于我国上市公司薪酬差距对股权融资的影响研究，验证了薪酬差距与股权融资水平呈现负向效应，考察了公司产权性质对薪酬差距与股权融资的异质性影响效应。进一步分析股权制衡、所处行业垄断程度和地区经济发展对薪酬差距与股权融资所产生的调节效应，为我国上市公司合理进行股权融资提供指导，为国家政府机构制定薪酬激励相关政策提供理论依据和数据支持，有利于我国上市公司充分认识薪酬差距产生的经济后果，提高上市公司管理层及相关部门对薪酬激励机制的重视程度，为股权融资的选择提供重要参考依据。

第二节　研究框架与研究内容

一　研究框架

本书在已有研究文献的基础上，采用理论分析、实证检验相结合的研究方法，设计了"提出问题—分析问题—解决问题"的研究思路，将论文研究现实与理论背景、研究意义的挖掘与探究和研究目的与创新作为研究前提，从国内外文献综述梳理出发，遵循"已有研究发展现状分析—理论分析与假设提出—实证检验—结论与建议"的研究技术路线，最终构建本书的主要研究框架，如图1-2所示。

本书研究薪酬差距对外源融资所产生的影响主要从三个维度入手：

第一维度：薪酬差距对债权融资的影响。高管团队和高管员工之间的薪酬差距所产生的薪酬激励效应，会对高管与股东利益的一致性产生影响，最终对公司的债权融资产生影响。理论分析与实证研究为第四部分的内容。

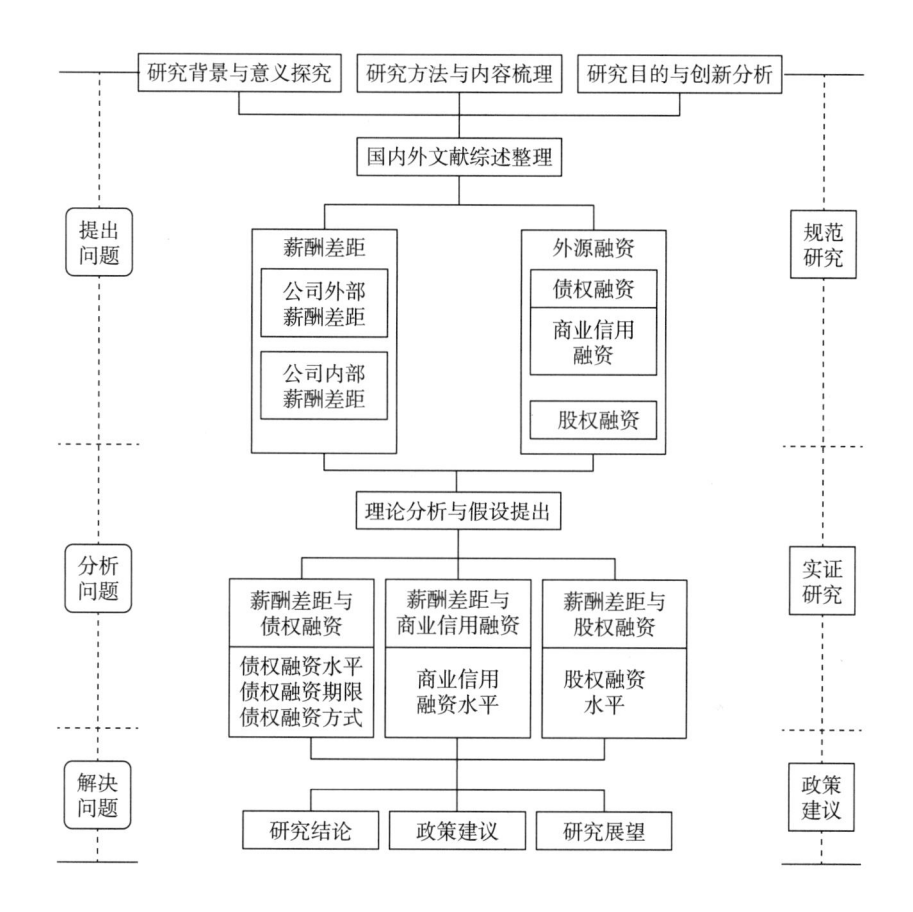

图1-2 本书研究框架

第二维度：薪酬差距对商业信用融资的影响。高管团队和高管员工之间基于行业中值的公司外部薪酬差距和公司内部相对薪酬差距的增加，会影响公司高管和员工的工作积极性，进而影响公司所提供的产品和服务质量，最终导致公司与供应商之间信用融资发生变化。此外，随着公司高管薪酬的增加，促使公司高管和股东利益一致性的增加，公司债权人会提高对公司高管的监督成本，从而对商业信用融资水平产生影响，理论分析与实证研究为第五部分的内容。

第三维度：薪酬差距对股权融资的影响。随着薪酬差距的变化，公司绩效会发生上升或者下降，公司的盈利能力和发展能力会发生变化，从而影响到公司股东对公司的投资意愿，导致股权融资水平的变化。本书验证了高管团队、高管员工之间以行业中值为基准的公司外部薪酬差距和公司内部相对薪酬差距对股权融资水平的影响，理论分析与实证研究为第六部分的内容。

二 研究内容

本书以中国沪深两市 A 股上市公司为研究对象，对国内外研究薪酬差距和外源融资相关文献进行系统梳理基础上，挖掘研究目的，发现研究空间和研究价值。本书在对前人已有研究成果进行总结分析的基础上，以锦标赛理论和行为理论为基础，结合代理理论中的债务代理成本理论和管理层防御理论以及公司治理理论研究薪酬差距对债权融资、商业信用融资和股权融资的影响，探究公司产权性质对薪酬差距与外源融资的异质性影响；本书进一步考虑了公司内部治理特征（股权制衡）和外部经济环境（包括行业垄断程度和公司注册所在地区）对薪酬差距与外源融资产生的调节效应。在此基础上，根据本书的研究结论，提出具体的政策建议，并对未来研究空间进行了展望。本书研究内容主要分为如下七个部分：

第一部分为绪论。本部分主要介绍本书的研究背景与研究目的、理论意义与现实意义、研究内容与结构框架、研究方法、研究贡献，从总体上概要介绍本书的研究框架和思路，为后续章节进行理论分析和实证检验奠定坚实基础。

第二部分为文献综述。主要梳理了国内外学者对债权融资、商业信用融资、股权融资和薪酬差距的研究成果，分析已有研究存在的不足，挖掘本书研究空间，最终对国内外研究文献进行简要评述。

第三部分为薪酬差距影响外源融资相关理论分析。该部分对本书研究的理论基础的主要内容和应用进行系统地阐述与总结，具体包括锦标赛理论、行为理论、代理理论和公司治理理论，深入分析各个理论与本书研究问题的关联性，为后文实证分析奠定基础。

第四部分为薪酬差距对债权融资的影响。该部分对我国上市公司薪酬差距影响债权融资的作用机理进行分析，并开展实证检验公司外部和内部薪酬差距对债权融资水平、融资期限和融资方式的影响，探究公司产权性质对薪酬差距与债权融资三个维度的异质性影响。对实证研究结果进行内生性检验和稳健性检验。进一步验证分析公司股权制衡、行业垄断程度和公司注册所在地对薪酬差距与债权融资实证结果所产生的差异影响。

第五部分为薪酬差距对商业信用融资的影响。该部分采用行为理论和代理理论基础，分析了我国上市公司薪酬差距对商业信用融资水平的影响，并探究公司产权性质对两者关系产生的异质性影响。对实证检验结果进行了内生性检验和稳健性检验，验证结果较为可靠。进一步结合公司股权制衡度、行业垄断程度和公司所处地区经济发展情况分析其对实证结果产生的不同程度影响。

第六部分为薪酬差距对股权融资的影响。该部分基于代理理论和公司治理理论主要探究我国上市公司薪酬差距对股权融资水平的影响效应，并探究公司产权性质对两者关系的异质性影响，实证研究结果验证支持行为理论，对实证结果进行多种稳健性检验。进一步考虑公司股权制衡、行业垄断程度对两者关系的影响效应，结合我国经济发展情况，将地区分类作为影响薪酬差距与股权融资的影响因素进行分析。

第七部分为结论与政策建议。该部分系统梳理了本书的研究思路和内容，总结归纳出本书的主要研究结论，为我国上市公司管理层及相关机构制定薪酬差距提供可参考的依据，为我国上市公司进行融资决策的选择提供支持，为我国政府部门颁布薪酬方面相关政策提供理论依据和实证支持。另外，指出本书尚存的研究不足，对研究的未来发展方向进行展望。

第三节 关键概念界定

一 外源融资相关概念

西方公司财务理论中指出股东财富最大化是公司资本结构的主要运行目标，在公司的融资方式的选择问题上，债权融资和股权融资对实现股东财富最大化具有重要作用，是外源融资中最主要的两种方式。随着供应链交易机制的不断完善和市场信誉体系的构建与发展，商业信用融资逐渐成为公司缓解融资约束的主要方式，拓宽了公司的融资渠道，属于公司最重要的短期外部融资来源（石晓军和张顺民，2010）。本书将外源融资的研究内容界定为：债权融资、商业信用融资和股权融资三方面，考察薪酬差距对这三方面产生的影响效应。

（一）债权融资

债权融资是指企业采用借款的方式筹集资金，债权融资筹集的资金首先会支付借款的利息，当借款到期时需要偿还借款人本金。由于债权融资筹集的资金是资金使用权而不是所有权，因此，必须支付利息，到期偿还本金。对于债务人而言，具有一定财务风险，但债权融资不会分散股东的控制权，采用债权融资的公司能够获得资金杠杆收益，利息费用可以作为财务费用在税前列支，起到"税盾"作用。

国内外学者已有研究对于债权融资范畴的侧重点各不相同，主要从五个方面开展[①]：一是债权融资成本；二是债权融资规模；三是债权融资期限；四是债权融资方式；五是债权融资行为，即将前四个方面的债务融资内容相结合。本书借鉴已有研究，参照许晓芳等（2018）研究债权融资行为的范畴，选取融资水平、融资期限和融资方式三个维度对债权融资进行衡量。

债权融资水平也称债权融资规模，是指公司债权融资在总资产中所占的比例。债权融资期限是指公司偿还债权的期限，主要包括流动负债融资和长期负债融资，流动负债融资是指公司采用流动负债［即能够在一年（或超过一年一个营业周期内）偿付款项的债务］方式融资，主要包括短期借款、应付票据、应付账款、应付职工薪酬、预收账款、应付利息等；长期负债融资是指公司选择长期负债（超过一年以上偿还本息的债务）方式进行融资，包括长期借款、应付债券、长期应付款等，本书选取长期负债作为衡量债权融资期限的指标。债权融资方式[②]是指债权融资的不同途径，其主要分为：银行信用、商业信用、债券融资、信托融资、项目融资、民间信贷等方式。银行信用是指公司向

[①] 国内外文献研究债权融资、商业信用融资和股权融资文献在理论背景部分已有阐述，这里不再一一列举。

[②] 债权融资与债务融资具有一定区别，债务融资是指公司将债权出售进行融资，例如：公司销售应收账款等债权，本质上债务融资属于债权融资的一种。

银行等金融机构借款，是公司债权融资方式最重要的途径，在此种融资方式下债权融资的金额较大，银行向公司提供贷款需要评估公司的财务状况，经过严格的审批手续。银行信用融资是本书研究债权融资方式的主要内容。商业信用融资是指公司与供应商之间通过赊购商品的方式筹集资金，供应商可以通过监督存货进而对公司实施控制。由于商业信用融资供给商并不是专业金融机构，对款项的监督、债务人的约束能力和债权人权益的保护能力有限，债务人很可能发生逾期占用商业信用资金取代银行借款的行为，这种替代性融资行为对债权人的权益会造成损害。因此，商业信用融资中债权债务人之间存在严重代理问题，债权人需要重点考察债务人财务信息可靠性。商业信用融资属于一种非正式的融资方式，属于公司融资渠道中主要方式之一。综上所述，银行借款和商业信用融资是债权融资两个重要来源，作为本书研究的主要内容。在金融体系不健全的情况下，相对于银行借款融资而言，商业信用融资对经济发展的贡献更大，本书在第五章进行单独研究。债券融资属于直接融资，是指公司在债券市场中发行公司债券进行的融资行为，但由于我国债券市场发展相对滞后，债券市场制度还不完善，债券评级机构的专业性和权威性参差不齐，导致我国上市公司采用债券融资的比例较小，在进行定量分析过程中，样本数据尚不充分，因此，本书未将债券融资作为债权融资方式的研究内容。信托融资是指通过专业的理财机构作为信用中介，资金供需双方通过信托机制进行资金调配，主要是一种间接融资，该融资方式不是公司融资的主要来源。项目融资是指贷款人对特定工程项目提供协议融资，贷款人具有对该项目产生的现金流量的求偿权，同时将该项目作为一种附属担保的融资方式。项目融资一般适用于大型工程项目建设，例如，发电设施、公路、桥梁、铁路、城市给排水处理厂等基础建设，属于特有行业类型的融资方式。民间信贷是指自然人、法人、机构之间以自愿互助、诚实守信为原则进行的融资，该融资方式也不属于上市公司主要融资渠道。综上分析，本书研究债权融资方式的主要内容针对的是银行借款融资，选取长期借款视角进行分析。债券融资、信托融资、项目融资、民间信贷不作为债权融资方式的考察研究内容。本书从长期负债融资的视角，选取债权融资水平、债权融资期限和债权融资方式作为债权融资的三个维度进行研究；从流动负债融资的视角分析,将商业信用融资在第五章进行专门研究。

(二) 商业信用融资

商业信用融资是公司债权融资主要来源之一,主要基于买卖双方之间信任程度,是指公司与供应商在进行赊购商品或者劳务过程中采用延期付款、预收账款等方式所形成的信用融资方式,其实质是商业信用需求方从商业信用供给方取得短期信用贷款融资。作为一种信用融资方式,其能够直接反映债权债务关系。商业信用融资以交易双方信用为基础,包括商业信用的供给方(即债权方)和需求方(即债务方)。商业信用的供给方可以对需求方偿还债务提出相应要求,包括提前支付款项、允许延期支付等。商业信用的需求方可以凭借自身信用程度,向供给方申请延期支付款项、支付全部款项等要求。公司在日常生产经营过程中,期望以较低的成本拓展公司销售业务,从而平抑市场的价格波动,最终实现公司利润最大化目标和公司长期战略目标,选择商业信用融资能够更好地实现上述目标,有效促进公司经营目标和战略目标的实现。

国内外研究商业信用融资的内容范畴主要包括四个方面:一是商业信用融资模式;二是商业信用融资成本;三是商业信用融资水平;四是商业信用供给与需求。

商业信用融资模式是指公司采用商业信用进行融资的一种方式,通过会计科目呈现,按照商业信用交易成本由高到低的信用模式为:预付账款、应付票据和应付账款。已有研究一般采用两种方法核算:一是预付账款除以应付账款、预付账款和应付票据之和;二是用前一种计算出的商业信用模式扣除行业均值。由于商业信用融资无须支付利息,因此商业信用融资成本表现为在不同商业信用融资模式下的交易成本,已有研究衡量商业信用融资成本的方法与商业信用融资模式一致,也有采用预付账款与应付票据之和除以预付账款、应付票据和应付账款三者之和。商业信用融资水平也称商业信用融资规模,是指公司采用商业信用融资金额占总资产的比例,已有文献研究采用商业信用融资水平的衡量方法并不统一,也有部分学者采用商业信用融资形成的应付账款、应付票据和预收账款之和占公司资产总额比重,具体指标的选取与核算在本书第五章详细阐述。商业信用供给与需求是分别从商业信用资金的提供者（即销货方）与商业信用资金的需求者（即购货方）两个角度对商业信用融资展开的研究，已有研究将商业信用供给的衡量方法界定为应收账款除以期末资产总额，或者（应收账款+应收票据-预收账款）/总资产，应收账款/营业收入等；商业信用需求的衡量方法为应付账款除以期末资产总额，或者（应付账款+应付票据+预收账款）/总资产等。

综上分析，商业信用融资模式、融资水平、融资成本和融资供求内容多有重合的部分，四者均能够反映公司采用商业信用融资的情况。本书研究对象是开展商业信用筹集资金的上市公司，属于商业信用的需求方（购货方）。与债权融资和股权融资研究内容保持一致，本书确定商业信用融资水平作为商业信用融资的研究内容。

（三）股权融资

股权融资是指公司的投资者（即股东）将拥有的公司部分所有权出售，通过增资的方式吸引新的股东的一种融资方式，股权融资促使公司股本增加，公司取得资金可以长期使用，无须偿还本金和利息，融资风险较小。公司根据盈利情况和发展需要对投资者支付股息。股权融资奠定了公司拓展经营和抵御风险的资本基础，能够增加公司的信用价值和信誉，有利于公司实力的增强。

依据西方 MM 融资顺序理论和实证分析表明，公司开展融资活动过程中，首先考虑采取内部融资，其次会选择债权融资，最后才会选择股权融资（Myers and Majluf, 1984）。但中国上市公司在融资决策过程中体现了股权融资偏好（黄少安和张岗，2001；阎达五等，2001），我国部分学者认为此现象的出现与相关制度和政治背景有关，但其直接的原因在于股权融资成本较低（黄少安和张岗，2001）。因此，国内外文献对股权融资的研究主要围绕着股权融资成本展开（Gebhardt et al., 2001；Ohlson et al., 2005；陆正飞，2004；雷霆和周嘉南，2014；叶陈刚等，2015；吴克平等，2015），部分学者研究股权融资策略模型（Capasso，2014；王宇和于辉，2017），部分学者从股权融资规模、融资结构和融资成本三个方面进行考察（吴克平等，2015）。股权融资规模也称股权融资水平，是指股权融资总额占总资产比例；股权融资结构是指股权融资总额占总融资额的比例；股权融资成本是指公司采用股权融资所发生的成本支出。目前，国内外研究文献指出还没有较为成熟的股权融资成本的衡量方法，国内已有研究针对股权融资成本的衡量方法大部分借鉴西方经典文献的内容，主要采用事前[①]和事后[②]两种方法，但这两种股权融资成本方法均存在一定局限性。事前衡量股权融资成本模型建立的理论前提条件包括：干净剩余关系和未来期间收益假设，但在现实经济环境下是否可以成立，与未来资本市场预期结果是否相符还值得商榷，其对衡量事前股权融资成本的准确性和可靠性势必会产生直接影响。而事后衡量股权融资成本方法建立的前提条件是：在有效的资本市场中，能够准确地评估和定价未来潜在的风险，其在现实的经济环境中也无法成立，这样会导致事后衡量股权融资成本方法仍然存在一定偏误。基于此，股权融资成本不作为本书研究股权融资的主要内容。股权融资规模和融资结构两者都可以反映公司采用股权融资的相对融资比重，都能够说明公司对股权融资方式的侧重和关注程度。综上分析，本书选择股权融资水平作为股权融资渠道的研究内容，研究探析薪酬差距对股权融资水平的影响。

二 薪酬差距相关概念

（一）高管人员

高管属于公司的管理层，在公司日常生产经营活动中，公司高管对公司内外部经营环境密切关注，主要的职责是制定以确保公司能够有效运行的战略规划和总体目标，对公司资源实施管理和合理运用，总体把握公司的政策方针。国内外学者对高管人员进行了不同的内容界定。Rosen（1982）研究认为，公司高管人员进行决策要多于低一层次的行政管理人员，当高管人员工作出现懈怠时，对公司的未来发展会产生重大影响。Kaplan（1994）指出公司CEO是相关决策的主要制定者，能够指导公司生产经营活动的开展，起到领导其他管理人员的作用。因此，在国外学者研究高管薪酬文献中，公司高管通常是指公司CEO。

[①] 事前衡量股权融资成本的方法包括：Gordon 和 Gordon（1997）提出的 Gordon 增长模型、Gebhardt 等（2001）提出的 GLS 模型、Easton（2004）提出的 PEG 模型和 Ohlson 等（2005）提出的 OJM 模型。

[②] 事后衡量股权融资成本的方法包括：Shape（1964）提出的 CAPM 模型、Ross（1976）提出的套利定价模型、Fama 和 French（1993）提出的三因素模型即 FFM 模型等。

在国内学者研究公司高管薪酬相关内容的文献资料中，大部分学者都认为公司高管是指公司的高级管理人员，其主要原因在于：在我国相关法律规范中，一般用"董事长"或者"总经理"代表公司管理人员，很少提到公司CEO。在绝大多数公司中，公司的战略和经营决策都是由董事长和总经理决定，但也存在部分公司中的董事长和总经理并不承担管理公司资源的责任，也不进行决策的制定，公司日常生产经营决策和长远发展战略计划均由公司下一级的管理人员（包括公司的副总经理、副董事长等）负责的现象。

我国在《企业会计准则第36号——关联方交易》中将关键管理人员界定为："董事长、董事、总经理、总会计师、财务总监以及主管各项事务的副总经理，但不包括监事"。《国务院关于股份有限公司境外募集股份及上市的特别规定》指出公司高管人员包括"董事、监事、经理、财务负责人、董事会秘书和章程规定的其他管理人员"。2006年实施的新的《中华人民共和国公司法》，首次明确界定了公司高级管理人员，即"公司的经理、副经理、财务负责人以及上市公司董事会秘书和公司章程中规定的其他人员"。

国内学者研究公司薪酬差距相关内容的文献资料中，对于公司高管的界定主要包括四种类型：第一类：公司高管仅指董事长和总经理（龚玉池，2001；朱红军，2002）。第二类：对公司高管的职责不再进行区分，高管人员包括了公司董事会成员、总经理、副总经理、总裁、副总裁、财务总监、总工程师、总经济师、总农艺师、董事会秘书和监事会成员（魏刚，2000；王华和黄之骏，2006；刘焕蕊，2012）。第三类：公司高管仅指董事长（李增泉，2003），基于我国证监会处罚违规公司的案例研究发现，相对于公司总经理而言，公司的董事长会承担更多的违规责任，因此，我国学者研究将公司高管界定为董事长。第四类：公司高管为公司中薪酬最高的管理人员。由于我国绝大多数上市公司均是由国有公司改制而来，行政干预因素对此类公司会产生较大影响，部分上市公司日常生产经营活动的开展、相关决策和远期战略规划的制定均由公司副总经理和副董事长负责，公司的董事长和总经理并没有实质权力，仅仅属于行政指派挂职。因此，我国学者进行研究时，将公司高管界定为薪酬最高的管理者（李琦，2003；林浚清等，2003；

孙世敏等，2012）。

根据国内外文献研究情况，本书采用高管人员界定的第二种类型，将我国上市公司高管人员的范畴界定为公司中的董事长、总经理、总裁、副总经理、副总裁、财务总监、总工程师、总经济师、总农艺师等人员。

值得注意的是本书在确定公司高管与公司普通员工薪酬差距过程时，并没有考虑中层管理人员薪酬的影响。虽然中层管理人员也属于公司各个组织机构中具有一定管理权力和担任管理职务的人员，但从已有文献资料、各国公司法规和章程分析，公司管理层是指对公司各项决策产生重要影响的公司董事会、监事会成员，以及公司高级管理人员。我国于2009年由人力资源与社会保障部等六部门颁布的《关于进一步规范中央企业负责人薪酬管理的指导意见》（即2009年"限薪令"）规定了公司高级管理人员的薪酬，其中不包括中层管理人员，且目前进行实证研究的相关数据库中也没有专门针对公司中层管理人员薪酬相关的数据披露，无法收集到有效的数据资料分析。基于此，本书研究将中层管理人员纳入普通员工之中，后续将进一步衡量公司内部高管与普通员工的薪酬差距。

（二）普通员工

根据我国《企业会计准则第9号——职工薪酬》（2014）规定，职工主要包括三类人员：一是正式签署劳动合同的员工，包括公司的全职职工、兼职职工和临时职工；二是尚未签署劳动合同但由公司正式任命的人员，包括董事会的成员；三是未签署劳动合同，也未正式任命，但已经提供和职工类似的服务给公司的人员，包括通过公司与劳务中介公司签订了合同，向公司提供服务的人员。本书基于会计准则上述规定，将普通员工定义为除公司高管之外的其他人员。

（三）薪酬差距

公司对员工提供劳务所创造的价值给予回报，即薪酬。20世纪80年代，美国当代薪酬管理者George T. Milkovich将薪酬界定为：基于雇佣关系，雇员从雇主那里取得的各项货币收入、服务及福利的总和。从中可以得知薪酬支付包括主体和客体，其本质是对员工提供劳务后的回报。

薪酬范畴包括广义和狭义两方面,前者是指公司员工所获得的所有报酬或者奖励,其表现形式既有物质形式,也有非物质形式。非物质形式的薪酬具体包括工作后所产生的幸福感、成就感、精神嘉奖以及公司对员工提供相应的培训和晋升机会等;而物质形式的薪酬仅仅是指公司员工提供相关劳务后所取得的物质形态的报酬,包括货币形式和非货币形式。其中货币薪酬又称核心薪酬(Core Compensation),包括公司以货币形式支付的基本工资、奖金、补贴或者津贴等。而非货币薪酬则是指公司以非货币形式(包括实物奖励、提供服务或者福利保障等)支付给公司员工的报酬,例如:员工福利(Employee Benefits)、额外薪酬(Fringe Compensation)等,具体包括公司员工的保障计划(Protection Programs)、非工作时间支付的薪酬(Pay for time not worked)和股票股利等激励措施。Smith和Watts(1982)指出公司高管薪酬主要由三部分构成:一是基本工资,其与公司绩效没有关系;二是奖金或者津贴,其是由公司绩效所决定的;三是限制性股票或者股票期权,其是由市场对公司营运情况进行评价所确定的薪酬。前两类表现为货币薪酬,后者为权益类薪酬。在实务工作中,公司会制订高管和员工的养老计划和递延薪酬(Sundaram and Yermack,2007),由于公司高管和员工在取得该项薪酬之前是公司的债权人,故该类薪酬也称为公司债务类薪酬(张兴亮,2014)。

由于在我国公司高管和员工一般不持股或持股很少,尤其是国有公司高管薪酬以基于年薪制的货币薪酬为主要激励方式,实施股权激励的公司数量不多(王建军和刘红霞,2015),且股权激励的效果有限(辛清泉等,2007)。在进行理论和实证研究过程中,非货币性薪酬和债务类薪酬的数据缺乏有效收集,而且在薪酬差距衡量过程中影响效应有限。基于此,本书研究公司薪酬差距主要是货币性收入产生的差距,通过上市公司年度财务报告中披露的年度薪酬总额进行衡量。依据我国证监会修订的《年报准则》中的相关规定,我国上市公司高管(包括公司董事、监事和其他高级管理人员)的年度薪酬总额包括基本工资,公司发放的各项福利、奖金、补贴,以及住房津贴和其他津贴等。

薪酬差距是指公司不同等级的组织之间薪酬的差距。传统代理理论中,对于公司管理层的最优薪酬契约的设计是以公司管理层绝对理性为前提，薪酬激励目的是促使公司管理层和股东的利益趋于一致，但忽略了契约设计中参照基准的影响效应以及公司管理层主观心理感知和行为决策的影响（徐细雄和谭瑾，2014）。已有研究表明，公司董事会制定公司高管和员工薪酬过程中，一定会以行业薪酬基准作为参考点（李维安等，2010；黎文靖等，2014）。自2005年以来，我国监管层提出上市公司必须披露董监高人员的薪酬情况，由此推动业界关注行业内薪酬的横向比较效应（吴联生等，2010；黄辉，2012）。行为经济学理论认为，在现实中人们会有经济偏好，更表现出社会偏好，对于薪酬激励方面，人们不仅关注自身的收入，还会关注与他人的收益差距（张志宏和朱晓琳，2018）。

国外研究薪酬差距的部分学者认为薪酬差距可以通过基尼系数（Bloom，1998）、HHI指标（Depken，2000）和水平薪酬差距（Horizontal Wage Dispersion，简称HWD）等指标进行衡量。中国上市公司对高管个人薪酬数据的披露始于2005年，上市公司年报披露的高管薪酬属于公司薪酬最高的前三名高管人员的薪酬总额，因此，国内学者对于高管团队薪酬的界定分为CEO年度薪酬均值和核心高管薪酬[①]，高管团队薪酬差距主要分为绝对薪酬差距和相对薪酬差距两类，其中绝对薪酬差距衡量方法包括：一是采用CEO年度薪酬均值减去非CEO年度薪酬均值再取自然对数进行核算（林浚清等，2003；陈丁和张顺，2010）；二是采用核心高管人员的薪酬均值与非核心高管人员的薪酬均值两者相减的差额作为衡量指标（卢锐，2007；张正堂，2008；胥佚萱，2010）。相对薪酬差距衡量方法包括：一是采用CEO薪酬总额/非CEO高管薪酬（林浚清等，2003）；二是核心高管薪酬均值/非核心高管薪酬均值（张正堂，2008；胥佚萱，2010）。

国内学者衡量高管与员工之间薪酬差距方法也分为绝对薪酬差距和相对薪酬差距两类，其中绝对薪酬差距的衡量方法主要是采用核心高管年度薪酬均值与普通员工薪酬均值两者相减后，再取自然对数进行核算（张正堂，2008；胥佚萱，2010；常健，2016）；相对薪酬差距衡量方

[①] 核心高管薪酬是指公司前三名高管薪酬总额，非核心高管薪酬采用全部高管薪酬总额减去前三名高管薪酬总额后的均值。

法采用核心高管薪酬均值/普通员工薪酬均值（张正堂，2008；胥佚萱，2010；石榴红，2013）。在衡量高管团队和高管员工的薪酬差距时，相对差距比绝对差距能够更合理地反映公司高管团队、高管员工之间的薪酬相对变化趋势。

综上分析，借鉴国内外已有文献研究成果，本书进行薪酬差距相关研究的过程中，不仅考虑了公司内部高管团队和高管员工垂直薪酬差距的激励作用，也关注了公司外部与行业薪酬基准的差距对公司高管和员工的主观心理感知和融资决策产生的影响，既涵盖公司外部行业薪酬水平（Biajak et al.，2008；张丽平，2013），基于薪酬差距的行业中值计算公司外部高管团队和高管员工薪酬差距中值，还包括公司内部高管团队之间和高管员工之间所形成的相对薪酬差距[①]，即薪酬差距分为公司外部薪酬差距和公司内部薪酬差距，前者包括基于薪酬差距行业中值计算的高管团队外部薪酬差距和高管员工外部薪酬差距，后者包括高管团队相对薪酬差距和高管员工相对薪酬差距。为全面研究薪酬差距对外源融资的影响，本书将基于薪酬差距行业均值计算的高管团队外部薪酬差距和高管员工外部薪酬差距，高管团队绝对薪酬差距和高管员工绝对薪酬差距作为解释变量的替换变量，在各章稳健性检验中进行验证。图1-3显示了薪酬差距的主要研究内容。

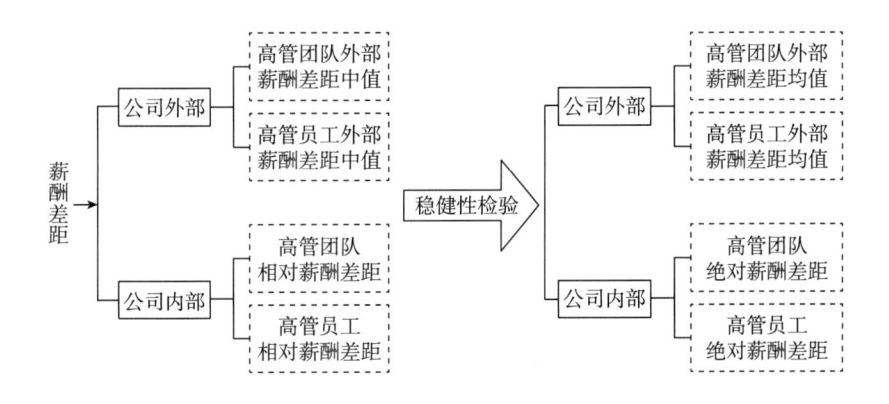

图1-3 薪酬差距研究内容解析

[①] 薪酬差距具体衡量过程在第四章实证分析模型中的解释变量中会详细阐述。

三 公司产权性质概念

公司产权性质对公司生产经营发展起到重要作用,不仅能够影响公司的股权结构,与公司的留存收益的组成也密切相关,因此,需要明确公司的产权性质划分。学术界对公司产权性质的划分标准主要有三类:第一类是将公司产权划分为国家股、法人股和流通股。随着我国资本市场不断发展,会出现很多国家、法人和个人交叉持股的现象,因此,该种分类不能够准确区分公司的产权性质(林颖,2020),本书没有选择此种划分方法;第二类是以最终控股权为标准,划分为国有控股公司和非国有控股公司(林毅夫等,2004;刘刚等,2020),由于该种划分会存在无法确认控股权的情况,本书也未采用此种方法;第三类按照实际控制人的性质将公司划分为国有公司和民营公司(沈灏,2017;周志强等,2020)。国有公司通常是指国家拥有公司的所有权和经营权,国家对公司出资后,会享有各项权益,而国有公司也会承担为社会提供公共产品或者服务的责任,其生产经营目标不仅仅是盈利,还会起到调节和稳定国家经济发展的作用。民营公司作为我国经济建设主体的重要组成部分之一,主要特征是自行筹资,组建生产运营,确保实现良好收益并持续发展,主要包括个人独资公司、合伙公司、股份有限公司和有限责任公司等组织形式。本书采用此种划分方法。

第四节 研究方法

一 文献研究法

本书围绕研究框架中各个章节的研究主题,收集、整理与研究主题密切关联的文献资料,进而对研究的主题内容进一步细化,全面、系统地理解并掌握所研究的问题。通过文献研究法,能够了解本书所研究的问题发展演变历程,对研究的主题目前发展现状有更加清晰地认识,有助于拓展课题的研究领域。本书在选题背景分析、理论基础选定与文献综述梳理部分较多地运用了文献研究法,整理出研究思路,设计了研究的整体研究框架,对本书研究的背景、意义和创新点进行了阐述。

本书主要通过吉林大学电子图书中外文数据库查阅文献,通过中国知网查询 CSSCI 论文,通过 EBSCO、Elsevier ScienceDirect、Emerald 等网站查询外文文献,通过 ProQuest 查阅外文硕博论文。同时利用百度学术、谷歌学术等网络资源检索与研究问题相关的文献。通过对所搜集文献阅读、整理归纳与分析的基础上,了解国内外已有研究的侧重点和研究框架,从而挖掘本书的研究空间,为进一步开展薪酬差距对外源融资的影响研究奠定文献资料基础。

二 定性分析法

定性分析方法是针对研究对象进行"质"的分析,主要包括归纳法和演绎法、具体分析与综合,将各种材料通过思考后进行加工,实现去粗取精、由表及里、去伪存真的目的,最终能够实现认识事物的本质和内在规律的目标。

归纳法和演绎法作为逻辑学的主要研究方法,归纳法通过观察、实验和调查得到的资料,概括出一般原理的一种推理方式。归纳推理主要包括:完全归纳法、简单列举法和因果联系归纳法。演绎法与归纳法研究思路相反,主要是由普遍一般的原则推演出个别的结论,演绎推理的主要形式包括大前提、小前提和结论。演绎推理属于必然性推理,推理的前提是一般,推出的结论属于个别。本书在归纳总结相关理论的基础上,进而推演出本书研究的框架思路,厘清我国上市公司薪酬差距与外源融资之间的逻辑关系。

从不同视角分析国内外研究薪酬差距与外源融资的科研成果,并对薪酬差距和外源融资的研究范畴进行界定;在文献综述的梳理和理论基础与研究主题的关联性分析过程中,充分运用了定性分析方法;在薪酬差距与债权融资、商业信用融资和股权融资的理论机理分析和假设提出过程中,采用了归纳法和演绎法。

三 实证研究法

实证研究法属于科学实践研究的一种特殊方法,以现有科学理论为基础,基于实践需要,提出假设条件,利用科学仪器和设备,通过有步骤、有计划地观察、测定、验证,当现象变化后,假设条件与现象之间的关联性的一种研究方法,其组成元素包括:理论分析、研究假设、样本数据、统计与回归分析和验证结论等。实证研究法试图超越理论分析和价值判断,旨在揭示客观现象的内在构成因素及其普遍联系,对现象的本质及其运行规律进行归纳和概括。

本书利用国泰安数据库和 Wind 数据库，采用了 Excel 2010、Stata15 等计量软件，对大样本数据进行计量分析，分别验证了薪酬差距对债权融资、商业信用融资和股权融资的影响，构建了理论模型，进行多元回归分析。为确保实证检验结论的稳健性，运用倾向得分匹配、工具变量法和未来一期被解释变量进行内生性检验，运用转换被解释变量类型和衡量方法、变更解释变量衡量方法、补充控制变量的方法进行稳健性检验。为进一步验证上市公司自身公司治理特征和外部环境对薪酬差距与外源融资的影响效应，本书选取公司股权制衡、行业垄断程度和公司注册所在地区再次进行混合截面回归。

第五节　研究贡献

本书在梳理上市公司薪酬差距和外源融资的相关研究基础上，对我国上市公司薪酬差距的经济后果和外源融资的影响因素进行深入分析，在锦标赛理论和行为理论基础上，结合代理理论中债务代理成本理论和管理层防御理论以及公司治理理论，对薪酬差距影响外源融资的作用机理展开理论分析和实证检验，最终根据研究结论提出具体的政策建议。主要研究贡献体现为如下三个方面：

（1）选取债权融资、商业信用融资和股权融资三个维度作为公司外源融资主要渠道，将三者纳入外源融资内容的研究范畴中。融资活动是资本运作的起点，对公司价值最大化目标的实现起着重要作用，会影响到公司治理、经营业绩、公司价值等方面，其能够为公司日常持续经营提供必要的资金支持，对公司的发展起着至关重要的作用。由于内源融资受到公司规模和盈利能力的限制，且融资需要较长时间，目前上市公司主要采用债权融资和股权融资作为外源融资的主要渠道，这是本书研究的主要内容。同时，本书研究将商业信用融资从债权融资中分离出来，纳入公司外源融资范畴中。商业信用融资的有效管理能够促进公司价值的提升，对公司成长潜力的发挥产生影响，是公司最重要的经营性融资渠道。公司采用商业信用融资，其主要与公司信用水平、流动性风险和短期偿债能力联系紧密，其作为公司重要的现金管理手段，能够促进公司经营业务的稳健性。将其纳入外源融资研究范畴中，能够全面考察公司与供应商之间债权债务关系，为进一步研究外源融资的影响因素奠定了理论分析的坚实基础，拓展了外源融资的研究视角。

（2）深入探究薪酬差距对外源融资的影响效果，丰富了薪酬差距的经济后果研究和外源融资的影响因素。国内外学者对薪酬差距所引起的经济后果研究已经有一定研究结论，其研究成果较多集中于公司绩效、风险承担和公司成长性等方面，关注薪酬差距与公司绩效之间呈现的关联关系，并分析各种因素在薪酬差距与公司绩效影响效应中呈现的不同制约效用。但已有研究对薪酬差距的界定尚不全面，部分研究集中于高管团队薪酬差距或者高管员工薪酬差距，也有结合公司外部行业因素的影响，尚缺乏全面、系统地考察薪酬差距对外源融资的影响。本书将薪酬差距进行重新梳理，划分为公司外部和内部薪酬差距，前者包括高管团队和高管员工外部薪酬差距中值，后者包括高管团队和高管员工相对薪酬差距，并研究薪酬差距对债权融资、商业信用融资和股权融资的影响效用，丰富了薪酬差距的经济后果，拓宽了外源融资的影响因素。

（3）在研究薪酬差距影响上市公司外源融资的基础上，进一步结合公司内部治理特征和外部环境因素两个视角，将股权制衡、行业垄断程度和地区经济发展情况纳入薪酬差距与公司外源融资的作用机制中，丰富了外源融资的影响效应研究。已有文献研究中，关于公司行业垄断程度和地区经济发展情况主要集中于公司薪酬差距与公司绩效、公司成长性和风险承担等方面，关于股权制衡主要集中于股权结构与公司价值、投资行为和公司生存能力的研究，尚缺乏考察其在薪酬差距与公司外源融资的影响效应。本书在探究薪酬差距影响外源融资的影响机理分析的基础上，将公司股权制衡、行业垄断程度和地区经济发展水平纳入到薪酬差距影响外源融资的框架中，力求建立涵盖公司内部治理特征和外部经济环境主要因素考察薪酬差距对外源融资影响的研究框架。

第二章

文献综述

在第一章确立研究的主要内容和思路后,本章对国内外关于薪酬差距和外源融资的研究进行全面、系统地文献梳理和总结。首先,围绕外源融资研究的范畴进行分类归纳,分析其影响因素。其次,对薪酬差距的研究发展情况进行整体回顾与梳理,全面掌握薪酬差距研究的内容和成果,进而发现薪酬差距已有研究的不足,探究薪酬差距研究可拓展的领域。最后,进一步梳理薪酬差距与外源融资研究的相关文献。

第一节 外源融资研究的文献综述

一 债权融资的影响因素

国内外学者对债权融资影响因素的研究呈现多元化特征,本书将债权融资的影响因素归纳为外部环境因素和公司自身特征两个方面,具体如图 2-1 所示。

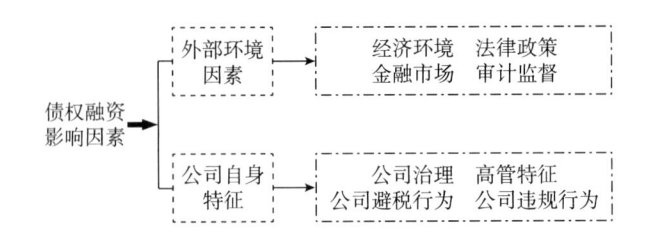

图 2-1 债权融资的影响因素文献研究分析

(一) 外部环境因素

外部环境是公司赖以生存发展的基础，能够影响公司日常生产经营活动、融资和投资活动，对社会资源优化配置起到重要作用。国内外学者研究债权融资影响的外部环境因素主要集中于经济环境、法律政策、金融市场和审计监督四个方面。

1. 经济环境

为加快供给侧结构性改革，我国经济面临着产业转型升级和政策择优供给的重要时期。国家对公司所属行业提供的产业政策支持，有助于公司财务状况的改善，促进公司债务融资成本的降低（Chen et al.，2017），公司债务水平会增加（马文超和何珍，2017）。同时，激烈的产品市场竞争会降低公司盈利水平，对公司内源融资的选择产生影响（Schmidt，1997）。

利率市场化改革能够影响公司的融资行为。不同公司利率市场化程度不同，对于融资约束的缓解效果各有差异，随着利率自由化的不断深入，小企业的融资约束能够得到显著缓解（Love，2003；Laeven，2003），促使中小企业融资成本的下降（Rajan and Zingales，1999）。张伟华等（2018）研究发现当我国利率市场化程度增加时，上市公司债务融资成本会下降。

我国政府常运用多种经济政策对宏观经济进行调控，因此，经济政策不确定性对公司债权融资会产生相应影响。宏观经济不确定性的增加，会迫使公司改变投资行为（Wang et al.，2014），会降低商业银行对投资机会准确性的判断，导致公司银行借款的可能性下降（Valencia，2017；蒋腾等，2018）。我国政府工作人员的职位变动会引起政治不稳定性，对经济增长产生明显的抑制效应（杨海生等，2014），不利于公司价值的提升和日常金融活动的开展，导致公司盈利水平的下降（Graham et al.，2005），公司为应对政策变化，会降低投资（Julio and Yook，2012）、推迟债权和股权融资（Jens，2017）、降低信息的披露程度（Chen et al.，2018）、增加现金持有量（Gonul et al.，2017），进行盈余管理等（陈德球和陈运森，2018）。叶勇和张丽（2018）研究指出地方级市主政官员变动，会显著降低公司短期债权融资水平。

2. 法律政策

我国资本市场的发展会受到来自以法律法规作为工作基础的司法干预。随着我国上市公司在资本市场中诉讼事项的增多，会降低公司的整体财富（Engelmann et al.，1988）。上市公司的诉讼公告会导致公司的股票价格下跌，最终减少公司价值（Firth et al.，2011）。刘慧等（2016）研究发现存在未决诉讼的上市公司，取得银行债务融资的成本会增加；公司的涉诉频率越高、涉诉金额越大，公司债务融资成本会越高。随着我国全面实施"营改增"法律政策，对我国公司所得税税负会产生影响，从而影响公司债权融资。岳树民和肖春明（2017）研究发现处于交通运输业、部分现代服务业、广播影视业、邮政业和电信业的公司，其税负与"营改增"政策呈现反向关系，当"税盾效应"有效发挥时，"营改增"政策降低公司债权融资水平的效用较为显著。

3. 金融市场

公司进行融资决策，不仅会受到宏观经济的影响，还会受到金融市场的影响。金融危机的爆发不利于宏观经济的发展，阻碍公司在金融市场上顺利交易，增加了代理成本，导致公司内外源融资成本的差异增大（Korajczyk and Levy，2003）。在金融市场受到金融危机冲击时，融资约束严重的公司外源融资的可获得性较低（Bernanke，1996），上市公司会倾向于选择内源融资和负债融资（闵亮，2011）。此外，金融市场中宏观货币政策的变更也会影响到公司融资活动。当货币政策紧缩时，货币供应量会减少，公司的融资规模受到影响（Kashyap et al.，1994），公司的债务违约风险会增加，加剧了公司债务融资约束问题（Ruby and Timothy，2012）。此种情况下，债权人为保障自身权益，会提高贷款的利率，致使公司融资成本增加（Bogsheas et al.，2006）。赵振洋等（2017）研究发现当宏观货币政策紧缩时，具有较高会计稳健性的公司，债务融资成本会越低，此现象在处于东部地区的公司中更加显著。处于货币紧缩时，非国有性质的公司中，会计稳健性会显著降低债务融资成本。基于资本结构理论，利率市场中通过放松利率管制能够促进公司资本结构调整，债务融资成本呈现下降趋势，缓解公司融资约束（Koo and Shin，2004），显著抑制公司的短期贷款（王红建等，2018）。

4. 审计监督

国家审计机关和会计师事务所对公司进行审计监督过程中，分析师预测、审计意见类型、审计质量和审计师行业专长等对公司债权融资会产生影响。分析师通过对上市公司跟踪分析，对外发布研究报告，进而影响公司股票价格（Lys Sohn，1990；Hong et al.，2000）。宫义飞和夏艳春（2017）研究发现分析师跟踪人数对公司债务融资具有负向效应，分析师预测分歧可以正向影响债务融资。作为公司外部治理环境因素之一的审计师，依据审计准则出具独立的审计意见，能够为公司提供担保（Dye，1993）。聘请审计师的私人公司，其获得的贷款成本会更低（Minnis，2011；Kim et al.，2011）。新成立的公司聘请六大会计师事务所进行审计，其债务融资成本会更低（Pittman and Fortin，2004；Gul et al.，2013）。如果审计师对公司的债务出具了非标准的审计意见，银行等金融机构会认为公司信息很可能不公允，存在重大错报的可能性，公司持续经营能力会受到银行等金融机构的质疑（Chen et al.，2016）。对于高风险的企业，审计师会出具持续经营的审计意见（Firth et al.，2012）。周楷唐等（2016）研究指出被出具非标准审计意见、持续经营的非标准审计意见和非持续经营的非标准审计意见的公司，其债务融资规模都会降低，债务融资成本会增加。刘文欢等（2018）结合行业环境，研究发现处于资源较匮乏、较复杂的行业中的上市公司，如果被出具非标准审计意见，其债务融资成本较高。郑登津和闫天一（2017）研究指出公司外部审计质量能够削弱会计稳健性对债务融资成本的负向效应。非国有性质的公司中，审计质量和会计稳健性对债务融资成本的替代效应会更显著。具有行业专长的审计师，运用自身的专业能力，能够发现并披露公司财务报表存在的违规行为和信息错报（Balsam et al.，2003），提高公司财务报表的盈余质量（Gul et al.，2009）。袁卫秋等（2018）研究发现审计师行业专长能够降低公司债务融资成本。处于市场化环境较好的地区的公司，审计师行业专长与债务融资成本之间的抑制效应会更加显著，且在民营公司和内部控制质量较高的公司中，审计师行业专长对债务融资成本的负向效应会更加显著。

（二）公司自身特征

上市公司债权融资不仅受到来自包括国家经济发展、金融市场政策变化、国家法律法规颁布和审计机构监督等公司外部环境因素的影响，还会受到来自公司内部自身特征的影响，国内外学者主要从公司治理、高管特征、公司避税和违规行为四个方面展开其对公司债权融资的影响研究。

1. 公司治理

现代公司由于"两权分离"（即经营权和所有权），良好的公司治理结构能够有效保护债权人的合法权益，与政府管理保护机制相结合，对债务融资期限产生重要影响（Myers，1977；谢军，2008）。随着公司治理机制的不断完善，公司债务融资比率会显著增加（Berger et al.，1997）。

在公司治理领域中，探究经理人股权激励对公司债务融资行为的影响是重要课题之一。公司高管的股权激励行为能够向公司的投资者和债权人传递出公司发展趋势良好的信息，有利于降低公司管理层与公司债权人等利益相关者信息不对称的程度，从而提高公司债权融资水平（Leland and Pyle，1977）。徐尧和洪卫青（2018）研究发现公司经理人股权激励能够有效提高债权融资水平，且紧缩的货币政策会加剧经理人股权激励对债务融资水平的正向效应。

公司内部控制质量的提升同样有助于降低公司管理层和债权人之间信息不对称程度，促使公司内部代理冲突和代理成本下降，有助于公司债务融资成本的下降（陈汉文和周中胜，2014）。Kim等（2011）研究发现披露内部控制缺陷的公司，债务融资成本会较高；相对于内部控制缺陷不严重的公司和存在会计层面内部控制缺陷的公司而言，存在重大缺陷的公司和存在公司层面内部控制缺陷的公司，其债务融资成本会更高。披露内部控制缺陷的公司，银行贷款利率会较高；修复已披露内部控制缺陷的公司，银行贷款利率会下降。Costello等（2011）研究指出公司存在的内部控制缺陷和财务报告重述行为会影响公司债务契约条款的制定。

2. 高管特征

上市公司高管持股比例、高管性别特征、专业背景等因素会对公司债权融资产生影响。公司管理层持股比例越高，可操控盈余的可能性会越低，会计信息质量会更高（Warefield et al.，1995），公司银行借款融资规模会越高（王怀明和陈雪，2017）。国外学者研究 CEO 性别对债务融资行为的影响存在相反的结论：一方面，研究发现女性高管对风险的规避意识更强（Schubert et al.，1999；Croson and Gneezy，2009），女性 CEO 选择债务融资的可能性较小（Huang and Kisgen，2013），公司的负债水平相对较低（Faccio et al.，2016）。由于银行贷款更倾向于选择男性，女性管理者获得银行贷款的概率相对较小（Muravyev et al.，2009）。另一方面，研究指出女性 CEO 倾向于选择风险较小的投资项目，有利于降低债权人的财务风险。女性 CEO 编制财务报告会更加谨慎（Francis et al.，2009），能够有效保护债权人权益（Watts，1986）。因此，在女性 CEO 比例越高的公司中，债务水平会越高，债务期限会越长，银行借款比例会越高（许晓芳等，2018）。

基于公司高管的专业背景视角，已有研究发现公司高管具有法律背景时，公司能够受到良好的监督，财务报告的编报质量会提升（Krishnan et al.，2011），公司诉讼风险会降低，最终公司价值会提升（Litov et al.，2013）。具有法律背景的高管能够对公司债权人提供较好的保护，公司选择长期债务融资的可能性会增加（Fan et al.，2012；雷宇和曾雅卓，2019）。

3. 公司避税行为

公司通过降低公司所得税税负，用非债务税盾替代债务税盾的避税行为，降低了公司选择债务融资方式的可能性（DeAngelo and Masulis，1980；Graham and Tucker，2006），公司避税活动对债务融资具有负向效应影响（刘行等，2017）。姚立杰等（2018）研究指出公司的所得税避税程度和总体避税程度，负向影响公司债务融资能力的变化，正向影响公司债务融资成本，但这些影响效应仅存在于公司治理不完善或者信息披露不透明的公司中。

4. 公司违规行为

公司违规行为发生后，由于受到监管机构的处罚，公司产生不良的声誉，会导致公司股价和盈利能力的下降（Karpoff and Lott，1993）。发生财务重述行为的公司，债务融资成本会更高（Parthasarathy and Newberry，2007）。窦炜等（2018）实证研究发现，存在违规行为的公司受到相应处罚后，公司下一财务年度债务融资成本会升高；处于法制水平较低地区的公司发生违规行为，会加剧其对债务融资成本的影响。存在关联担保行为的公司，能够向公司的贷款人传递公司具有保障债权信用能力的信息，促使公司管理层和公司的贷款人之间的信息不透明度的程度下降，进一步缓解了代理问题。在债务融资市场中，银行要求公司对所贷款项提供担保，目的在于增加对公司的监督力度，从而缓解融资关系（LLSV，2000）。张俊民等（2018）研究发现接受关联担保的公司，其债务融资成本会下降，促进公司盈余质量的提高。公司如果发生内部人交易，一方面会提高资本市场定价效率，另一方面内部人很有可能会利用"内幕消息"买卖股票，以此牟取超额利益，降低了资本市场的公平性（Manne，2005；Piotroski and Roulstone，2005）。我国资本市场监管制度尚不完善，公司的投资者不会完全信任内部人交易所传递的"好消息"，会更加谨慎地对待"坏消息"。李碧连（2015）研究发现内部人净买入与债务融资规模不存在显著的正相关关系，内部人净卖出与债务融资规模存在显著负相关关系。

近年来，国内外部分学者注重研究公司履行社会责任水平、会计信息质量和客户集中度对债权融资的影响。社会责任是指公司在持续发展过程中，自愿在日常生产经营活动中融入对社会和环境的关注，确保公司及其利益相关者之间的相关关系和社会利益相统一。Carroll（1991）指出公司社会责任主要包括经济责任、法律责任、伦理责任和自愿慈善责任，公司社会责任的履行会促使公司价值的提高（Cochran and Wood，1984），降低债务成本。王晓颖等（2018）研究指出公司履行社会责任水平与银行信贷规模、新增信贷均呈现正相关关系。处于重污染行业的公司，或者要求强制披露社会责任的上市公司，会加剧对银行债务融资能力的影响。会计信息质量的提高能够降低公司债权人的信息风险，提高公司订立和执行债务契约的效率。黎来芳等（2018）研究发现处于货币政策紧缩时期的民营上市公司会更加趋向于降低银行贷款比率，公司会计信息质量的提高会削弱两者的负向效应。会计信息质量较低的民营上市公司，当货币政策紧缩时，公司会更加倾向于选择商业信用融资方式，以期能够缓解公司的融资约束。客户集中度的提升会促使公司运营效率的提高（Campello，2017），有利于公司外部利益相关者的代理成本下降（Cen et al.，2016）。李欢等（2018）研究发现客户集中度越高的公司，银行贷款的规模越大，银行贷款期限越长。

二 商业信用融资的影响因素

国内外学者对商业信用融资影响因素的研究呈现多元化特征，本书将商业信用融资的影响因素归纳为外部环境因素和公司自身特征两个方面，具体如图 2 - 2 所示。

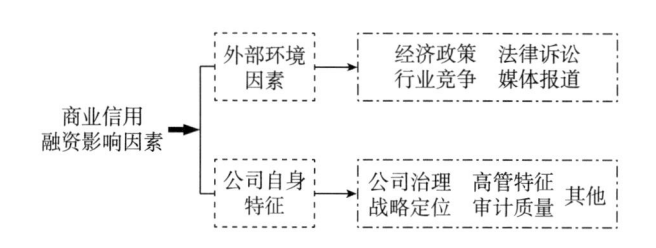

图 2 - 2 商业信用融资的影响因素文献研究分析

（一）外部环境因素

国内外研究上市公司商业信用融资的外部环境影响因素主要可以分为经济政策、法律诉讼、行业竞争和媒体报道四个方面。

1. 经济政策

在国家财政政策、货币政策等经济政策制定、颁布和实施过程中，由于金融市场和经济实体很难对国家相关政策颁布的时间、方式、效果等提前预知，导致经济政策不确定性（Gulen，2012）。已有文献研究了经济政策的不确定性、货币政策的制定会对商业信用融资产生影响。当国家的经济政策处于不确定时期时，资本市场股价波动性较大，公司会降低投资水平（Gulen et al.，2016），持有较高的现金，从而抵御风险（L. Pastor，2012，2013；Wang，2014）。因此，经济不确定性与商业信用融资存在负向关系，且国有公司会抑制两者的负向效应（王化成等，2016）；经济政策不确定性会加剧会计稳健性与公司商业信用融资的正相关关系，当国家经济政策不确定性程度较高时，公司的产权性质对会计稳健性和商业信用融资的关系起到抑制作用，法制环境正向调节会计稳健性与商业信用融资关系（王满等，2017）；经济政策不确定性会削弱信息披露对商业融资的促进作用，加剧信息披露质量对银行借款融资比率的负向效用（刘惠好和冯永佳，2019）。

在货币政策紧缩时期，公司商业信用融资会产生替代性融资效应（袁卫秋等，2017），国有公司市场竞争度会降低，会大幅度削减商业信用（高亮亮等，2014）；当货币政策紧缩时，公司披露社会责任信息有助于获得更多交易成本较低的商业信用模式（袁卫秋等，2017）。在宽松的货币政策下，公司会更愿意提供商业信用（陆正飞等，2011）。区域金融发展水平越高，商业信用融资比例越低（王明虎和魏良张，2017）。

2. 法律诉讼

法律诉讼案件会导致公司融资成本增加（王彦超等，2016），会对公司生产经营管理、债务融资和权益融资等方面带来冲击。法律诉讼会增加潜在财务赔偿或其他成本。法律诉讼事件的涉诉次数和涉诉金额与被起诉公司商业信用融资呈现显著负相关关系（李晓玲和赖亚文，2019）。

3. 行业竞争

已有文献研究发现行业竞争能够导致商业信用的增长（Fabbri and Menichini，2010；余明桂和潘洪波，2010）。处于行业竞争程度较高的公司，能够加剧会计信息可比性对商业信用融资的正向效应（张勇，2017）。

4. 媒体报道

媒体主要是通过对收集信息、处理信息和对外传递信息的过程降低公司管理层和外部利益相关者之间的信息不对称程度，有助于资本市场信息环境的改善，进而对市场参与者的决策行为产生影响，不断优化市场资源配置（Dyck，2003）。媒体报道有助于存在融资约束的公司取得更多商业信用融资（宋婕等，2019），在国有公司和民营公司中能够缓解融资约束。

（二）公司自身特征

上市公司商业信用融资不仅受到来自公司外部环境因素的影响，还会受到来自公司内部自身特征的影响，国内外学者分别从公司治理、公司管理层特征、公司战略定位、审计质量四个方面展开其对公司商业信用融资的影响研究，部分学者还从财务报告重述、分析师跟踪、供应商关系等方面进行探究。

1. 公司治理

高质量的内部控制为有效解决代理问题提供信号传递机制（Johnstone et al.，2011），能够不断提升会计信息的质量，有助于资本成本的降低（Dhaliwal et al.，2011；Kim et al.，2011）。内控质量较高的公司，商业信用融资规模会更高（郑军等，2013），当货币政策紧缩时，内部控制质量高的公司，其商业信用融资规模越高；公司内部控制质量越高，会计稳健性程度越强，促进公司商业信用融资规模的增加（徐虹等，2013）。控股股东在取得股权质押后，会侵占公司资金，且在民营公司中更加显著（黄志忠和韩湘云，2014；郑国坚等，2014）。控股股东股权质押的公司，取得的商业信用融资规模会更低，但在审计质量和内部控制质量较高的公司中，上述关系并不显著（潘临等，2018）。

2. 高管特征

CEO声誉是公司声誉的替代机制，会对商业信用融资产生重要影响（王珍义等，2017）。声誉能够降低信息不对称性和信息获取成本（赵国宇，2011），是商业信用的重要体现（Van Horen，2005）。CEO声誉与公司商业信用融资能力呈现显著正相关关系（李辰颖和刘红霞，2013；王珍义等，2017）。董事高管责任保险是公司风险管理的重要手段（胡珺等，2016），能够增强公司外部监督力度，降低公司高管代理成本，提高公司业绩（胡国柳和胡珺，2014；凌士显和白锐锋，2017）。部分学者研究发现董事高管的责任保险与公司高管的监管程度呈现负向关系。随着公司高管责任保险不断增加，公司高管受到的监督力度会下降，增加了公司高管机会主义行为发生的可能性，进而不利于公司绩效的提升（Lin et al.，2011；刘向强等，2017）。公司如果认购了董事高管责任保险，会提高商业信用融资的取得率。公司的内部控制质量较高或者在民营公司中，会加剧两者之间的正向效应（胡珺等，2019）。管理者过度自信与商业信用提供规模呈现正向关系（曹向等，2013）。金融关联有利于公司和金融机构进行有效沟通，降低了信息不对称程度，从而缓解公司融资约束，降低了债务成本，并优化了公司的资本结构（邓建平和曾勇，2011）。因此，建立金融股权关联的公司，其商业信用交易成本会更低；金融股权关联与会计稳健性对商业信用的影响存在替代效应，且在国有公司中，两者的替代效应会显著增强

（孙莉儒和薛莹雯，2018）。

3. 战略定位

财务战略包括筹资、投资、资金营运和收益分配四个方面（徐光华和沈戈，2011）。公司财务战略如果偏离行业平均水平，会降低公司商业信用融资能力，国有公司会加剧两者之间的负向效应（朱杰，2018）。公司战略按照激进程度可以分为防御型、分析型和进攻型战略（Miles et al.，1978）。相对于防御型战略的公司，采用进攻型战略的公司，商业信用融资水平会更高（方红星和楚有为，2019）。当公司具有较高的战略定位差异度时，会负向影响公司外部供应商的决策，导致公司商业信用融资规模显著下降（侯德帅等，2019）。

4. 审计质量

公司的审计质量越高，商业信用双方更容易达成信任关系，商业信用模式更容易实现（陈运森和王玉涛，2010）。当公司被会计师事务所审计后，收到非标审计意见的审计报告时，公司下一年度的商业信用融资水平会呈现显著下降趋势；产权性质会削弱非标审计意见对公司商业信用融资的负向影响（张勇，2013）。

5. 其他方面

公司发生财务报告重述，会导致公司高管变更（Faber，2005；Gomulya and Boeker，2014），公司的审计师辞职的可能性增加（Karen et al.，2012），公司受到法律诉讼的风险增加（Palmrose and Scholz，2004），降低投资者对公司发展能力、盈利能力的信心，融资成本会增加（Hribar and Jenkins，2004；李世新和刘兴翠，2012），财务报告重述的增加会导致商业信用融资规模的下降，且在民营公司、市场地位低的公司和金融生态环境较差的地区，两者的负向效应会更加显著（钱爱民和朱大鹏，2017）。

分析师跟踪能够缓解公司的融资约束（宫义飞和郭兰，2012），降低了权益融资成本（Bowen et al.，2008）和债券利差（林晚发等，2013）。因此，分析师跟踪有利于公司商业信用融资规模的增加，在民营公司、机构投资者持股比例较高的公司和所处法制环境较好的公司中，两者的正向效用会加剧（黄波和王满，2018）。

供应商关系型交易比例较高的公司，商业信用融资需求会下降，商业信用净需求会降低；客户关系型交易比例较高的公司，商业信用供给会增加（李艳平，2017）。客户和供应商议价能力越高，公司提供的商业信用越多，获得的商业信用会越少；产品独特性越强，公司提供且获得的商业信用越多。产品独特性对客户议价能力与公司提供的商业信用之间关系起到加强效应，对供应商议价能力与公司获得的商业信用之间关系起到负向抑制效应（肖作平和刘辰嫣，2017）。

三 股权融资的影响因素

国内外学者对股权融资的影响因素进行了多方面的研究，本书将股权融资的影响因素从外部环境因素和公司自身特征两个方面进行梳理，具体如图2-3所示。

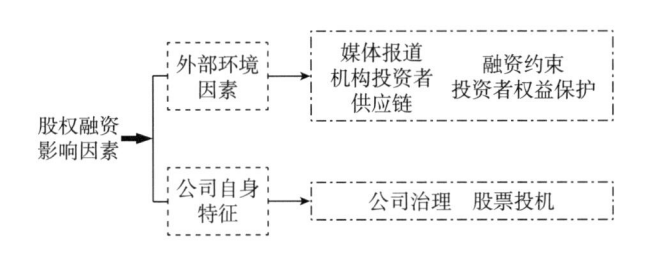

图2-3 股权融资的影响因素文献研究分析

（一）外部环境因素

外部环境因素对公司的发展战略具有决定性的影响，环境因素的不同差异对公司日常生产经营活动、融资和投资活动产生重大影响。国内外学者研究影响股权融资的外部环境因素主要集中于媒体报道、融资约束、机构投资者、投资者权益保护和供应链五个方面。

1. 媒体报道

媒体报道主要是影响政府机构和公司管理层的声誉，进而影响公司的财务决策，能够发挥一定的监督功能（Dyck and Zingales，2002；李培功和沈艺峰，2010）。通过媒体传递信息，能够吸引广大投资者的关注度，提高股票的流动水平，降低公司股权融资成本（Botosan，2000）。我国部分学者研究发现媒体报道与股权融资成本呈现负向效应，进一步发现市场化进程能够削弱两者的负向效应（刘全齐和李力，

2017）；公司的机构持股比例和分析师跟进数量呈现下降趋势时，会加剧两者的负向效应（赵玉洁，2019）。李辉等（2019）研究发现媒体报道会降低股权再融资成本，当市场化程度和产品市场竞争程度增加时，会加剧两者的负向效应。

2. 融资约束

上市公司负债融资的能力会受到净资产规模的限制，股权融资能够提高上市公司净资产的规模，从而降低公司对负债融资的约束程度。MM理论认为由于资本市场中债权人和债务人存在信息不对称，公司外部资本不能及时满足公司资金需求，进而产生融资约束。存在负债融资约束的上市公司，当债务融资成本下降时，公司会选择增加股权融资额，进而提高公司负债融资能力。Campello和Graham（2013）研究指出1990年股市泡沫会促使具有融资约束的公司选择股权融资，但不会影响非融资约束公司的股权融资，股市泡沫对债务融资没有显著影响。陈文和王飞（2013）通过构建负债融资约束模型，解释了即使股权融资成本高于债务融资成本，公司仍然会选择股权融资的原因，并分析了债务融资成本对上市公司资本结构产生的影响。我国部分学者将融资约束作为调节变量，研究了其对会计稳健性（王生年和徐亚飞，2016）、资本市场错误定价（李君平和徐龙炳，2015）与公司融资方式选择关系中所产生的具体影响。

3. 机构投资者

机构投资者主要包括证券基金、养老金基金、合格境外机构投资者（Qualified Foreign Institutional Investor，简称QFII）等，部分学者将机构投资者划分为稳定型和交易型两类（李争光等，2015）。国外研究机构投资者对股权融资成本的影响结论存在相互矛盾的情况。Gillan和Starks（2000）研究指出机构投资者为避免将资金投资于某一特定公司，公司的资本成本会呈现上升趋势。Ashbaugh等（2005）分析由于机构投资者偏好高风险的股票，对股票进行寻租，导致机构投资者持股比例与股权融资成本呈现正向效应。但Pitotroski等（2003）研究认为由于机构投资者信息掌握相对全面，能够促使股权融资成本的降低。我国学者将机构投资者按照不同类型划分，分别结合公司治理、财务信息透明度、会计稳健性的角度分析其对股权融资成本的影响。范海峰和胡玉明（2010）研究指出机构投资者能够对公司管理层实施有效监督，有利于降低代理成本，机构投资者的持股比例与公司股权融资成本呈现负向效应。部分学者将机构投资者作为调节因素，考察其对自由裁量财务信息透明度（范海峰和石水平，2016）、会计稳健性（李争光等，2016）与股权融资成本关系的影响。

4. 投资者权益保护

投资者权益保护的目标是保护投资者能够获得投资回报。投资者的投资回报包括短期回报和长期回报，前者体现为现金、股票红利和持有股票的收益，后者体现在公司盈利能力。LLSV（1999）按照不同国家法律的起源、已有法律发展情况将投资者权益保护进行了重新分类，研究发现投资者权益保护的类别会影响公司的股权结构、股利分派政策和公司价值等。公司的投资者权益保护程度越高，会降低股权融资成本（Doidge et al., 2004；姜付秀等，2008）。吴克平等（2015）研究发现我国上市公司投资者权益保护水平与股权融资规模和股权融资比例呈现正相关关系，与股权融资成本呈负相关关系。

5. 供应链

公司的供应链包括生产、订货或物流等运营环节，在各个环节进行决策不仅会影响到公司的现金流、市场竞争、资源柔性和市场占有率，也会影响公司的资本结构（De Bettignies, 2015；Chod, 2014）。股权融资是对公司价值评估的过程，供应链是促进公司成长的价值创造与供需配比的过程，股权融资过程作为解决公司价值评估和价值创造偏离的途径之一，其与供应链具有密切关系。王宇和于辉（2017）研究指出零售商应当注重在股权融资过程中，增加供应链合作。于辉和王宇（2018）研究发现供应链合作、公司的成长性和估值水平对公司融资方式会产生影响。当供应链不能有效合作时，被高估的零售商和被低估的高成长性零售商都会选择股权融资，被低估的或者低成长性的零售商则会选择债权融资。于辉和李鑫（2018）构建了零售商股权融资模型，对股权融资战略的合理估值的存在性进行探讨，研究发现零售商股权融资存在能够协调参与方利益的区间和最优值。

（二）公司自身特征

上市公司股权融资受到来自公司内部自身特征的影响，国内外学者主要从公司治理和股票投机两个方面展开其对股权融资的影响研究，部分学者还从环境信息披露、客户集中度等方面进行探究。

1. 公司治理

治理环境的差异会对不同地区上市公司的质量和公司终极控制人与中小股东之间权益博弈产生影响，从而影响股权融资（LLSV，1997；Easley et al.，2004）。公司治理环境的改善能够促进股权融资成本的降低（Ashbaugh-Skaife et al.，2005）。魏卉等（2011）研究指出治理环境与股权融资成本呈现负向效应，并且治理环境能够削弱两权分离对股权融资成本的负向效应。杨兴全等（2012）研究发现中国上市公司股权制衡负向影响股权融资成本，在治理环境不佳的公司中，股权制衡与股权融资成本的负向效应会更加显著。肖作平和尹林辉（2015）针对公司的终极所有权性质对股权融资成本的影响进行研究。研究发现中央企业的股权融资成本会显著下降，地方企业和民营公司、事业单位和民营公司之间股权融资成本没有呈现系统性的差异。外资企业的股权融资成本相对较低。

2. 股票投机

当股票市场不完善时，个人投资者存在不理性的投资行为，股票投机行为会明显影响股票价格和权益成本。资本市场信息的变动会反映在股票价格上（Hirshleifer et al.，2009）。股票投机行为降低了市场价格回归内在价值的动力，导致股票价格出现被高估的现象（Scheinkman and Xiong，2003；Mei et al.，2009），股权融资成本呈现下降趋势（Baker et al.，2003）。我国学者王振山和王秉阳（2017）研究发现股票价格上涨速度和换手率会负向影响股权融资成本，当控制了股票换手率后，股票市场的流动性对股权融资成本不具有负向效应。王振山和王秉阳（2018）研究发现市场投机和个股投机对权益成本具有显著负相关关系。

国内外部分学者还针对环境信息披露和客户集中度，考察其对股权融资的影响。Richardson和Welker（2001）最早研究非财务信息披露对资本成本的影响，研究发现环境信息披露会降低公司内外部信息的不对称性，有助于权益资本成本的下降。环境信息披露能够降低公司投资者的错误估计，防止股价下跌（Botosan and Plumlee，2002；Chen et al.，

2014）。重污染行业的公司环境信息披露能够降低对股价的冲击（Reigenga，2000）。我国学者研究环境信息披露对权益资本成本影响过程中，结合了再融资环保核查（沈洪涛等，2010）、环境绩效（吴红军，2014）、外部治理（叶陈刚等，2015）等方面考察其产生的调节效应。气候变化引起社会各界对温室气体排放情况的关注，中国自2017年开始运行涵盖主要行业的全国碳排放权交易市场，碳信息披露相关问题研究逐步深入开展。国内外部分学者对碳信息披露影响公司价值和资本成本进行了研究（Matsumura et al.，2014；张巧良等，2013；何玉等，2014）。客户集中度是衡量供应商对主要客户的依赖程度，包括客户议价能力（Morgan and Stundza，1993）。客户集中度不利于供应商绩效的提升（Poter，1974）。周冬华和王晶（2017）研究发现客户集中度与股权融资成本呈现正相关关系，在产品市场竞争激励的公司中，会加剧两者的正向效应。

第二节　薪酬差距研究的文献综述

本书将薪酬差距产生的经济后果划分为六大方面：薪酬差距会对公司绩效、风险承担、投资行为、研发创新、公司发展和盈余管理六个方面产生影响。具体研究文献整理思路如图2-4所示。

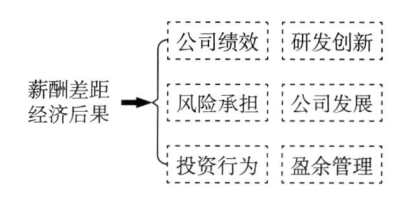

图2-4　薪酬差距的经济后果文献研究分析

一　薪酬差距与公司绩效

国内外学者研究上市公司薪酬差距与公司绩效的关系主要呈现出三种情况：一是薪酬差距与公司绩效呈现正向效应，支持锦标赛理论。Lambert等（1993）研究发现高管薪酬差距与公司绩效呈现正向效应。

Main 等（1993）研究指出高管团队薪酬的离散程度与公司的盈利性呈现正向效应，即薪酬差距与公司总资产收益率和股票收益呈现正向效应。Eriksson（1999）验证 CEO 高管与下级管理者之间的薪酬差距与收益率（即利润/销售收入的自然对数）呈现正向关系。Lee 等（2008）从公司治理的视角分析，薪酬差距与公司绩效呈现正相关关系，为锦标赛理论提供了支持。Jayant（2009）研究发现高管之间的薪酬差距的增加能够激励公司绩效的增长，当 CEO 临近退休时，会加强两者的正向效应；当 CEO 初始上任时，会削弱两者的正向效应。锦标赛理论能够对公司高管员工薪酬差距与公司绩效之间呈现正向效应进行有效、充分地说明（Hibbs et al.，2000；Lallemand et al.，2004），该理论已经成为解释我国上市公司薪酬差距与公司绩效之间影响效应的基础理论之一，国有企业中这种效应会更加明显（常健，2016；赵颖，2016）。我国部分学者通过实证研究验证了上市公司高管团队之间、高管与员工之间薪酬差距与公司绩效呈现正向效应，有力地支持了锦标赛理论（刘春和孙亮，2010；黎文靖和胡玉明，2012；张蕊等，2018）。董斌和曲蓬（2014）选择我国沪深两市 1305 家非金融类 A 股上市公司，对职工薪酬水平、薪酬结构与公司绩效之间的关系展开研究。研究表明薪酬差距与公司绩效呈现正向效应。钱明辉等（2017）以我国中央企业为研究对象，实证检验发现随着高管团队之间、高管与员工之间薪酬差距的增加，公司绩效会呈现上升趋势。

  国内外学者在实证研究证实了公司高管团队之间、高管与员工之间的薪酬差距与公司绩效呈现正向效应的基础上，进一步结合了管理层权力（Bebchuk and Fried，2003；赵颖，2016；张丽萍等，2013）、资本结构（Core and Holthausen，1999；Faulkender et al.，2012；郭雪萌等，2019）、生命周期（DeAngelo et al.，2006；Hribar and Yehuda，2015；梁上坤等，2019）、内部控制质量（Ashbaugh – Skaife et al.，2009；陈汉文和黄轩昊，2019）和高管团队特征（Thomas et al.，2012；孙凯等，2019）视角，分析其对两者关系产生的影响。

  二是薪酬差距与公司绩效呈现负向效应，支持行为理论。O'Reilly 等（1988）从社会公平理论进行分析，当董事会和高管之间薪酬分配相对平均时，会促进公司员工之间进行合作。Akerlof（1988）研究指出薪酬差距的缩小，有助于形成持续性的凝聚力，激发员工的工作积极性，促进公司绩效的提升。Pfeffer（1993）选择高校职员作为研究样本，研究发现薪酬差距的增加，导致高校职员满意度、相互之间合作意愿和科研绩效呈现下降趋势。支持行为理论的学者还有Cowherd（1992）、Conyoun等（2001）。国内学者研究两者关系呈现负向效应的结论不是十分丰富，张正堂和李欣（2007）验证了我国上市公司高管团队之间薪酬差距负向作用于公司绩效，符合行为理论，并验证了团队协作在两者之间起到了调节效应。张正堂（2008）进一步研究发现我国公司高管团队薪酬差距对公司未来绩效产生负向影响，技术复杂性、公司人数会产生正向的调节效应；公司高管员工薪酬差距对公司未来绩效没有显著影响，技术复杂性、公司人数会产生正向的调节效应。在国有公司中，高管员工薪酬差距与公司未来绩效会呈现出负向关系，研究支持行为理论。

　　三是薪酬差距与公司绩效呈现非线性的关系。国外学者研究还发现薪酬差距与公司绩效的关系不是单一的正向关系，或者负向关系，两种关系都有可能存在。Bloom（1999）采用美国棒球联盟球员作为研究对象，研究发现薪酬差距与个人工作绩效之间关系会受到个人所属公司组织的薪酬层级的影响。当员工处于公司组织层级较高时，薪酬差距的增加会激励其更努力地工作；当员工处于公司组织层级较低时，薪酬差距的增加会导致其消极地对待工作。Henderson和Fredrickson（2001）进行公司绩效预测时，薪酬差距与公司绩效呈现的关系既有正向效应，又存在负向效应，锦标赛理论和行为理论相互补充。Bingley和Paul（2001）选择丹麦公司的白领阶层和蓝领阶层的员工作为研究样本，研究发现在白领阶层，薪酬差距与公司绩效存在非线性的关系。国内学者验证了薪酬差距与公司绩效的非线性关系的基础上，考虑了经理自主权（张长征和李怀祖，2008）、会计稳健性（时军和张红霞，2019）、公司产权性质（陈丁和张顺，2010；石榴红等，2013；张正勇和胡言言，2017）、产品市场竞争（Hart，1983；赵健梅等，2017）对两者关系的影响。

　　公司薪酬差距的制定能够体现出薪酬激励的公平属性，公司薪酬激励的公平性分为公司内部公平性和公司外部公平性。前者是指公司内部高管团队之间、高管与员工之间的薪酬差距，后者是将薪酬差距与市场资源配置或者社会总体公平分配数额进行比较。我国部分学者探究了公司薪酬激励外部公平性对公司绩效的影响效应，研究结论主要分为两个方面：一是公司高管薪酬外部不公平性与公司绩效呈现负向效应（罗华伟等，2015；常健，2016）；二是公司高管薪酬外部不公平性与公司绩效呈现非线性关系（吴联生等，2010；覃予，2015）。

二　薪酬差距与风险承担

国内外学者围绕薪酬差距与风险承担之间关系展开研究，但研究结论尚未统一。主要结论包括：一是薪酬差距与风险承担呈现正相关关系。风险承担有利于公司把握资本市场机会进而获得盈利，从而保持公司长期竞争的优势，有助于公司股东权益的保护（John，2008）。公司中非 CEO 高管为了能够实现职位晋升，会积极改善公司业绩。因此，在进行投资决策时会倾向于高收益、高风险的项目。由此，具有冒险精神的高管获得晋升的概率会更大（Goel et al., 2008）。Kini 和 Williams（2012）实证分析公司薪酬激励与风险承担呈现显著正相关关系，当公司研发强度、专业化水平和财务杠杆水平提高时，资本支出的强度会下降。我国学者鲁海帆（2011）研究发现风险和公司高管团队未来的薪酬差距呈现正向效应。朱晓琳和方拥军（2018）基于代理人风险规避假说，研究发现高管团队薪酬差距能够对公司承担风险水平起到提升作用，且这一激励作用仅仅存在于民营公司。

二是薪酬差距与风险承担呈现负相关关系。Kahneman 和 Tversky（1979）提出前景理论认为，绝大部分投资者在确定收回收益前都是会规避风险的，在确定损失时体现风险偏好。薪酬差距增加时，CEO 关注自身利益，投资于风险较小的项目；薪酬差距缩小时，CEO 会选择风险较高的项目。Aggarwal 和 Samwick（1998）实证检验薪酬激励和公司承担的风险存在负相关关系。刘思彤等（2018）研究发现我国上市公司高管内部薪酬差距与公司风险承担呈现负向效应，管理者能力能够对两者之间的负向效应起到改善的作用。

三是薪酬差距与风险承担呈现非线性关系。张志宏和朱晓琳（2018）研究发现公司外部薪酬差距与公司风险承担水平呈现非线性关系。

三　薪酬差距与投资行为

国外学者较早研究薪酬差距对投资行为的影响，Lambert 等（1989）采用理论分析的方法得出了公司经理人薪酬水平会对财务决策产生影响，能够影响到资本性支出和股利分配决策。国内外针对薪酬差距与投资行为的研究，其主要结论包括：一是薪酬差距与投资行为呈现正相关关系。Lee 等（2008）实证表明高管员工薪酬差距的增加，有助于公司投资效率的提升。刘敏和冯丽娟（2015）研究发现公司高管薪酬差距与公司投资水平呈现正向效应，且在非国有公司中此影响效应更加显著。二是薪酬差距与投资行为呈现负相关关系。熊婷和程博（2017）研究发现高管团队薪酬差距对公司过度投资行为起到抑制的作用，且主要体现在非国有性质的公司和机构持股比例较高的公司中。三是薪酬差距与投资行为呈现非线性关系或者不存在关系。Griner 等（1995）实证研究发现公司经理人薪酬水平与投资水平不存在相关性。Grundy 等（2010）发现高管薪酬水平对投资行为没有显著影响。刘美玉和姜磊（2019）研究发现公司高管内部薪酬差距对公司投资效率起到正向激励效应，同时还存在非线性的倒"U"形关系。

国内外部分学者还研究了薪酬差距对非效率投资的影响。根据代理理论，管理层为追求自身利益进行投资，其可能会违背股东的目标，导致公司过度投资（Fredrickson and Blake，2010）。王建军和刘红霞（2015）研究认为我国国有上市公司高管团队内部薪酬差距与非效率投资呈现负向效应，会抑制投资过度，但对投资不足影响效果不明显，这种负向效应呈现非线性关系。

四　薪酬差距与研发创新

国内外学者针对薪酬差距影响研发创新的研究结论主要有三个方面：一是薪酬差距与研发创新支出呈现正相关关系。当公司高管实际薪酬高于预期薪酬时，高管会为改善公司绩效进行投资，此时会增加研发投资行为（Cyert and March，1963）；当公司高管实际薪酬低于预期薪酬时，管理层会倾向于承担较多风险从而选择其他渠道（Greve，2003），会增加创新投资以期改变实际薪酬水平（Chen and Miller，2007）。民营上市公司高管薪酬差距与公司研发支出、专利数量呈现明显的正向效应（Kini and Williams，2012）。CTO 是公司高管团队的组成人员，对其进行薪酬激励，会影响到研发投资决策（Hoskisson et al.，1993），CEO 与 CTO 之间薪酬差距与公司研发投入呈现正向效应（Sharma，2011）。邵剑兵和朱芳芳（2015）研究发现公司 CTO（首席技术官）与公司 CEO（首席执行官）的薪酬差距会增强公司 CTO 工作积极性，提高公司研发投入。巩娜和刘清源（2015）研究发现民营上市公司高管薪酬差距对公司研发支出呈现正向激励效应。朱芳芳和李海舰（2018）研究发现高管团队薪酬差距与公司研发投入存在正向效应，高管团队重组会削弱两者之间的正向效应。

二是薪酬差距与研发创新支出呈现负相关关系。公司高管薪酬差距增加时，会影响高管团队其他成员工作积极性，可能会放弃研发投资（Narayanan，1985；Bushee，1998；Barker and Mueller，2002）。

三是薪酬差距与研发创新支出呈现非线性的关系。甄丽明和杨群华（2014）研究发现我国上市公司货币性薪酬比例与公司研发行为呈现非线性的倒"U"形关系。国有性质的公司中，薪酬差距对研发行为的激励效用相对较小。Siegel 和 Hambrick（2005）研究指出高科技企业的高管薪酬差距增加，会破坏高管团队之间的合作关系，导致公司绩效下降。公司外部薪酬差距增加时，高科技企业会不断增加自身核心竞争力，增加创新项目开发与投资。翟淑萍等（2017）研究证明高管外部薪酬差距与公司创新投资存在正向激励效应，高管员工薪酬差距与公司创新效率呈现负向效应。杨婵等（2017）研究指出垂直薪酬差距与新创公司的创新精神存在非线性的倒"U"形关系，董事会治理和外部环境包容性对中层—基层薪酬差距与新创公司的创新精神的影响会产生调节作用。牛建波等（2019）研究发现高管薪酬差距对公司专利的申请数量没有显著影响，能够显著影响专利授予数量，公司高管薪酬差距越大，公司创新效率会被提升。高管薪酬差距的增加能够显著影响公司实用新型专利和外观设计专利。

五 薪酬差距与公司发展

国内外部分学者研究了薪酬差距对危机企业、公司成长性、公司生产效率等方面的影响，由于这些不同方面最终会影响公司持续、稳定地发展，因此，本书将其总结为薪酬差距对公司发展的影响研究，具体内容如图 2-5 所示。

图 2-5　薪酬差距对公司发展的影响文献研究分析

薪酬差距对危机企业的影响方面，公司在危机中采用的反转政策包括紧缩政策（成本紧缩、资产紧缩）和扩张政策（Pearce and Robbins，1993；Ndofor et al.，2013）。扩张政策和成本紧缩政策由公司高管决策，资产紧缩政策会受到公司员工的态度和行为的影响，薪酬差距会影响到员工的态度和行为（Yanadori and Cui，2013），对危机企业资产紧缩策略会产生影响。危机事件发生后，公司应当采用应对措施，降低危机事件产生的负面情绪（Williams et al.，2017）。公司降低薪酬差距，能增强公司员工工作积极性，减少危机事件产生的焦虑（Baron et al.，2016）。徐高彦等（2018）研究发现高管员工薪酬差距与公司在危机时情景反转呈现负向效应；公司资产紧缩策略与公司危机时反转呈现正向效应，高管员工薪酬差距对两者之间的关系起着抑制效应，尤其体现在内部控制质量较低的公司中。

薪酬差距对公司成长性的影响方面，国外研究学者研究发现公司薪酬差距会对公司成长性的一系列指标产生影响，具体包括：股价绩效的弹性（Murphy，1985）、公司经营绩效（Hall and Liebman，1998）、公司股东回报率（Guy，2000）、公司业绩（Ganarella and Gasparyan，2008）。我国中小板上市公司还缺乏针对公司成长性设计的科学、合理的薪酬制度（肖东生等，2014）。公司员工薪酬与高管薪酬仅仅针对国有性质的中小上市公司的成长性具有正向激励效应（夏宁和董艳，2014），我国中央企业高管员工薪酬差距与公司成长性呈现正向效应（王爱国和王哲，2016）。石依依等（2017）将上市公司高管薪酬分为水平差距和垂直差距，水平差距与公司成长性呈现负向效应，垂直差距与公司成长性呈现正向效应。我国国有企业改制为私营企业得到的改革红利最大，改革后内部薪酬差距促进公司绩效的提高（邓大松和卢小波，2017）。刘追和刘孟（2017）以创业板上市公司为研究对象，实证检验发现高管货币薪酬、权益薪酬、薪酬差距与创业型公司成长性具有正向效应，创业战略导向对高管货币薪酬与创业型公司成长性的关系具有抑制作用，对权益薪酬与创业型公司成长性的关系具有正向调节效应。

薪酬差距对公司战略差异的影响方面，国内外学者研究公司战略差异的影响因素包括：公司内部控制质量（殷治平和张兆国，2016）、高管团队任期（Finkelstein and Hambrick，1990）、高管团队跨界（Geletkanyez and Hambrick，1997）、CEO自我评价（Hiller and Hambrick，2005）、CEO感情特征（Delgado – Garcia and Fuente – Sabate，2010）和CEO权力（Tang et al.，2011）。公司薪酬差距较大，会使公司高管感到不满，在公司战略选择和执行方面会降低资源投入（Henderson and Fredrickson，2001）。潘镇等（2019）研究发现高管团队薪酬差距与公司战略差异存在负向关系，公司女性高管与公司战略差异存在非线性关系。公司高管团队的相对薪酬差距抑制了公司女性高管与战略差异之间的关系，较大的绝对薪酬差距会导致公司女性高管和公司战略差异之间的曲线关系发生反转。

薪酬差距对公司生产效率的影响方面，Main等（1993）研究指出高管薪酬差距与总资产收益率、股票回报率呈现正向效应。Mahy等（2011）实证分析高管薪酬差距与公司生产率之间存在正向效应，员工专业技术水平能够加剧两者的正向效应。薪酬差距的增加，能够激励公司高管更好地履行职责，吸引更多优质人才，提高公司组织中人力资源的质量（Gerhart and Rynes，2003）。高管薪酬差距能够提升公司全要素生产率，市场竞争加剧了两者之间的正向效应（盛明泉等，2019）。与此结论相反，刘张发等（2017）研究发现国有公司内部薪酬差距的增加不利于生产效率的扩大，且中央国有性质的公司中，两者的负向效应更加显著。

薪酬差距对公司会计错报的影响方面，公司管理层薪酬动机是产生会计错报的动因之一（Burns and Kedia，2006），公司薪酬差距的增加，能够有效提升会计信息质量。Guo等（2017）研究发现公司薪酬差距较大时，公司管理层会更好地履行受托责任，拒绝提供虚假的财务报告。马晨等（2018）研究发现高管员工薪酬差距对公司会计错报具有负向效应，高管内部薪酬差距与公司会计错报也呈现负向关系。

薪酬差距对公司员工离职的影响方面，Lee等（1999）发现公司薪酬差距缩小时，能够提高公司员工工作绩效。DeConinck和Stilwell（2004）研究指出薪酬差距产生的公平感能够降低员工的离职率，提高公司员工的工作积极性。步丹璐和白晓丹（2013）研究指出公司员工离职率会明显导致公司未来会计业绩降低，当公司员工薪酬越高，高管员工薪酬差距越低时，员工的离职率会越低。非国有性质的公司会加剧薪酬差距与公司员工离职率的负向效应。

六 薪酬差距与盈余管理

国外学者开展盈余管理的研究较早，Lambert（1987）研究指出以盈余和股票价格作为评价公司绩效的指标，并在高管薪酬契约中得以广泛应用。高管薪酬契约中应当考虑盈余水平、盈余变动和盈余持续性（Baber et al.，1999）。经营性现金流与盈余质量存在密切相关性，上市公司以经营性现金流作为公司运行的资金，经营性现金流在高管薪酬中具有重要的影响（Nwaeze et al.，2007）。Angela Gore等（2007）研究指出盈余在公司CFO薪酬契约所占比重较大。

国内外学者研究薪酬差距对盈余管理产生的影响，研究结论尚不统一，主要观点有三个方面：一是薪酬差距与盈余管理呈现正相关关系，Kini和William（2012）研究发现处于不同级别的高管薪酬差距较大，会增加低级高管进行盈余管理行为。Brian等（2014）研究得到同样的结论。Park（2017）研究发现，高管团队内部薪酬差距会引发公司开展更多的真实盈余管理活动。我国学者毛洪涛和沈鹏（2009）研究发现公司CFO薪酬与盈余呈现正相关关系。杨志强和王华（2014）研究指出公司内部薪酬差距与盈余管理呈现正相关关系，这种关系在股权集中度较高的公司更加明显。公司管理层权力会加剧两者之间的正向关系。二是薪酬差距与盈余管理呈现负相关关系，Miller（2006）研究指出薪酬差距较高时，会引起分析师和媒体等外部信息机构的关注，有利于公司外部监督质量和公司治理水平的提升，从而抑制管理者盈余管理行为。俞震和冯巧根（2010）研究发现我国上市公司高管薪酬差距不断增加，可以减少高管对盈余管理的串谋，通过扩大薪酬差距，实现抑制公司高管盈余管理的行为。杨薇等（2019）研究发现公司内部薪酬差距能够降低公司盈余管理水平，外部监督机制和管理者薪酬机制对两者之间关系起到显著调节作用。三是薪酬差距与盈余管理呈现非线性的倒"U"形关系，张泽南和马永强（2014）研究指出我国上市公司薪酬差距会与盈余管理（特别是应计制盈余管理）呈现正向效应，与真实盈余管理呈现负向效应。与非国有公司相比，国有性质的公司高管员工薪酬差距的增加更容易导致应计制盈余管理。

第三节 薪酬差距影响外源融资相关文献综述

一 薪酬差距对债权融资的影响

国内外研究薪酬差距与融资决策的文献尚不丰富，针对债权融资决策方面，已有研究集中于薪酬激励对债务融资的影响。高管薪酬包括三种类型：一是与公司绩效没有关联的薪酬，即基本工资；二是公司财务报表中根据公司绩效确定的薪酬，即公司给予的奖金或者津贴；三是根据市场评价公司财务运营状况的薪酬，包括限制性股票、股票期权等。前两类高管薪酬称为货币类薪酬，第三类成为权益类薪酬，实务工作中，公司会实施养老计划，并对高管实施递延薪酬，此类薪酬在发放给公司高管之前属于一项债务，即债务类薪酬（Smith and Watts，1992；张兴亮，2014）。图2-6显示我国公司高管薪酬的主要构成内容。

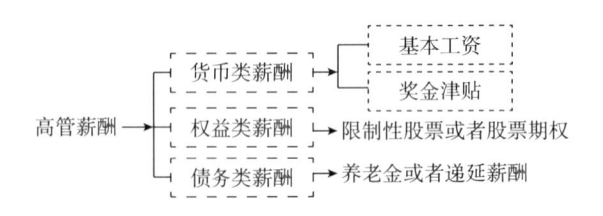

图2-6 高管薪酬构成内容图解

公司采用奖金激励方案时，高管会通过会计政策选择进行盈余管理，实现奖金激励方案对会计盈余的需求，当公司会计盈余降低到无法通过会计政策选择实现奖金激励方案中的盈余需求时，公司高管会通过计提资产减值损失等手段降低当期损失，未来期间通过资产减值损失的转回实现奖金激励中的盈余需求（Healy，1985）。Holthausen等

（1995）其结论没有发现公司会计盈余低于奖金激励方案时会降低当期损益的会计政策选择行为，其认为当公司会计盈余高于奖金激励方案中会计盈余的上限时，公司高管的当期盈余进行调减。Matsunaga 和 Park（2001）指出公司进行盈余管理，是在公司季度盈余比分析师预测值或者上一年同季度的盈余低时，但此时盈余管理行为与高管奖金的增加额呈现显著的负相关关系，可以说明，公司奖金激励方案会促使高管为了符合分析师预测对公司进行盈余管理。张兴亮（2014）指出由于融资约束的存在，公司债权人会通过调整债务期限、利率等方式对盈余进行调整。货币薪酬能够激发公司高管对债权人进行更有效的保护。公司高管会以稳定的现金持有量最大化为目标，承担债务契约中的义务条款（Duru et al., 2005）。由此分析，高管货币薪酬能够促使高管与债权人权益一致，能够降低债权人监督公司的程度，会促使债权人降低债务利率或者延长公司债务期限。

权益类薪酬包括限制性股票[①]和股票期权[②]，高管权益类薪酬数量较多地集中于高增长性行业，例如，计算机、软件和制药行业等（Core and Guay, 2001），高科技行业的公司提供的权益类薪酬比重远远高于传统制造业公司（Ittner et al., 2003）。Coles 等（2006）研究指出股票期权在公司高管薪酬结构比例较高时，高管薪酬会随股票回报率波动变化，其敏感性较大，高管的风险偏好会增加，倾向于进行高风险投资。Jensen 和 Meckling（1976）指出权益类薪酬能够使股东与债权人代理问题加剧，高管偏重高风险投资项目，对债权人的权益会造成损害。处于高科技行业或者高增长性行业的债权人为保护自身权益，一般会缩短债务期限或者提高借款利率。

债务类薪酬包括养老金计划和递延薪酬（Sundaram and Yermack, 2007），当公司在未来能够具备清偿债务的能力时，高管可以在预定期限内获得报酬。这些高管与债权人的权益一致，因此，促使高管更谨慎地经营公司。当公司债务类薪酬比例增加时，公司高管的冒险意识会降

[①] 限制性股票是指在公司给予高管一定数量的股票，当满足高管一定任职期限或者公司绩效条件后，高管能够出售这部分股票。

[②] 股票期权是指高管能够在未来一定的期限之内，按照确定的价格购买相应数量的股票。

低，高管和债权人的利益能够结合在一起（Edmans and Liu，2011）。公司持有债务类薪酬越多，财务政策更偏向于保守类，公司股票回报率的波动性和 R&D 投入与债务类薪酬呈现负向效应（Cassell et al.，2012）。债务类薪酬能够降低债权人对公司高管的监督成本，公司能够较容易获得银行贷款，促使债权人为企业提供信用贷款，减少要求公司提供抵押物的条款。当公司面临的融资约束较弱时，公司高管会降低债务水平，或者倾向于选择长期债务。债务类薪酬还可以激励公司高管选择风险较低的项目进行投资，降低向股东支付的股利，减少股东和债权人之间的利益冲突，增强债权人对公司高管的信任程度，使债务期限加长或者债务利率下降。图 2-7 展示不同类型的薪酬对公司高管和债权人所产生的具体影响。

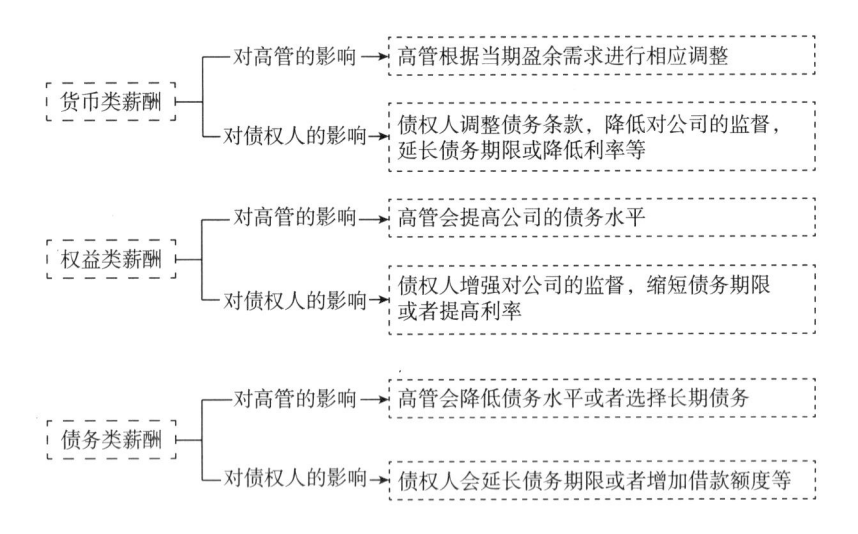

图 2-7 高管薪酬类型对高管和债权人影响解析

国外研究高管薪酬影响债务融资的文献，主要集中于高管薪酬激励对债务融资期限、债务融资成本、债务契约条款和债权人决策的影响。

债务融资期限方面，短期债务是公司债权人对管理层实施有效监督的手段，公司采用货币类薪酬和债务类薪酬能够降低债权人的监督力度，延长债务期限；权益类薪酬促进公司高管和股东利益的一致性，债权人为增强对公司管理层的监督，会缩短债务的期限。Datta 等（2005）

研究发现高管持股比例越低，高管与股东利益很难保持一致，高管会倾向于选择长期债务。Sundaram 和 Yermack（2007）分析指出 CEO 薪酬组合中养老金和递延薪酬比例较多时，公司管理层会降低债务产生的代理成本，从而选择长期债务。Brockman 等（2010）研究发现当高管薪酬组合与股票价格联系紧密，公司高管选择高风险项目投资会受到阻力，公司短期借款比例会下降；当高管薪酬组合与股票回报率的波动情况关联密切时，高管会倾向于投资高风险项目，短期借款的比例会增加。

债务融资成本方面，已有研究发现当公司薪酬组合与股票价格敏感度越高，公司高管不愿投资高风险项目，与公司债权人利益趋同，债权人会降低监督成本，公司的债务融资成本会越低；当薪酬组合与股票回报率变动的敏感度越高，高管会倾向于高风险项目投资，公司债务人对公司监督成本会增加，导致债务融资成本增加（Shaw，2012）。公司 CEO 获得的风险激励越高，银行借款的成本越大（Beladi and Quijano，2013），说明权益类薪酬使公司高管与股东利益趋同，债权人通过提高借款利率以便将监督成本转移至公司的股东。Kabir 等（2013）分析指出高管的养老金比例与债券收益率利差呈现负相关关系，高管持股比例与债券收益率利差呈现正相关关系，高管货币薪酬与债券收益率利差没有影响效应。

债务契约条款方面，债权人可以通过调整债务期限、债务利率等方式调整监督成本，也可以调整债务契约中的限定性条款或者对担保和抵押要求进行调整。限定性债务契约条款主要对公司投资、支付股利或者债务融资等方面进行限制（Smith and Warner，1979）。Begley 和 Feltham（1999）分析发现债务契约条款与高管货币薪酬呈现显著负向效应；权益类薪酬越多，契约中对股利发放的限制条款会越多，或者增加额外负债契约条款会越多。Anantharaman 等（2014）分析指出债务类薪酬越多，债权人对债务利率要求越低，限制高管的债务契约条款越少。

债权人会计稳健性需求方面，已有研究发现公司债务类薪酬越多时，高管与债权人利益相一致，债权人对高管的信任程度会增加，债权人对公司会计稳健性的需求会降低（Chen et al.，2011），高管货币类薪酬能够降低债务契约中的限定性条款（Begley and Feltham，1999）。高管持股比例上升，能够降低股东对会计稳健性的需求；高管持股比利下降，会增加股东对会计稳健性的需求（Lafond and Roychowdhury，2008），由此可以推出：高管持股比例上升，会增加债权人对会计稳健性的需求；高管持股比例下降，会降低债权人对会计稳健性的需求。

我国已有研究尚缺乏针对薪酬差距对债务融资决策的直接影响的研究文献，部分学者研究高管薪酬对债务融资影响。黄送钦等（2017）研究我国高管超额薪酬对公司债务的影响，进一步考察外部制度环境、内部治理机制等因素对两者之间关系的影响。研究发现：国有性质的公司中，高管超额薪酬对公司债权融资水平呈现负向影响，公司债务显著增强高管薪酬与公司绩效之间敏感性。在国有性质公司中，公司高管的超额薪酬越高，公司高管会降低债务融资，倾向于选择商业信用融资。公司外部市场化程度和信任环境的改善、董事会独立性和管理层持股比例的提高对两者关系起到有效的抑制作用。部分学者探究了债务期限的影响因素（肖作平和李孔，2004），创新、地方政府债务治理对债务的影响（刘天保，2018；朱晨赫和程晨，2018），分析了债务代理成本的形成机理（朱志标和张楠，2010），验证债务融资期限结构与融资效率之间的关系（董黎明，2008）。

二　薪酬差距对股权融资的影响

国内研究薪酬差距对股权融资的影响主要集中于股权融资成本，研究的文献数量并不十分丰富。其中国外学者Chen等（2013）探究了薪酬差距与股权融资成本关系，通过对权益资本成本的影响因素进行控制，研究发现高管薪酬差距与公司权益资本成本呈现正向效应。国内学者雷霆和周嘉南（2014）研究股权激励、高管内部薪酬差距与权益资本成本之间的关系。研究发现：股权激励作用下，高管内部薪酬差距与权益资本成本呈现正向效应，国有性质的公司中，股权激励与高管内部薪酬差距进行交互，对权益资本成本的影响更加显著。汪平和张孜瑶（2014）探究了股权资本成本和市场化进程对高管员工薪酬差距的影响，研究结论显示股权资本成本与薪酬差距呈现负向效应，市场化进程与薪酬差距呈现正向效应。部分学者对中国上市公司股权融资与债权融资成本实证研究（廖理和朱正芹，2003），对资本结构影响因素和股权融资偏好（肖泽忠和邹宏，2008）、股权融资成本软约束和股权融资偏好（黄少安和钟卫东，2012）进行探讨和分析。

可以发现，国内外研究薪酬差距与股权融资成本的影响效应主要存在三个方面不足：一是研究文献资料不多，存在可拓展需要进一步深入研究的空间；二是研究结论尚不统一，我国已有研究薪酬差距与股权融资成本，存在两者影响因果关系不明确，且结论相互对立；三是缺少全面、系统地考察薪酬差距对股权融资决策的影响。已有研究中薪酬差距范畴较为单一，考察对象仅为高管团队之间薪酬差距，或者仅为高管员工薪酬差距，缺乏对两者的研究。此外，已有研究均考虑了高管层面的薪酬差距，对于普通员工之间薪酬差距，以及公司外部薪酬差距没有涵盖进来，不能充分说明薪酬差距对股权融资决策的影响。

三 薪酬差距对商业信用融资的影响

国内外已有研究尚缺乏考察薪酬差距影响商业信用融资决策的直接研究，已有文献研究分别针对薪酬差距的经济后果和商业信用融资的影响因素进行分析，但针对薪酬差距如何影响作用于商业信用融资决策，学术界还缺乏研究文献支持。

第四节 公司产权性质影响外源融资的文献综述

由于国有公司战略规划、财务决策和生产经营活动会受到来自国家政府干预，因此，对公司的融资活动不可避免也会产生影响。国外学者针对公司产权性质影响公司外源融资活动展开研究，Wang 等（2008）研究发现国有控股公司由于受到国家政府的支持，能够取得相对较低的银行借款成本，并在面临危机情况时，可以取得来自国家政府的补偿，进而弥补投资者的损失。Chan 等（2010）研究指出公司产权性质不同，使银行对上市公司的信息关注程度存在差异。Barnett 和 Salomon（2012）研究认为国有控股公司能够从银行取得更为优惠的贷款政策，其信用评级相对于民营公司而言更高。

一 产权性质对债权融资的影响

国内学者将公司产权性质作为调节因素考察公司外部环境因素和公司自身特征两大方面不同影响因素对债权融资产生的异质性效应。前者研究主要集中于：投资者实地调研、政府补助和公司对外投资等视角；后者研究主要集中于：公司高管特征、风险承担能力、审计质量、公司违规等视角。外部环境因素方面，张勇（2020）研究指出投资者实地调研与公司债务融资成本呈现出负向效应仅存在于国有公司中。申香华（2015）研究政府补助对公司银行信贷规模的影响，研究发现在民营公司中其影响效应会更加显著。政府补助能够有效降低公司信贷融资成本，且在国有公司中，其影响效果会更加显著。连立帅（2019）研究发现开展对外直接投资的非国有公司过度负债发生的可能性及其严重程度会高于国有公司，其主要原因在于对外直接投资的目标是寻求技术为主，开展对外直接投资的非国有公司，其过度负债的市场反应会更差。公司内部自身特征方面，已有学者发现非国有公司中，CEO性别差异会影响债务融资规模、期限结构和来源结构（许晓芳等，2018）；公司股权集中度与债券融资成本呈现正相关关系，公司股权制衡度与债券融资成本呈现负相关关系，其在民营公司中的效果会更加显著（刘刚等，2020）。施燕平和刘娥平（2019）研究公司风险承担与债券信用利差之间的关系，并探究发现国有上市公司中，发行公司债券的信用利差会更低。在国有公司中，审计师质量与债务融资期限呈现显著的负相关关系（杨鑫等，2018）；审计师声誉与IPO公司的债务融资能力呈现显著的正相关关系，且其随着公司国有控股的比例的提高而呈现下降趋势（张嘉兴和余冬根，2015）。刘坤和戴文涛（2017）研究指出民营公司中的违约行为受到公司的贷款限制的程度会更大。王跃堂等（2010）研究发现所得税改革后，公司税率与债务水平呈现正相关关系。在所得税税率提高的公司中，非国有公司的债务增加得更多。靳曙畅（2019）研究证实公司债务异质性与公司可持续发展呈现正相关关系，且在国有公司中会更加显著。

二　产权性质对商业信用融资的影响

我国学者分别从公司外部因素和内部自身特征两个方面探究产权性质对商业信用融资的影响，王化成等（2016）研究发现经济政策不确定性会降低公司的商业信用规模，而国有公司会凭借其自身优势抑制公司的商业信用规模的下降。高亮亮等（2014）研究指出货币紧缩时期，公司会采用商业信用进行融资，国有公司会通过削减客户信用来缓解公司的资金短缺，提升了公司的资产报酬率，但并没有影响销售增长率；非国有公司会通过高成本的供应商信用来缓解资金短缺，从而提高了公司的销售增长率和资产报酬率。刘宝财（2014）研究证实公司内部控制与商业信用呈现正相关关系，国有公司会加剧内部控制与商业信用的正向效应。孙兰兰和王竹泉（2017）研究确认了公司营运资金融资结构的调整速度会受到供应链关系和公司产权性质的影响，当公司的供应链集中程度较高和在国有性质的公司中，其调整速度会更快。

三 产权性质对股权融资的影响

我国学者祝继高和陆正飞（2011）研究发现民营公司发布的配股预案的比率相对更低，实施配股的比率会更低，主要原因在于证券监管部门在进行配股审批过程中会优先考虑国有公司。获得批准并实施配股的民营公司的未来投资增长速度更快，而国有公司则更有可能改变筹集资金的用途。由于证监会的配股批准的倾向性选择，损害了民营公司股东的权益，最终影响资源配置效率。祝继高和陆正飞（2012）研究发现民营公司在进行是否申请上市的问题与公司外部融资需求的相关性更强，而国有公司很可能是出于非经济因素的目的申请上市，且其更有可能获得证监会、发审委的批准。

第五节 文献评述

前文通过对国内外文献关于债权融资、商业信用融资和股权融资三个方面外源融资的影响因素进行全面系统地梳理，厘清薪酬差距的经济后果的文献研究脉络和具体内容，最终目的是探究出本书的研究主题。进一步从已有文献资料中专门整理出与本书研究主题密切相关的薪酬激励影响外源融资的文献，阐述其所研究具体成果和影响机理。在此基础上，针对公司产权性质作为调节因素对外源融资的影响研究进行文献收集与整理分析，为拓宽本书研究主题的视角，充实书中研究内容奠定丰厚的文献基础。

外源融资是公司资本结构研究的主要问题，公司未来发展和进步与合理、科学的融资决策密切相关，不同的融资方式会对公司的经营绩效产生重大影响。如何有效地开展融资活动，一直是学术界和实务界关注的问题。本书研究外源融资包含债权融资、商业信用融资和股权融资，国内外学者对公司不同的外源融资渠道的影响因素研究关注重点各不相同，债权融资的影响因素主要集中于外部环境因素（包括经济环境、法律政策、金融市场和审计监督）和公司自身特征（包括公司治理、高管特征、公司避税与违规行为）两个方面；商业信用融资的影响因素主要集中于外部环境（包括经济政策、法律诉讼、行业竞争和媒体报道）和公司自身特征（包括公司治理、高管特征、公司战略定位、审计质量）两个方面；股权融资的影响因素分为外部环境因素（包括媒体报道、融资约束、机构投资者、投资者权益保护和供应链）和公司自身特征（包括公司治理和股票投机）两个方面。从研究视角上分析，国内外学者对于外源融资的影响因素的研究范畴整体可以划分为公司外部和内部两个方面，研究文献不仅数量多，且内容也较为丰富。从研究方法上分析，普遍采用规范的理论基础进行机理分析并提出相应假设，收集相关数据进行实证检验。

公司是经济实体中重要的组成单元，公司的生产经营效率对国民经济的繁荣发展起着至关重要的作用。公司的组织结构包括不同层级和岗位分工，各层级人员职责不同，公司高管从事资源战略整合和规划，对公司当期生产经营活动的开展和长远战略规划的制定起到至关重要的作用；公司普通员工处于公司组织结构的底层，主要从事具体工作，确保各项经营决策有效实施和战略规划逐步执行，在公司成长历程中发挥基础性作用（Fisher and Yuan, 1998；陈冬华等，2015）。在资源有限的情况下，如何对公司高管和员工进行薪酬分配，是公司治理重要的研究议题。国内外文献对于薪酬差距的经济后果研究集中于公司绩效、风险承担、投资行为、研发创新、公司发展和盈余管理六个方面。学术界研究薪酬差距对公司绩效的影响，存在两种对立的理论：锦标赛理论和行为理论，在两个理论基础上，部分学者发现薪酬差距与公司绩效还存在非线性关系，体现为两种理论相互补充。以薪酬差距与公司绩效之间关系为基础，薪酬差距对风险承担、投资行为、研发创新和盈余管理方面也呈现三类情况。

公司产权性质不同，当公司薪酬差距变化时，外源融资活动所面临的境遇会各不相同。国内外学者将公司产权性质作为调节因素，分别从公司外部环境和内部自身特征两个方面考察其对债权融资、商业信用融资和股权融资产生的异质性影响。公司产权性质对债权融资的调节影响集中于投资者实地调研、政府补助和公司对外投资等公司外部因素视角，以及公司高管特征、风险承担能力、审计质量、公司违规等公司内部自身特征视角。公司产权性质对商业信用融资的调节影响集中于经济不确定性和货币政策的公司外部因素视角，以及内部控制和营运资金结构调整的公司内部自身特征视角。可以发现，国内外文献中关于公司产权性质作为调节因素影响债权融资活动的文献资料相对较多，研究的视角也比较丰富，商业信用融资和股权融资方面研究尚需要再进一步挖掘，且国内研究的文献数量远远多于国外研究文献，说明我国社会主义市场经济环境下，国家政府不直接干预公司的生产经营活动，但会通过制定指导性、预期性的计划指标，颁布各类经济技术政策法规、行业规章等条款，逐步引导公司按照社会经济发展目标的要求展开相应活动，从而间接调控确保市场经济稳定、持续、健康地发展。公司产权性质不同，对国家政策法规的执行程度和享有的优惠政策存在差异，这一特点在我国公司运营过程中会相对突出。因此，国内研究文献普遍会考察公司产权性质的异质性影响。已有研究尚缺乏考虑不同公司性质下薪酬差距对外源融资的异质性影响。

如前文所述，国内外学者主要集中研究了薪酬激励对债务融资期限、债务融资成本、债务契约条款和债权人决策的影响。公司高管薪酬主要包括货币类薪酬、权益类薪酬和债务类薪酬，三种高管薪酬对债务融资的影响各不相同。对于股权融资影响方面，国内外文献研究中有部分学者探讨了高管团队薪酬差距、高管员工薪酬差距和股权融资成本之间的影响关系，但研究文献还不充分。国内外文献还缺乏研究薪酬差距对商业信用融资的影响。尽管薪酬差距与外源融资的研究，已经取得一些科研成果，但还存在不足之处，需要不断深入探讨和完善。主要体现为四个方面：第一，薪酬差距的经济后果研究尚不完善。虽然国内外文献研究薪酬差距的经济后果方面已经涵盖了公司绩效、风险承担、投资行为等方面，但对于外源融资影响方面还需要进行系统、深入地研究。第二，债权融资和商业信用融资的影响因素中缺少薪酬差距视角进行分析，股权融资的影响因素虽然已有部分学者研究薪酬差距的影响，但存在的主要问题是薪酬差距的界定不统一，在被解释变量和解释变量设置时出现相互对立，导致研究结论不一致。已有文献研究还不丰富，需要进一步深入系统地进行理论分析与实证检验。第三，在研究公司产权性质对外源融资的调节效应影响时，国内外已有研究从公司外部因素和内部自身特征两个方面分别探究产权性质对其与外源融资活动所产生的差异影响，但尚缺乏从公司薪酬差距视角分析，探究不同公司产权性质下，公司外部和内部高管团队之间、高管与员工之间薪酬差距的变化，对公司债权融资、商业信用融资和股权融资所产生的具体影响效果。第四，在研究薪酬差距对外源融资影响时，还没有系统、全面地结合公司所属行业类型、所处地区差异和股权制衡考察对其两者关系的影响效应。

第六节　本章小结

本章对本书研究主题进行文献梳理，首先，整理公司外源融资的研究文献，从债权融资、商业信用融资和股权融资三个方面梳理其影响因素研究，分别从外部环境因素和公司自身特征两个角度进行整理；其次，梳理薪酬差距产生的经济后果文献资料，已有研究集中于薪酬差距对公司绩效、风险承担、投资行为等六个方面的影响，尚缺少探究薪酬差距影响公司外源融资的文献研究资料。对公司产权性质作为影响外源融资活动的调节效应研究进行综述，发现已有研究缺少从薪酬差距的视角分析公司产权性质所产生的调节效应影响，为本书后续章节研究的开展奠定基础。

第三章

薪酬差距影响外源融资相关理论分析

本章将对本书研究所涉及的相关理论进行整理和归纳。系统分析锦标赛理论和行为理论在薪酬差距对外源融资的影响过程中产生的互立作用,对代理理论中的债务代理成本理论和管理层防御理论在薪酬差距影响外源融资过程的机理进行分析,结合公司治理理论的发展不同阶段,探讨其对本书研究主题所产生的具体影响效应,为后续实证检验奠定坚实的理论基础,为下文研究提供参考依据和理论支撑。

第一节 锦标赛理论

一 锦标赛理论内容

20 世纪 80 年代,由 Lazear 和 Rosen 提出的锦标赛理论。其主要观点为:公司高管团队之间、高管与员工之间的薪酬差距越大,公司绩效会越高。随着薪酬差距的增加,会产生类似"锦标赛"的激励效应。相同情况类似于取得不同比赛成绩的运动员,其所获得的奖励各不相同,对应的不同名次的运动员,其取得收入水平各不相同。薪酬或者收入存在一定的差距,排名越好、取得的成绩越好的人,其报酬奖励会越高。锦标赛理论认为公司高管团队之间、高管与员工之间薪酬差距与公司绩效呈现正向关系(Erickson,1999;Lambert et al.,1993;Main et al.,1993),公司对不同层级的职位所设置的薪酬水平各不相同,所处员工职位越高,其薪酬水平越高,激励高管和员工为获得更高薪酬和职位而更加积极地努力工作，最终促进公司绩效的提升，保证公司能够更好地持续发展。高管团队之间和高管与员工之间薪酬差距的存在，使公司资源的所有者和管理者的利益保持一致，从而降低了公司代理成本，能够有效解决委托代理问题。

锦标赛理论在实际应用中会受到公司外部环境因素和内部治理因素的影响。前者来自公司所处经济环境、国家政策导向和公司进出口贸易等方面，后者包括公司内部控制、高管人员异质特征和公司内部文化等方面，以上因素都会影响到公司高管和员工工作的努力程度和积极性，最终对公司绩效的提升产生影响。

在实务工作中，中华人民共和国成立的最初，我国实施的是高度集中的社会主义计划经济体制，缺乏市场调节功能，居民工资实行的平均分配机制，"吃大锅饭"的集体主义思想影响了员工工作积极性，不利于社会生产力向前发展。1978年，我国实施改革开放政策后，社会主义市场经济逐步建立，以"按劳分配"的绩效制度逐步确立，员工工资与绩效挂钩，公司经营者按照年薪发放工资，居民生活水平和收入水平都有明显改善。与此同时，也出现了薪酬差距不断增加的现象。薪酬差距的增加在一定程度上提高了社会生产力和公司生产效率，促进国家经济的发展。随着改革开放政策的不断深入，我国市场经济发展逐步完善，出现了国有、民营、外资、中外合资等性质的公司，公司管理层和员工在生产经营时形成了"优胜劣汰，不进则退"的竞争意识。

我国于1992年实施年薪制试点，2015年启动《中央管理企业负责人薪酬制度改革方案》，我国公司薪酬制度改革不断跟随居民收入分配制度的改革，由计划经济转向市场经济，逐步形成了更加科学、合理的薪酬激励体系和收入分配制度。典型的特征是积极发挥高管和员工的工作积极性，增强"多劳多得，按绩效提成"的收入分配思想，对公司高管各项薪酬收入给予一定重视，对高管人员的薪酬增加一定浮动空间。由此产生的效果是薪酬结构多样化，薪酬差距日益增大，公司绩效不断提升。

Leonard（1990）采用1981—1985年439家大型美国公司，验证了高管薪酬结构和公司绩效之间的关系。具有长期激励计划的公司，相对于没有长期激励计划的公司而言，其公司绩效净资产回报率会更加显著，研究结果支持锦标赛理论。Ericksson（1999）采用了丹麦公司高管团队薪酬实证检验了锦标赛理论，研究表明随着公司管理层人数的增加，管理层对公司会承担更多的责任，管理层薪酬水平也会增加。研究验证支持了锦标赛理论，表明薪酬结构与公司绩效呈现正向关系。Main等（1993）采用200个公司五年期超过2000个高管薪酬数据验证锦标赛理论。Kin等（2008）实证检验发现公司绩效和薪酬差距之间存在正向关系，有效的公司治理能够增强两者之间的正向效应。此外，国外还有一些学者通过实证研究也证实了薪酬差距对公司绩效的激励效应，验证锦标赛理论成立（Kato and Long，2006；Jayant，2009）。

我国部分学者研究了薪酬差距对公司绩效的影响，得到的研究结论支持锦标赛理论。钱明辉等（2017）采用2013—2014年中国中央企业上市公司作为样本，研究发现高管团队之间、高管与员工之间薪酬差距的增加会促使公司绩效的提升，研究结论证实了锦标赛理论。赵颖（2016）采用1999—2012年国有上市公司数据，研究薪酬差距对高管和普通职工的激励效应，研究发现薪酬差距能够对公司高管和员工产生激励效应，地方国有企业比中央所属国有企业效果更明显。董斌和曲蓬（2016）采用沪深两市2000—2011年非金融类A股1305家上市公司，研究职工薪酬水平、结构和公司绩效之间的影响效应，实证结果表明职工薪酬水平能够正向激励公司的经营绩效，高管与员工薪酬差距对公司绩效具有正向影响效应。常健（2014）以我国2007—2010年A股上市公司作为样本，研究发现高管团队与高管员工之间的薪酬差距对公司绩效起到促进效应，研究结果支持锦标赛理论。相对于国有公司，在非国有性质的公司中，薪酬差距对公司绩效的提升作用会更明显。国内还有一些学者验证了公司内部薪酬差距对公司绩效的激励效应，锦标赛理论成为我国上市公司薪酬差距正向激励公司绩效的有效理论（张丽平和杨兴全，2013；黎文靖和胡玉明，2012；鲁海帆，2011；胥佚萱，2010）。

二　锦标赛理论与外源融资

锦标赛理论研究认为公司高管团队之间、高管与员工之间薪酬差距的提升能够激发公司高管和员工工作的积极性，有利于公司生产经营活动的开展，充分体现了薪酬的激励效应，最终提升了公司绩效。在锦标赛理论下，随着薪酬差距的增加，公司员工工作态度更加认真，能够促进公司提供产品和劳务质量的提升,直接促进公司业绩的提升,有利于公司偿债能力、营运能力、发展能力、盈利能力的提高,最终影响公司外源融资方式的选择。

公司偿债能力的提高,会吸引更多债权人,提升公司债权融资规模,拓宽公司债权融资的来源,调整公司债权融资期限;公司营运能力的提升,反映出公司高管能够有效管理公司资源,并合理运用公司各项资产。公司具有良好的信用,有利于公司与供应商和客户开展商业信用融资;公司盈利能力和发展能力的提升,说明公司自有资本积累获取收益的水平较高,公司未来可持续发展趋势较好,能够确保公司股东投入的本金保值增值,并按时向公司股东发放股利,从而吸引更多股东投资,提高公司股权融资水平。图3-1显示了锦标赛理论在薪酬差距影响外源融资过程中的机理分析。

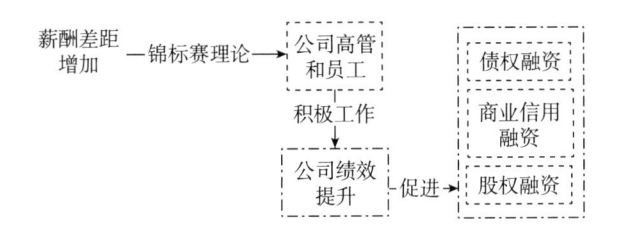

图3-1 锦标赛理论在薪酬差距对外源融资影响过程中的体现

第二节 行为理论

一 行为理论内容

行为理论关注的是薪酬分配的公平性,主张公司应当缩小薪酬差距。因为当薪酬差距增加时,会影响公司员工公平感,薪酬较低的员工会感觉受到剥削,进而消极怠工。该理论主要观点为公司高管团队之间、高管与员工之间薪酬差距的缩小会起到促进公司内部团队成员之间的公平合作的效应,能够提高团队成员合作的积极性,进而提高组织效率,最终提升公司绩效。随着社会的不断发展和人们认识问题视角的提升,行为理论进一步划分为四个理论分支,分别为:相对剥削理论

(Martin，1979；Crosby and Gonzalez – Intal，1984）；组织政治理论（Milgrom and Roberts，1988）；分配偏好理论（Leventhal，1980）及社会比较理论（Greenberg，1987）。

（一）相对剥削理论

该理论是从垂直比较薪酬视角进行考量，其认为薪酬水平是公司对每位员工努力程度和自我实现的评判标准。当公司员工取得公司定期发放的薪酬后，会有意识地将自己得到的薪酬与公司其他员工的薪酬进行比较，判断自己薪酬水平的合理性，从而对薪酬的满意程度进行判断。如果所获薪酬与自己就任的职位、从事的专业技能和付出的努力程度差距较大时，会产生一定消极的影响，感觉自己受到剥削。在工作中会出现怠工现象，最终导致公司绩效下降。

公司员工对于工作中是否受到公平待遇进行衡量，将自己付出的努力程度和得到的薪酬水平进行比较。虽然公司员工的工作能力难以进行量化比较分析，但公司员工之间的薪酬差距是能够比较分析的。当公司员工发现自己的薪酬相对较低，会形成不满情绪，不仅影响到工作积极性，还会削弱公司团队合作的凝聚力。

（二）组织政治理论

该理论认为公司通过薪酬对公司高管和员工进行激励时，公司高管和员工会思考三个问题：第一，针对公司给予的薪酬奖励，他们在工作中应当付出多大努力；第二，当工作中总体努力程度确定后，应当将努力程度在利己和与其他团队合作的两种方式中如何进行分配；第三，公司高管和员工针对薪酬和努力程度的分析，在政治行为方面应当如何进行选择。公司高管团队和高管与员工之间薪酬差距会影响高管和员工采取的行为选择。当薪酬差距较大时，公司高管和员工在工作方式的选择会倾向于自身利益，并不以团队整体利益的实现为目标。有时，甚至会为了实现竞争中自己获胜的目标而损害其他人的利益。由此分析，组织政治理论认为公司内部薪酬差距的缩小，有利于加强公司高管团队和高管与员工之间的合作，不断提高工作积极性，最终提升公司绩效。

（三）分配偏好理论

该理论的主要观点为：公司薪酬在制定过程中，应当及时征求薪酬获得者的建议或者意见，薪酬的制定者和获得者应当相互沟通，及时了解公司高管和员工的需要，最终制定出科学、合理的薪酬激励方案。该薪酬激励方案应当满足薪酬接受者的基本需求，也能够实现薪酬激励的最终效果。该理论指出，如果薪酬激励方案不考虑薪酬接受者的实际需求，仅仅由薪酬制定者决定，势必导致薪酬接受者的不满，最终影响工作积极性，导致公司价值的下降。由于公司各项工作不是一个人完成的，需要公司员工团结合作，公司内部薪酬差距较大时，会引起公司员工的不良情绪，不利于公司员工团结合作。为确保公司持续、稳定、长久地发展，公司应当制定相对公平的薪酬奖励方案。

（四）社会比较理论

该理论指出当在组织机构中缺乏权威、客观的评价标准时，人们一般会通过与其他人进行比较，从而做出相应的评判，在比较过程中逐渐形成相对公平的认识。当公司高管和员工获得薪酬时，不仅考虑自己薪酬水平，还会和其他人员进行比较，考虑薪酬的相对合理性。公司高管和员工对自己薪酬的评价，会影响到工作的积极性。社会比较理论指出，公司应当制定相对公平的薪酬制度，激发公司高管和员工工作的积极性，提升公司绩效。

行为理论与锦标赛理论是两种相互对立的理论，主要观点是薪酬差距的增加并不会产生激励效果（Crosby，1984）。公司高管内部薪酬差距的增加有可能会降低公司高管的努力程度，导致公司高管工作效率下降，不利于公司持续、稳定地发展。薪酬差距的缩小，能够起到缓解公司高管相互竞争和政治阴谋，对公司薪酬制定者的权威性起到保护作用（Cowherd and Levine，1992）。Henderson 和 Fredrickson（2001）从公司员工视角分析指出，如果公司高管和员工合作意愿较强，应当缩小公司薪酬差距，进而提高公司团队的凝聚力。Hambrick（1997）研究指出公司 CEO 薪酬越高，会导致他们自我中心意识的增强，不利于公司持续发展。通过研究破产倒闭公司五年的财务报告，Hambrick 指出薪酬差距的扩大，会增加公司高管的过度自信，增加公司倒闭的风险。同时，薪酬差距还会影响到公司的收购规模，随着公司薪酬差距的增加，公司高管会倾向于进行大规模收购。Carpenter 和 Sanders（2002）指出高管团队薪酬差距与公司绩效呈现负向关系。

我国学者针对薪酬差距影响公司绩效的研究结论支持行为理论的文

献不是很多。张正堂（2007）采用我国2001—2004年264家上市公司年度财务报表数据实证检验表明公司高管团队之间薪酬差距会负向作用于公司绩效，不支持锦标赛理论。张正堂（2008）采用截面数据，实证检验高管团队之间、高管与员工之间薪酬差距与公司组织未来绩效之间的关系。实证结果表明，高管团队之间的薪酬差距与公司组织未来绩效呈现负向关系；高管员工之间薪酬差距对公司组织未来绩效没有显著的影响。张正堂和李欣（2007）利用我国上市公司连续四年数据实证检验发现公司薪酬差距增加时，公司绩效呈现下降趋势，符合行为理论的预期。研究结论证实了我国上市公司高管团队之间的薪酬差距与公司绩效的关系倾向于行为理论，我国上市公司在设定薪酬激励方案过程中，应当注重以行为理论为基础。与锦标赛理论基本观点相反，行为理论的主要观点与我国传统文化思想更加契合，在我国"不患寡而患不均"的儒家思想根深蒂固，公司薪酬激励应当更加注重公平性。

二　行为理论与外源融资

行为理论研究发现公司高管团队之间、高管与员工之间的薪酬差距与公司高管和员工工作的积极性呈现负向关系。公司薪酬差距的增加，并不利于公司生产经营活动的顺利开展，薪酬激励效应无法充分发挥，最终导致公司绩效的下降。在行为理论下，随着薪酬差距的增加，公司员工会出现消极怠工的现象，会导致公司提供的产品和劳务质量的下降，直接导致公司业绩的下降，不利于公司盈利能力、偿债能力、发展能力、营运能力的提高，甚至会引起其呈现下降的趋势，最终对公司外源融资产生影响。

公司偿债能力的下降，反映公司对债务的偿还情况不佳，公司债权人的权益无法得到有效保障，会降低公司债权融资规模，缩窄公司债权融资的来源，对公司债权融资期限会产生影响；公司营运能力的下降，能够反映出公司高管对公司资源缺乏有效管理，公司各项资产不能合理运用。公司的商业信用受到影响，不利于公司与供应商和客户开展商业信用融资；公司盈利能力和发展能力的下降，说明公司自有资本积累获取收益的水平较低，公司未来可持续发展趋势不佳，不能确保公司股东投入的本金保值增值，公司缺乏按时向股东发放股利的保障，不利于吸引股东投资，降低了公司股权融资水平。图3-2显示了行为理论在薪酬差距影响外源融资过程中的作用机理。

图 3-2　行为理论在薪酬差距对外源融资影响过程中的体现

综上分析，锦标赛理论和行为理论在研究薪酬差距问题方面具有一定程度的对立性，锦标赛理论主张扩大薪酬差距，以此激励公司员工工作的积极性；行为理论主张缩小薪酬差距，促进公司高管和员工团队合作，提高公司团队合作意愿和工作效率。但两个理论不是绝对矛盾，各自有其适用的情形，值得进一步探讨。

第三节　代理理论

代理理论是在契约理论基础上发展起来的，1976年由Jensen和Meckling提出，主要是对公司资源的所有者和资源的经营者之间的契约关系开展研究。Jensen和Meckling对代理成本进行界定，其认为代理成本包括监督成本、守约成本和剩余损失，和公司债务契约相结合，即债务代理成本理论；代理理论认为，公司高管作为资源的经营者，当其自身拥有公司资源的剩余索取权时，公司高管会更加负责任地工作，不存在代理问题。当公司高管通过发行股票方式筹集资金，吸取公司外部经济资源时，会降低工作积极性，即所谓的公司管理层防御理论。本书研究薪酬差距对外源融资的影响主要基于代理理论为基础发展出来的债务代理成本理论和管理层防御理论。

一　债务代理成本理论

（一）债务代理成本理论内涵

资源所有权和经营权分离是现代公司的主要特征之一，这一特征使公司高管和股东、公司债权人和股东之间都存在一种委托代理关系。由于公司委托人和代理人之间存在信息不对称问题，其双方的利益冲突在所难免。公司代理人掌握的信息相对全面，容易使公司代理人依据其掌握的信息选择有利于自身利益而很可能会损害公司委托人利益的行为。公司委托人和代理人在签署委托代理契约，并行使权力和履行义务过程中，为避免公司代理人发生机会主义行为，降低委托人和代理人之间的代理冲突，会发生债务代理成本。代理成本主要包括监督成本、约束成本和剩余损失成本三个主要内容（Jensen and Meckling，1976）。其中监督成本是委托人和代理人履行委托代理契约过程中，委托人对代理人实施监督过程所发生的成本；约束成本是代理人就委托代理契约中的一些条款做出相应的承诺所发生相应的成本；剩余损失成本是指当委托代理契约没有被完全遵守或者有效执行时，所发生的剩余损失。

我国学者朱志标和张楠（2010）将债务代理成本构成内容归纳为三个方面：即由于债务对公司投资决策的影响所产生的机会财富的损失成本、由公司债权人承担的监督成本和约束支出、破产和重组成本。①机会财富损失成本，作为理性的债权人，会预测公司高管和股东的决策，由于公司股东和债权人的利益存在矛盾和冲突，债权人会通过提高借款利率或者增加各种限制性条款，以此来补偿或者控制所承担的贷款风险，从而保证债权人的合法权益。由于债权人的信息不完善，所提出的较高借款利率或者限制性条款，会导致公司放弃债权人提供的贷款项目，由此可能产生机会财富损失，即债务代理成本的组成内容之一。②监督成本和约束成本，在债务契约拟定过程中，债权人增加的限制性条款，会对公司高管做出损害债权人权益的行为进行限定，主要包括公司股利的过度发放、举借新债、给予公司高管较高薪酬激励等措施，这些行为主要涉及公司经营活动。债权人拟定限制性条款所发生的支出，以及执行和监督的支出，即监督成本和约束成本。③破产和重组成本，公司的资本结构包括债务和股权，当公司债务增加一定程度后，债务的边际成本会高于股权的边际成本。如果债务到期公司没有履行还本付息的义务或者公司违反其他破产条款，公司会发生破产，债权人会承担债务要求权超过公司市场价值的剩余损失。当公司进行重组时，由于存在信息不对称，债权人无法取得有利信息，处于重组谈判的劣势，公司为了保护债权人的权益会发生一定支出，由此构成债务代理成本的组成内容，即破产和重组成本。

（二）债务代理成本理论与外源融资

公司通过对高管和员工薪酬激励，使公司高管与股东利益相一致，降低了公司股东和高管由于委托代理关系的存在所发生的债务代理成本。对公司高管和员工进行薪酬激励，很有可能会损害债权人的权益。Jensen 和 Meckling（1976）认为公司高管和股东的利益具有一致性，而公司股东和债权人之间的利益会存在矛盾和冲突。公司股东和债权人的利益矛盾和冲突的主要原因包括四个方面：第一，利息支付的存在。债权人在债务到期时会收回本金和利息，而利息计算所采用的利率是在公司已经制定的股利政策时确定的，如果公司改变了股利政策，必然会影响到债权人的利益；第二，债权人的权益被稀释。公司为扩大资金筹资规模，有可能会选择增发公司债券进行资金的筹集，当公司选择增发公司债券，将原来风险较低的债券或者贷款转变为风险较高的债券或者贷款，这样做会导致现有公司债券价值下降，最终公司债权人的权益被稀释；第三，不同风险的资产相互替代。当公司选择了高风险的投资项目，将其替代了风险较小的投资项目时，会导致公司股票价值升高，公司债券价值下降，从而引起公司债权人的权益受到损害。这样的做法对债权人的权益非常不利，债权人为维护自身权益，根据公司负债状况进行预期，通过对公司高管进行监督提高公司贷款利率进行补偿，最终导致公司债务代理成本上升；第四，投资不足现象的发生。公司进行投资项目的选择时，由于投资项目中取得的固定收益归属于债权人，投资项目中的剩余收益归属于股东。如果一个投资项目能够产生固定收益而不产生剩余收益，公司不会选择此类投资净现值大于零的项目。因为在公司高管和股东利益一致的情况下，公司高管会制定有利于股东权益而不利于债权人权益的经营策略和资本结构（Smith and Warner，1979）。也就是说，当公司高管和股东利益一致时，公司高管会拒绝那些能够增加公司现行市场价值，但预期收益大部分由债权人拥有的投资项目（Myers，1977）。由于公司债权人和股东利益存在一定冲突，随着公司高管薪酬的增加，公司高管与股东的利益逐渐趋同，公司高管会倾向于做出有利于股东的决策，降低公司投资的积极性，导致投资不足的现象屡次发生。

公司对高管和员工进行薪酬激励时,确保了公司高管和股东利益的一致性,但很可能增加了公司股东和债权人之间的利益矛盾和冲突,公司由此会发生较高的债务代理成本。Jensen 和 Smith（2000）指出,当公司以股票期权作为薪酬激励发放给公司高管,会发生资产替代的情况。由于股票期权的价值会随着股票价格的变化而变化,公司高管会选择较高风险的投资项目,从而使股票价格的波动性增加。由此导致公司的债权人对股东的监督成本不断增加,在签订债务契约过程中,对股东和高管行为的限制条款的增加,提升了监管股东和高管的约束成本。公司管理层及相关机构对债务代理约束成本和股权代理成本进行权衡,会调整公司对高管的薪酬契约。由此分析可以发现,高管薪酬契约能够起到调节高管和股东、债权人和股东之间利益矛盾和冲突的作用（Brander and Poitevin, 1992; John, T. A. and John, K. T., 1993）。

由于债务代理成本中的监督成本最终由债权人承担,债权人为降低成本支出,会通过相应的决策将监督成本转嫁给公司股东,最终会影响公司的债权融资。国际信用评级机构穆迪公司于 2005 年发布《CEO 薪酬与信用风险》研究报告,其中明确指出公司高管薪酬与股票价格或者经营绩效存在高度敏感性,由此会导致公司管理层和股东的目标相一致,但是公司管理层与债权人的目标存在差异。因此,穆迪公司于 2007 年将公司高管薪酬列为评价公司信用的一个重要指标。Ortiz - Molina（2007）和 Brockman（2010）研究结论同样支持了高管薪酬对债权融资会产生影响的观点。其研究指出理性的债权人会考虑公司高管薪酬,公司进行相应的决策会受到高管薪酬这个因素的影响。由于高管薪酬能够确保公司高管和股东的利益相一致,债权人会承担较多的监督成本,债权人会尽可能采取一些措施以降低成本支出,包括缩短债务期限,要求公司提供更多的债务抵押,要求公司采取溢价发行债券的方式融资,或者提高公司发行债券的利率等方式。债权人会通过改变相应决策将监督成本转移给股东,最终体现了公司高管薪酬激励对公司债权融资的影响。

我国学者肖作平和李孔（2004）以我国 1995 年之前沪深两市非金融类上市公司为样本,研究发现我国上市公司较多为短期债务,验证了债务期限结构的代理成本理论。公司成长机会较少、自由现金流较少、资产期限长、公司规模较大时,往往选择长期债务。成长性较好的上市公司会选择短期债务,以期降低债务代理成本,固定资产比率与债务期限结构呈现正向关系。图3-3显示债务代理成本理论在薪酬差距对债权融资影响过程中的作用机理。

图3-3 债务代理成本理论在薪酬差距对债权融资影响过程中的体现

二 管理层防御理论

(一) 管理层防御理论起源

管理层防御(Management Entrenchment)理论的主要内容是当公司存在内部和外部控制机制时,经理人会选择有利于维护自身职位、追求自身利益最大化的行为。管理层防御理论的适用范围是公司融资约束较弱的情况下,公司高管接受对其自身谋利行为产生限制的债务契约较为困难的条件。Jensen 和 Murphy (1990) 认为当公司外部控制机制和内部监督机制无法发挥有效的作用时,由于委托代理问题下存在"道德风险",管理层很可能会选择对公司或者股东权益不利的策略。该理论最早由 Stulz 于1988年提出,他首次将资本结构中公司所有权的管理防御进行量化,预测了公司高管所有权与公司价值之间存在非线性的"U"形关系。对管理层防御理论深入研究的学者是 Morck、Shleifer 和 Vishny,他们于1988年采用美国371家大型公司作为样本,研究公司高管持股比例与公司价值之间的关系。研究发现,公司高管持股对公司价值会产生两种影响效应:一是利益趋同效应(the Convergence of Interest Effect),是指随着公司高管持股比例不断增加,高管会受到激励,使公司高管与股东利益相一致,促进公司价值的增加;二是壕沟防守效应,即管理层防御效应(the Management Entrenchment Effect),随着公司高管持股比例不断增加,增加了高管对公司的控制权,导致公司对高管的监管力和约束力不断下降,高管为追求自身利益最大化,会提高债务代理成本,导致公司价值的下降。该研究结果显示:高管持股比例在0—5%或者大于25%时,高管持股与公司价值呈现利益趋同效应;当高管持股比例在5%—25%时,高管持股与公司价值呈现管理层防御效应。随后,以美国、法国为基础数据的研究证实公司管理层持股和公司价值之间存在非单调的关系,公司管理层存在"防御"意识(Short and Keasey,1999;Hillier and McColgan,2001;Nejla,2006)。

(二)管理层防御理论与外源融资

目前对于"管理层防御"理论应用于公司治理和公司财务问题研究主要是围绕管理层在公司内部和外部控制机制作用下,具有防御型的管理层出于自身利益,进行公司财务决策时,会发生选择偏好(Novaes and Zingales,1995)。与融资活动密切相关的是在公司内部控制机制下,处于防御状态的管理层如何进行决策,以实现自己最佳利益,巩固公司所处职位。该理论的应用主要体现在公司融资决策方式的选择和资本结构的设定方面,当公司高管选择债权融资时,未来到期的债务需要公司还本付息,导致公司可使用的自由现金流的减少,公司高管无法取得私利。管理层主要对公司实施有效控制,作为理性的经济人,其主要目标是追求个人的利益最大化。公司高管和股东之间存在信息不对称,由于公司高管和股东之间存在契约的不完备性,会导致公司管理层自我防御行为的发生。从公司融资方式选择方面分析,股东会希望能够有效利用负债的杠杆作用,实现自身收益的最大化,而具有"防御"意识的公司高管会更加偏重于采用股权融资,进而降低向债权人支付固定本金和利息的压力,防止由其掌控的公司自由现金流的散失,以期降低当存在财务困境时公司所承担的破产成本和重新调换工作的成本,同时规避来自公司债权人的监督(Gilson,1989)。由于股东将公司债务作为提高公司生产经营效率的一种工具,但公司管理层则视公司债务为防御的策略之一。因此,在公司管理层防御框架下,通过比较分析,以公司价值最大化为目标的资本结构决策和存在管理层"防御"意识的公司高管做出的资本结构决策会有差异(Novaes and Zingales,1995)。公司选择债权融资方式,会导致公司管理层对自由现金流的自由支配权的丧失(Harris and Raviv,1988;

Stulz，1990）。公司如果存在超额的自由现金流，为避免自由现金流支配权的丧失，保障公司高管能够对自由现金流进行自由支配，公司高管在筹措资金过程中，会尽可能降低负债在资本结构中的比重，避免进行债权融资，以期降低负债对公司高管行为的刚性约束（Friend and Lang，1988；Jensen，1993）。Jung、Kim 和 Stulz（1996）研究表明具有"防御"意识的公司管理层会选择权益融资。Berger 等（1997）研究发现当公司高管受到的内部监管强度越低时，高管防御能力越强，公司高管选择债权融资的水平越低。Chan 和 Victor（1998）结合了公司管理层特征研究了管理层防御对融资决策选择的影响，研究发现，公司管理层的管理水平、持股比例和转换工作成本的高低都会影响其进行融资决策的选择。当公司管理层转换工作较为容易，转换工作的成本较低时，更倾向于选择负债。A be de Jong 和 Chris Veld（2001）分析了具有管理层"防御"意识的公司增资调整资本结构的决策，研究发现，公司管理层具有道德风险时，会存在过度投资行为，为了规避债务约束，倾向于选择股票发行方式进行增资。管理层防御理论会影响到公司融资决策的选择和资本结构的构成（Harris and Raviy，1988；Israel et al.，1991）。我国学者李秉祥和袁烨（2016）、张海龙和李秉祥（2012）研究证明了公司高管的管理层防御和公司负债融资呈现负向相关，公司高管倾向于选择长期负债。图 3-4 显示管理层防御理论对公司外源融资的作用机理。

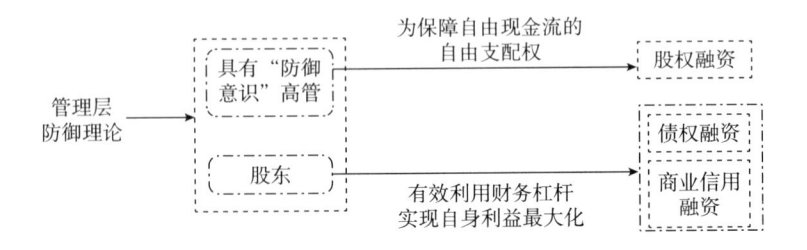

图 3-4 管理层防御理论对外源融资影响机理分析

第四节 公司治理理论

一 公司治理理论的主要内容

公司治理理论包括狭义和广义两个方面，狭义公司治理由Williamson等（1975）提出，以"股东作为中心"的理论为基础，由股东大会、董事会、监事会和管理层组成公司的"治理结构"。公司治理主要目标是有效解决公司资源的所有者和经营者之间的关系，确保公司资源所有者和经营者能够达到利益一致（Jensen et al., 1976）。Fama等（1983）指出公司治理理论主要作用在于当公司资源的所有权和经营权分离时，有效化解公司资源所有者（即股东）和资源经营者（即公司高管）之间的委托代理问题，最终实现降低代理成本的目标。公司治理理论主要的关注重点在于保障资源供给方（即股东和债权人）的权益（Shleifer et al., 1997），由于以股东权益为中心，因此，狭义的公司治理理论即"股东优先理论"。

广义公司治理即"利益相关者理论"，1988年由Cochran提出，其主要观点为在进行公司治理时，应当考虑到公司各个利益相关者的合法权益，即公司股东、债权人、供应商、雇员、政府和社区等。公司治理作为支配公司主要利益团队（即投资者、公司高管和员工）的制度规范，从而实现公司盈利（青木昌彦和钱颖一，1995）。20世纪30年代，美国学者Dodd、Berle和Means进行关于"公司董事应该为谁承担义务？"的争论。Dodd认为公司董事作为公司股东的委托人，不仅考虑股东的权益，还应当考虑公司雇员、消费者以及整个社会利益。Blair（1995）指出公司治理是关于公司控制权或者剩余索取权进行分配的一系列法律法规、文化体系和制度性规范。广义公司治理通过制定正式和非正式的、内部和外部的制度或者规范机制，对公司各个利益相关者的权益进行协调，确保公司决策的合理化和科学性，实现公司的经济利益（李维安，2001）。广义公司治理理论能够反映社会经济发展趋势，但由于其兼顾利益主体多元化，生产经营目标较难集中，不利于经营效率的提高，实务工作中操作可行性较小。

综上分析，比较合理的公司治理理论是结合"以股东为中心"和

"利益相关者"理论,均衡了狭义和广义公司治理理论的主要内容。公司治理理论的有效应用,能够提升公司决策的客观性和独立性,确保政策的有效履行,不断提高公司持续发展能力,均衡公司各个利益相关者的权益,最终实现公司股东利益最大化。

二 公司治理理论的发展延伸

随着公司的委托人和代理人之间利益冲突的表现形式不断发展演变,公司治理理论逐步经历公司高管—股东委托代理、大股东—小股东[①]委托代理和公司实际控制人—利益相关者委托代理阶段三个理论阶段。

(一)公司高管—股东委托代理阶段(20世纪80年代之前)

公司资源的所有权和经营权分离会产生代理问题。1773年亚当·斯密撰写的《国富论》中阐述了资源的代理人会出现疏于管理和浪费资源的情况。因此,公司治理解决的核心问题是资源委托人和代理人之间的矛盾。

19世纪末,股份制公司出现,公司股东掌握资源的所有权和控制权,此时主要关注的问题是公司规模的拓展和营运能力的提高。20世纪初,部分学者开始关注公司控制权的问题。Berle等(1932)研究发现,股份公司规模越大,股权分散度越高,股东没有时间和精力对资源进行管理和控制,资源的经营权和控制权由公司经理人掌控,由于公司股东和经理人之间存在信息不对称,包括在签署公司契约之前信息不对称和签署公司契约之后信息不对称,由此产生事前"逆向选择"和事后"道德风险"问题(Akerlof et al.,1970),导致资源的所有者,即公司股东的权益受到损害。Jensen等(1976)基于契约理论和委托代理理论分析指出公司股权分散会导致股东和职业经理人之间冲突加剧。

---

① 需要说明的是:现有文献对"大股东"没有一致界定,理论研究认为大股东随着持股数量增加,其监督能力不断增加;实证研究文献显示:大多数国家(如美国、中国等)规定持股超过或者变动情况达到5%的股东需要对外公开披露信息。因此,实证文献较多采用5%作为判定大股东标准(Edman,2014)。中国证监会于2000年修订后的《上市公司股东大会规范意见》规定持股比例大于10%以上的大股东具有提议和自行召开临时股东大会的权利,即使提议遭到董事会的否决,持股10%以上的大股东也可以自行召开临时股东大会。本章中的"大股东"主要相对于不具备控股权的小股东而言,其持股比例超过5%以上,能够在股东大会对董事会的决议产生决定性影响的股东。

直至20世纪80年代之前,此阶段公司治理理论主要选取美国公司作为研究对象,主要目标是解决股权分散情况下出现的"强公司高管、弱股东"的问题,通过建立公司内外部监督和激励机制,对股东的合法权益进行有效保护。

(二) 大股东—小股东委托代理阶段(20世纪80—90年代末)

20世纪80年代末,部分学者采用实证分析研究发现公司股权结构呈现集中化的趋势。除美国、英国和日本等国家之外,资源所有权和控制权集中是这一时期公司治理结构的主要特征(La Porta et al., 1997; Claessens et al., 2002)。此阶段公司治理理论主要解决资源所有者和大股东(即对资源实施完全控制的股东)之间利益相互协调的问题。由于股权分散以及资源所有者和经营者之间信息不对称,促使对公共利益的监督行为产生(Chidambaran et al., 1998);同时,股份公司的股权过度集中,大股东比例不断增加,对公司治理与公司绩效的影响研究出现了股东监控观(Berle and Means, 1932; Shleifer and Vishny, 1986;许小年和王燕,2008)和股东侵占观(Demsetz and Lehn, 1985; Burkart and Lee, 2015;王晓巍和陈逢博,2014)两种对立的观点。股东监控观认为如果公司股权分散,公司高管本身不持有公司股份,不会积极管理公司资源,股东缺乏对公司高管有效的监督,不利于公司绩效的提升;当公司所有权集中时,公司控股股东对公司管理层会实施有效监督,有利于实现公司绩效的提升。股东侵占观认为股权集中程度不利于公司绩效的提升,主要原因在于公司大股东具有资源控制权和决策权,不利于激发公司高管工作的积极性,公司绩效会呈现下降趋势。

20世纪80—90年代末,此阶段公司治理理论主要目标是解决股权集中的情况下出现的"强大股东、弱小股东"的问题,其目的是保护小股东的利益。图3-5显示公司治理理论发展中公司高管—股东委托代理阶段和大股东—小股东委托代理阶段的作用机理。

(三) 公司实际控制人—利益相关者委托代理阶段(21世纪初)

进入21世纪,部分学者将股份公司实际控制人(公司股东)和利益相关者(公司债权人、职工和客户等)之间的利益冲突,构成第三类委托代理阶段(Henry Hansmann and Rainer Clarkman, 2004)。"利益相关者"(stakeholder)的概念由美国斯坦福研究中心(Stanford Research

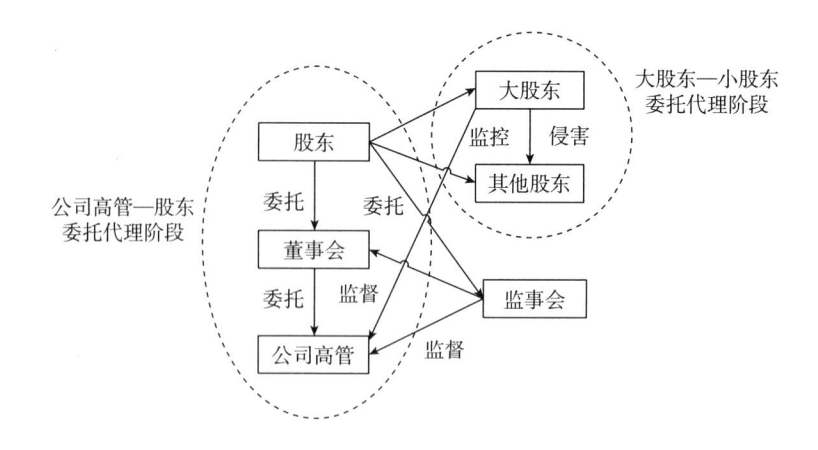

图3-5 公司治理两阶段委托代理问题图解

Institute，简称 SRI）于 1963 年首次提出。随后美国学者 Blair（1995）指出公司治理的主体不仅包括股东，还有与公司利益相关的公司管理层、雇员、客户等。利益相关者理论强调公司应当对各个利益相关者的权益予以关注。公司主要利益相关者与公司主要关系如图 3-6 所示。

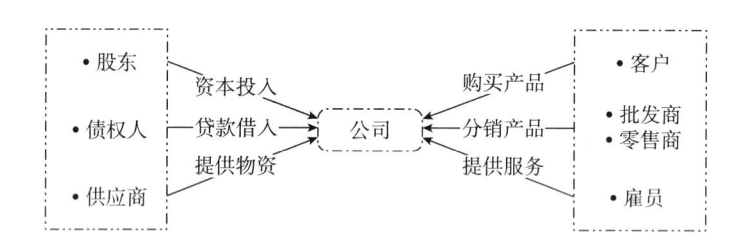

图3-6 公司主要利益相关者与公司业务往来

由于公司债权人与股东之间、公司员工与公司实际控股人之间均存在代理成本，从而产生公司实际控制人与利益相关者之间的委托代理问题。债权人和股东之间的代理成本产生的原因在于存在利息支付、债权人权益被稀释、不同风险资产相互替代和投资不足现象的发生。

21 世纪初，此阶段公司治理理论主要目标是解决"强公司实际控制人、弱利益相关者"的问题，通过建立不同层级的利益保护机制，实现保护各个利益者的目标。

三 公司治理理论运行机制与原理

以公司治理理论为基础，健全公司治理基础设施，确保公司治理体系各种机制有效运行，尽可能规避公司实际控制人或者高管损害投资者利益的机会是学术界和实务界主要关注的问题。治理体系的运行机制包括公司内部和公司外部两大方面，公司内部治理体系是最直接保护投资者权益的机制。股东根据公司章程，召开专门会议，通过正式提名、股东投票表决的方式选举董事，组成董事会。董事代表与公司具有利益关系的机构或者人员的利益，以公司利益行使权力，不是针对部分人员服务，而是为公司全体股东或利益相关者服务。通过董事会选择能够合理维护其权益、具备一定的管理能力和专业素养、较高的个人声誉资本的高级管理人员执行公司董事会相关决议，以此解决委托代理双方签署公司契约事前"逆向选择"问题。高级经理人定期向董事会报告公司经营业务开展情况，提交公司财务报告。董事会对其提交的公司财务报告给予批准，建立适当的内部治理机制（如内部控制系统和内部审计制度）以此维护股东的利益。

公司外部政策规制机构制定专业标准、法律与行为规范，以确保公司提供信息的可靠性，约束公司董事会和高级管理人员。在公司内部治理机制和外部政策机构保障下，如果委托代理双方矛盾仍无法解决，就会通过资本市场运作完成。在资本市场中，公司股东以及与公司具有债权债务关系的利益相关者对公司董事会和经理人实施监督，一旦发现公司管理层没有合理维护其相关权益，会采用代理权争夺、更换董事会成员或者购买其他投资者公司股票接管公司等方式取得公司控制权。

为确保资本市场有效运行，国家政府部门、管制机构会颁布相关法规制度文件，中介机构（如证券公司、律师事务所、会计师事务所等）会通过对公司投资机会和管理能力进行分析，从而解决委托代理双方事前"逆向选择"问题；通过提供可以用于监督、奖励和惩罚公司管理层的信息，解决事后"道德风险"问题。中介机构的专业监督，既能够限制公司管理层对报告信息的任意调控，也能够降低管理人员追求自身利益最大化而损害股东权益的行为。国家颁布制定的法律体系和社会舆论监督为进一步提高资本市场运行效率提供最终的外部保障机制。图3-7显示世界银行（1999）公司治理框架，反映公司治理合理运行的

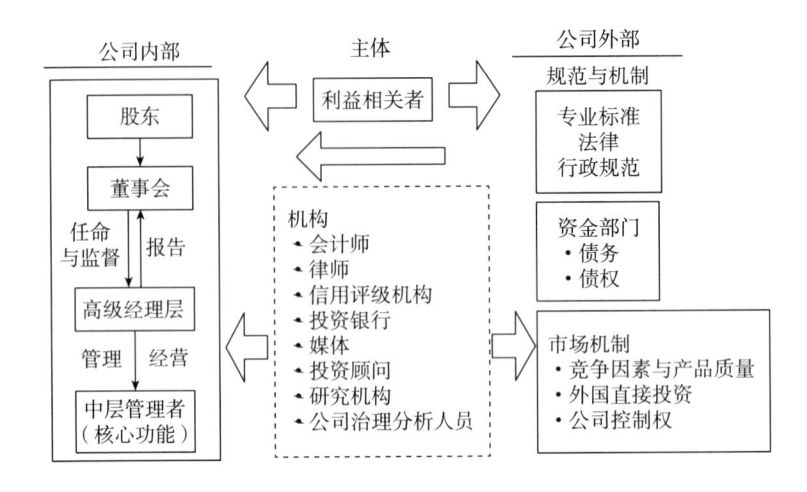

图 3-7　公司治理理论运行机制构成

体系构成。

公司各项生产经营活动围绕着价值创造的目标进行，该目标是公司的核心目标，主要是保障公司投资者权益，确保公司投资者资本能够保值和增值。因此，需要公司构建科学的管理框架，动态调整公司战略、组织和流程之间的关系，促使公司战略目标顺利、有效地在日常活动中实施。公司的战略、流程和组织构成公司治理体系有效运行的"硬核"系统，是公司有效管理的核心基础。在构建核心管理系统后，公司还需要实施日常运作，主要包括计划、预算、激励和约束等环节。公司管理层制定了战略目标，构建了适应战略的业务流程和组织框架，还需要将公司战略目标与公司日常运行业务相互结合，将公司股东价值创造和公司长期战略目标与公司内部各个环节、各个部门日常运行相互连接，从而确保公司股东价值最大化能够有效实现。公司日常业务的有效运行，与公司管理层战略目标的合理契合，属于公司治理体系有效运行的"软实力"。将公司治理体系的"硬核"和"软实力"相互结合，才能更有效发挥公司治理理论最大效应，确保实施公司价值创造的完成和长期战略目标的实现。图 3-8 显示公司治理理论运行原理。

四　公司治理理论与外源融资

在公司高管—股东委托代理阶段，由于股份公司股权高度分散，公司高管和股东的目标并不一致，同时两者之前存在信息不对称的情况，

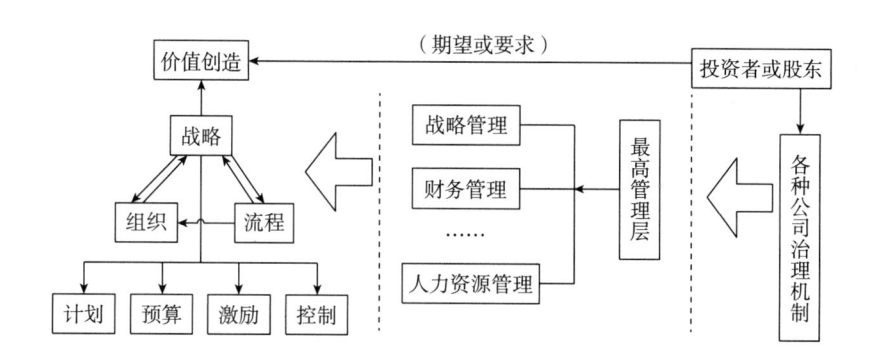

第三章 | 薪酬差距影响外源融资相关理论分析

图3-8 公司治理运行原理解析

导致公司高管和股东由于"逆向选择"和"道德风险"问题产生代理问题。公司高管在进行融资决策较多从自身利益出发，缺乏从股东权益视角分析，在进行融资渠道选择过程中，会选择财务风险小、资金使用期限长，无还款压力的方式进行融资。公司高管为保留更多自由资金支配权，倾向于股权融资。股权融资相对债权融资和商业信用融资而言，最明显的优势在于公司对股东投入的资金能够长期使用，股权融资不需要定期还本付息，降低了公司高管资金定期偿付本息的财务压力，财务风险较小。股权融资能够促进公司资信①水平的提高，增加公司资本积累，增强公司实力。图3-9显示公司高管—股东委托代理阶段影响外源融资机理。

在大股东—小股东委托代理阶段，基于股东侵占观，由于公司股权集中度较高，公司大股东对资源具有控制权，对公司其他利益相关者和小股东的权益带来损害。持股比例较高的大股东对公司实施控制权，会产生控制权私有收益，该私有收益不会被其他股东分享（Bebchuk and Kahan，1990），即大股东"隧道挖掘行为"（Tunneling），能够控制公司的股东以自身利益最大化为目标，采用隐蔽的方式将公司财产和利润"掏空"（Johnson et al.，2000）。公司大股东隧道挖掘行为主要包括：大股东追求私有收益采用转移公司资源，采用不可观测的违法行为盗窃

---

① 资信是民事主体进行民事活动所具备的能力以及社会对其进行的综合评价，属于名誉权范畴，主要涵盖民事主体的经济实力、经济效益、履约能力和商业信誉等方面内容。处于资本市场的各个经济主体之间发生的借贷、购销、债权债务类等经济业务活动，均与资信水平密切相关。

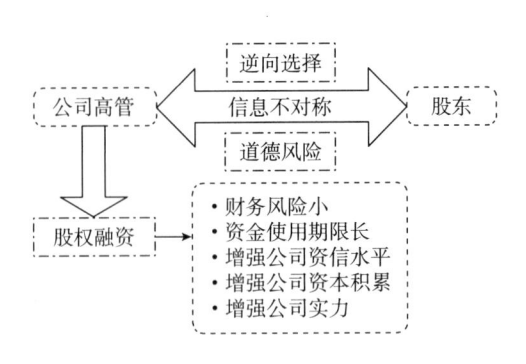

图 3-9　公司高管—股东委托代理阶段影响外源融资机理分析

或者欺诈、向大股东销售具有价格优惠的资产、支付高额的高管薪酬、为大股东贷款担保等。大股东还可以通过稀释股票发行、内部交易、损害小股东利益的交易方式增加所持有股份的价值。在外源融资方式选择方面，大股东通过董事会、股东大会对公司管理者实施控制，参与公司财务经营决策，会选择融资成本相对较低，不会影响其控制权的债权融资和商业信用融资。在这两种融资方式下，借款的利息费用在所得税税前扣除，具有抵税的作用，融资成本相对股权融资较低。虽然债权融资和商业信用融资具有到期还本付息的融资压力，但其能够确保公司股东控制权力不会被稀释和分散。图 3-10 显示在股东侵占观下对外源融资的影响机理。

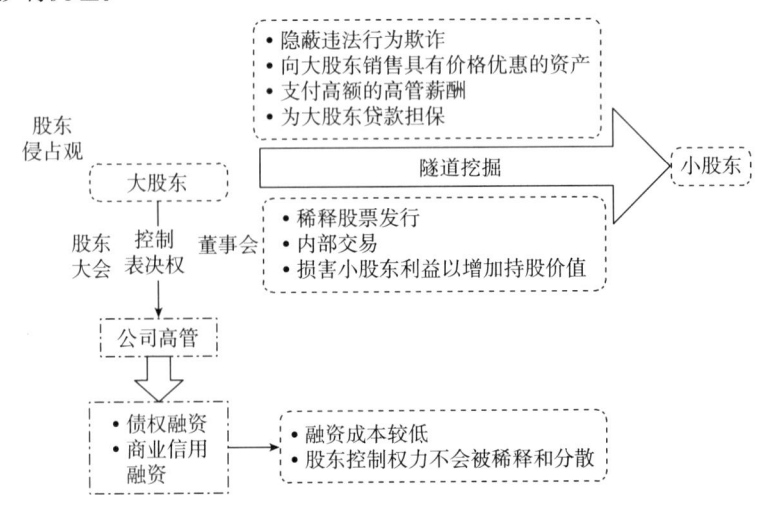

图 3-10　大股东—小股东委托代理阶段股东侵占观下影响外源融资机理分析

股东监控观认为公司所有权集中于大股东时，大股东为自身利益最大化，对公司高管会实施有效监督，公司日常经营活动能够更加规范地开展，从而促进公司绩效的提升，公司偿债能力、营运能力、盈利能力和发展能力得以提升，对公司融资方式的选择产生不同程度的影响。图3-11显示在股东监控观下对外源融资的影响机理。

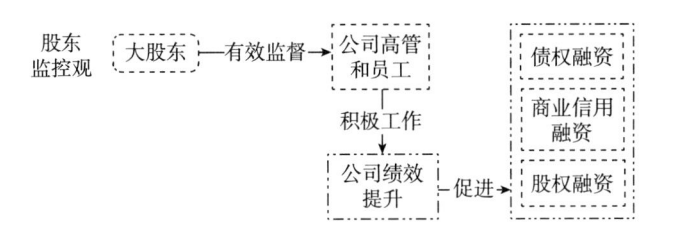

图3-11　大股东—小股东委托代理阶段股东监控观下影响外源融资机理分析

在公司实际控制人—利益相关者委托代理阶段，公司实际控制人会从自身利益出发，在进行融资方式的选择时，很少顾及其他利益相关者的权益，也会影响到公司外源融资。此阶段公司实际控制人可能是公司高管或者公司控股股东，其在对外源融资的影响与公司高管—股东委托代理阶段、大股东—小股东委托代理阶段的影响机理会有大致相似情况，因此不再赘述。

第五节　本章小结

本章结合本书研究的主要内容，对围绕薪酬差距影响外源融资研究所涉及的锦标赛理论、行为理论、代理理论和公司治理理论进行梳理和总结，研究发现公司锦标赛理论和行为理论作为研究薪酬差距影响公司绩效的理论基础，对薪酬差距作用于外源融资会起到间接影响。本章理论基础的梳理和总结为后续三章实证研究，以及进一步研究公司自身治理特征和外部环境对薪酬差距与外源融资的影响效应奠定较为丰厚的理论基础。

第四章

薪酬差距对债权融资的影响

随着公司薪酬差距的增加,公司高管与股东利益具有一致的发展趋势,公司的债权人为降低不断升高的监督成本,往往会采取提升债务偿还利率、缩短债务偿还期限或者要求公司提供债务抵押物担保等措施,甚至会拒绝给公司提供借款。因此,薪酬差距的设置对公司债权融资起着重要作用。本章从公司外部和内部薪酬差距两大方面实证检验薪酬差距对债权融资的影响效应,选取债权融资水平、债权融资期限、债权融资方式三个维度探究薪酬差距对其产生的具体影响。同时,探究公司产权性质对薪酬差距与债权融资的异质性影响。进一步考虑公司股权制衡、行业垄断程度、地区经济发展情况对两者之间关系产生的影响效应。

第一节 理论分析与研究假设

一 薪酬差距与债权融资

(一) 薪酬差距与债权融资规模

现代股份制公司中,资源所有权和经营权分离,使公司管理层和股东利益不一致,两者之间矛盾冲突形成了委托代理问题。公司薪酬差距的制定可以作为激励和约束公司管理层进而解决委托代理问题的重要途径(Jensen and Meckling,1976)。1981 年由 Lazear 和 Rosen 提出"锦标赛理论",其主要观点为:公司高管团队是公司组织内部"晋升锦标赛"的主要参与者,能够成功晋级的公司高管会取得相关较高的薪酬,从而与下级人员的薪酬形成一定差距,以此作为"晋升锦标赛"获胜的奖励。由此可以推断,当公司高管团队之间、高管与员工之间的薪酬差距不断增加时,会对晋升获胜者起到激励的作用,确保了公司资源委托人和代理人的利益相一致,最终提升公司绩效。在锦标赛理论下,提升公司高管团队、高管与员工各层级之间的薪酬差距,不仅能够有效激发公司高管和员工的工作热情和积极性,促进其更努力地为公司服务,还能够吸引更优秀的人才加入公司各组织机构中,有效降低了公司寻求优秀人才的成本支出(Leonard,1990)。随着公司薪酬差距的增加,公司绩效呈现明显上升趋势(Main and Wade,1993;Lambert et al.,1993;Ericksson,1999;刘春和孙亮,2010;常健,2014;董斌和曲蓬,2014;赵颖,2016),会促使公司偿债能力、营运能力、盈利能力和发展能力提升,有利于吸引更多投资者和债权人,会提高公司债权融资规模。

与锦标赛理论相对立的是行为理论,其主要观点为:公司组织内部处于低层级的公司高管将薪酬与其他高层级的高管薪酬比较,如果薪酬差距过高,处于低层级的高管会感觉自己的付出与报酬不成正比,产生受到剥削之感,会引发消极怠工的情绪。公司管理层的责任感会下降,并不关注组织目标是否按照计划予以完成,导致公司凝聚力下降(Cowherd and Levine,1992)。当公司的发展密切依赖于公司员工之间团结合作时,组织政治阴谋导致公司员工之间合作受到破坏,由此产生的损失远远超过公司员工努力工作所形成的收益。因此,当公司组织内部存在晋升激励和政治行为时,适当地缩小公司高管的薪酬差距,能够更有效地促进公司员工之间团结合作(Milgrom and Roberts,1988)。行为理论的主要观点是公司薪酬差距的降低能够有助于公司员工之间团结合作,提高公司员工工作的积极性,激励公司高管和员工更加努力工作。同时,还应当注意尽可能避免公司高管玩弄政治阴谋损害公司薪酬制定者权威性的现象的发生,最终公司缩小薪酬差距能够有助于公司绩效的提升,薪酬差距与公司绩效呈现显著负相关关系(Carpenter and Sanders,2004;Mason,2004;Martins,2008;张正堂,2008;张正堂和李欣,2007)。基于行为理论,随着公司高管团队、高管与员工之间薪酬差距的增加,公司高管和员工会出现消极怠工情绪,不利于公司提供的产品和服务质量的提升,最终导致公司绩效的下降,公司传递给投资者和债权人有关公司偿债能力、营运能力、盈利能力和发展能力均呈现下降趋势，会导致公司债权融资规模下降。

基于债务代理成本理论，公司高管薪酬激励能够对公司高管和股东、债权人相互之间的利益矛盾和冲突起到调节效应（Brander and Poitevin，1992）。当公司提升高管和员工薪酬时，会加剧公司高管与债权人之间利益冲突，导致债务代理成本的增加。以股票期权对公司进行薪酬激励时，会增加债权人对公司高管的监督成本，也提升了约束成本（Jensen and Smith，2000）。高管薪酬确保了公司高管和股东利益一致，对公司债权融资产生一定影响（Ortiz - Molina，2007；Brockman，2010）。债权人为降低成本支出，会采取缩短债务期限（肖作平和李孔，2004），或者要求公司提供尽可能多的债务抵押，或者提高公司债券的利率等限制性措施。

管理层防御（Management Entrenchment）理论认为在公司融资约束较弱的情况下，公司高管会选择有利于自身谋利的决策，进行财务决策时会发生选择偏好（Harris and Raviy，1988；Israel et al.，1991；Novaes and Zingales，1995）。公司存在内部控制机制时，具有"防御"意识的公司高管会偏重选择股权融资，降低债权融资规模，从而降低发生财务困境时，公司所承担的破产成本和高管重新调换工作的成本，降低债权人的监督成本（Gilson，1989）。同时，为确保公司高管能够有效地掌控现金的支配权力，具有"防御"意识的公司高管会降低债权融资的比重（Friend and Lang，1988；Jensen，1993；Berger et al.，1997；李秉祥和袁烨，2016；张海龙和李秉祥，2012）。

公司治理理论中处于大股东—小股东委托代理阶段的公司，由于大股东具有公司的绝对控制权，很可能发生损害公司中小股东权益的"隧道挖掘"行为。为追求自身利益最大化，大股东会通过发放给公司高管较高的薪酬，促使公司高管与大股东利益相一致，以期公司高管在进行财务决策或者各项规划设计时，以公司大股东利益最大化为目标。为避免股权分散，确保能够确定可靠的融资金额，随着公司高管团队之间、高管与员工之间薪酬差距的增加，公司高管会更倾向于维护大股东的权益，进而选择债权融资进行资金筹集，避免股权融资导致公司大股东控制权的分散。在此种情况下，公司薪酬差距越高，债权融资规模越高。

基于上述分析，为了验证薪酬差距对债权融资水平的影响，本书提出如下竞争性对立假设：

H4.1：其他情况相同时，公司薪酬差距对负债融资比率具有正向影响效应。

H4.1.1：公司高管团队外部薪酬差距中值越高，负债融资比率越高。

H4.1.2：公司高管员工外部薪酬差距中值越高，负债融资比率越高。

H4.1.3：公司高管团队相对薪酬差距越高，负债融资比率越高。

H4.1.4：公司高管员工相对薪酬差距越高，负债融资比率越高。

H4.2：其他情况相同时，公司薪酬差距对负债融资比率具有负向影响效应。

H4.2.1：公司高管团队外部薪酬差距中值越高，负债融资比率越低。

H4.2.2：公司高管员工外部薪酬差距中值越高，负债融资比率越低。

H4.2.3：公司高管团队相对薪酬差距越高，负债融资比率越低。

H4.2.4：公司高管员工相对薪酬差距越高，负债融资比率越低。

（二）薪酬差距与债权融资期限

关于薪酬差距与公司绩效之间的关系，学术界存在锦标赛理论和行为理论，锦标赛理论认为公司高管团队之间、高管与员工之间薪酬差距的增加会正向作用于公司绩效（Lazear and Rosen，1980）。该理论受到不同国家学者研究的实证检验支持（Leonard，1990；Ericksson，1990；Main et al.，1993；常健，2014；董斌和曲蓬，2016；钱明辉等，2017）。行为理论则认为薪酬差距越小，公司内部成员之间合作积极性越高，越有利于提高公司高管和员工工作效率，公司绩效会增加。行为理论包括四个理论分支，即相对剥削理论、组织政治理论、分配偏好理论和社会比较理论。国内外已有部分学者研究验证了薪酬差距的增加会抑制公司绩效的提升，实证检验结果支持行为理论（O'Reilly et al.，1988；Cowherd，1992；Conyon et al.，2001；张正堂和李欣，2007；张正堂，

2008）。债务融资与公司业绩方面，我国学者张彬和王曙光（2007）研究发现中国上市公司债务融资率与公司绩效呈现正相关关系，债务融资对公司绩效提高起到积极作用。但张彬（2015）选取我国零售业上市公司作为研究对象，实证结果表明债务融资与公司绩效呈现负相关关系，短期债务比例与公司绩效呈现显著的负向效应；长期负债比例与公司绩效相关性不显著。公司绩效的提升，表明公司具有良好的营运、发展和偿债能力，能够对公司债权融资产生影响。但由于薪酬差距对公司绩效影响结论尚不统一，因此债务融资期限与公司绩效研究结论也存在争议。

随着公司高管和员工之间薪酬差距不断增加，公司高管和股东的利益会趋于一致，导致公司高管和债权人之间矛盾和冲突的加剧，对公司债务融资决策也会带来影响（Brockman，2010）。债务融资的期限是公司债权人对公司高管监督的有力工具（张兴亮，2014），债权人为加强对公司高管的监管又能确保降低成本支出，会采取缩短债务期限的方式（肖作平和李孔，2004）。公司高管薪酬与公司的股票回报率的波动性和关联性越高，高管会倾向于高风险投资项目，公司长期负债比率会越低（Brockman et al.，2010）。

公司高管具有"防御"意识时，会偏重股权融资，为降低公司在发生财务困难所承担的破产成本和高管转换工作成本，公司高管会选择降低债权融资的比重（Gilson，1989；Berger et al.，1997；李秉祥和袁烨，2016）。公司高管薪酬越低，高管和股东利益缺乏一致性，公司高管的"防御"意识越强，此时公司高管会倾向于选择长期负债（Datta et al.，2005）；当公司高管与员工薪酬差距增加，即高管薪酬较高时，高管和股东利益趋于一致的可能性增加，公司高管的"防御"意识会减弱，长期债务比例会越低。

基于上述分析，为了验证薪酬差距对债权融资期限的影响，本书提出如下竞争性对立假设：

H4.3：其他情况相同时，公司薪酬差距对长期负债比率具有正向影响效应。

H4.3.1：公司高管团队外部薪酬差距中值越高，长期负债比率越高。

H4.3.2：公司高管员工外部薪酬差距中值越高，长期负债比率越高。

H4.3.3：公司高管团队相对薪酬差距越高，长期负债比率越高。

H4.3.4：公司高管员工相对薪酬差距越高，长期负债比率越高。

H4.4：其他情况相同时，公司薪酬差距对长期负债比率具有负向影响效应。

H4.4.1：公司高管团队外部薪酬差距中值越高，长期负债比率越低。

H4.4.2：公司高管员工外部薪酬差距中值越高，长期负债比率越低。

H4.4.3：公司高管团队相对薪酬差距越高，长期负债比率越低。

H4.4.4：公司高管员工相对薪酬差距越高，长期负债比率越低。

（三）薪酬差距与债权融资方式

依据锦标赛理论，公司薪酬差距越高，会对公司高管和员工起到激励效应，提高公司员工积极性，有利于公司绩效的提高（Lambert et al., 1993；Eriksson, 1999；Lallemand et al., 2004）。常健（2014）指出锦标赛理论能够有效解释我国上市公司薪酬差距对公司绩效的影响，我国部分学者实证分析结论也支持锦标赛理论（黎文靖和胡玉明，2012；赵颖，2016；张蕊等，2018）。公司薪酬差距的增加会促进公司绩效不断提升，向公司债权人和股东所传递出的信息是公司具有良好的发展前景，公司营运能力、盈利能力和偿债能力较好，公司债权人更愿意与公司签订债务契约，金融机构提供的贷款比率会提升。

根据行为理论，公司薪酬差距过高，会引起公司高管和员工的不满情绪，不利于公司员工团队合作，最终导致公司绩效的下降（Crosby and Gonzalez-Intal, 1984；Milgrom and Roberts, 1988）。公司薪酬差距的下降能够避免公司员工之间恶性竞争，有助于维护并提高公司薪酬制定者的权威性（Cowherd and Levine, 1992）。我国学者张正堂（2007，2008）实证检验支持了行为理论。基于行为理论分析，当公司高管团队之间、高管与员工之间薪酬差距增加时，公司绩效呈现下降趋势，反映出公司未来发展趋势不稳定，营运能力、盈利能力和偿债能力不佳，公司债权人对公司的借款会比较谨慎，金融机构对公司提供的银行借款比率会下降。

债务代理成本理论认为公司薪酬差距的增加，会促进公司高管和股东两者结合起来，损害公司债权人的权益，从而导致债务代理成本不断升高（Jensen and Smith，2000）。公司债权人为了能够将不断上升的对公司高管和股东的监督成本转嫁给公司股东，会对公司债权融资相关政策进行调整（Brockman，2010），提高公司借款利率、要求公司提供更多的资产抵押等。更为严重的情况是不再向公司提供贷款，由此，推断银行借款比率下降。

管理层防御（Management Entrenchment）理论指出当公司融资约束条件较弱时，具有"防御"意识的公司高管会更注重自身的权益，忽略了公司股东和债权人的权益，在进行相关决策时，偏向选择有利于自身权益的决策方案（Novaes and Zingales，1995）。随着公司薪酬差距的增加，"防御"意识强的公司高管为确保公司能够有充足的现金支付薪酬，通常会选择发行股票进行融资，进而避免采用债权融资到期支付本金和偿还利息所带来的财务融资压力，同时能够保障自身持有更多的现金自由支配权。由此，会降低公司债权融资规模，银行借款比率也呈现下降趋势。

公司治理理论认为当公司股权集中度较高，出现大股东—小股东委托代理问题时，很可能存在大股东"隧道挖掘"行为（Johnson et al.，2000）。大股东会利用公司高管薪酬不断增加所产生的激励效应，力求将公司高管与自身利益"捆绑"在一起，在进行公司相关决策和战略计划制定过程中，公司高管能够充分考虑大股东的权益。为避免大股东的股权分散，控制权和决策权降低，公司高管会倾向于选择债权融资，导致银行借款比率随着公司高管团队、高管与员工之间的薪酬差距的增加而增加。

基于上述分析，为了验证薪酬差距对债权融资方式[①]的影响，本书提出如下竞争性对立假设：

H4.5：其他情况相同时，公司薪酬差距对长期借款比率具有正向

[①] 本章研究债权融资从长期债权融资视角分析，衡量债权融资方式采用长期借款比率进行衡量，对于短期债权融资方式本书在第五章商业信用融资部分考察，从商业信用融资需求方进行研究。

影响效应。

H4.5.1：公司高管团队外部薪酬差距中值越高，长期借款比率越高。

H4.5.2：公司高管员工外部薪酬差距中值越高，长期借款比率越高。

H4.5.3：公司高管团队相对薪酬差距越大，长期借款比率越高。

H4.5.4：公司高管员工相对薪酬差距越大，长期借款比率越高。

H4.6：其他情况相同时，公司薪酬差距对长期借款比率具有负向影响效应。

H4.6.1：公司高管团队外部薪酬差距中值越高，长期借款比率越低。

H4.6.2：公司高管员工外部薪酬差距中值越高，长期借款比率越低。

H4.6.3：公司高管团队相对薪酬差距越大，长期借款比率越低。

H4.6.4：公司高管员工相对薪酬差距越大，长期借款比率越低。

二 薪酬差距、产权性质与债权融资

相对于国外资本市场，中国资本市场大部分是国有上市公司（李雪松等，2019），因此，在研究薪酬差距与融资决策时，可以考虑公司产权性质对两者之间关系的影响效应。本书关注了国有公司和民营公司对薪酬差距与外源融资决策之间的影响作用。

国有性质的公司中，作为国家承担政策性负担的中坚力量，公司会受到国家政策的影响（林毅夫等，2004）。一方面，国有性质的公司执行国家财经法律法规相对规范，在资本市场中传递给债权人和股东的信息相对透明、可靠，公司抵御财务风险的能力较强，公司筹集资金渠道呈现多元化。公司管理层会倾向于选择收益高、风险高的融资方式。当公司薪酬差距增加时，对公司高管和员工的激励效果并不明显，导致公司绩效呈现下降趋势，不利于债权融资活动的开展，相应的债权融资规模、融资期限和融资来源指标的负向效用很可能会加强；另一方面，国有公司作为国家主要承担的政策性负担的公司（林毅夫等，2004），绝大多数公司属于资本密集型行业，在发展国家经济、确保实现税收、稳定就业等方面具有重要作用，即使面临着经营风险或者破产风险，发生财务危机，由于存在预算软约束，国家有相应的扶持政策，使国有公司会相对容易取得债权融资，债权融资规模、期限和来源等指标会呈现上升趋势。

值得注意的是，我国人力资源和社会保障部等六部门于2009年联合颁布《关于进一步规范中央企业负责人薪酬管理指导意见》，对中央企业高管实施"限薪令"。2015年1月1日，人力资源社会保障部门再次颁布《中央管理企业负责人薪酬制度改革方案》，首批对72家央企负责人（包括53家中石油、中石化、中国移动等组织部门任命负责人的央企和19家其他金融、铁路部门的负责人）的薪酬实施限制。两次"限薪令"的颁布和实施，主要针对的是中央企业，中央企业属于国有企业的组成部分，主要由国家部委管理，部分央企负责人由中组部任命。国有企业是国家作为投资主体成立的企业，包括由中央、其他部委和地方政府管辖的公司。因此，国家针对央企高管的"限薪令"的颁布与实施，必然会影响到我国上市公司中国有公司薪酬差距与债权融资的关系。由于国有公司能够相对严格地实施国家法规政策，因此，在国有上市公司中，高管团队、高管与员工之间薪酬差距会有所下降，也必然会影响薪酬差距对债权融资的影响效果。

基于上述分析，为了验证公司产权性质对薪酬差距与债权融资[①]的异质性影响，本书提出如下竞争性对立假设：

H4.7：相对于民营公司，国有公司中公司薪酬差距对债权融资三个维度的正向（或者负向）影响效应会加剧。

H4.8：相对于民营公司，国有公司中公司薪酬差距对债权融资三个维度的正向（或者负向）影响效应会减弱。

三 本章理论分析模型

本章的理论分析模型如图4-1所示。基于锦标赛理论和行为理论，随着公司高管团队之间、高管与员工之间薪酬差距的增加，公司高管和员工工作态度和努力程度会受到影响，影响公司绩效的提升，最终影响公司债权融资；基于代理理论（包括债务代理成本理论和管理层防御理

---

① 限于篇幅，本章对公司产权性质的截面假设下不再区分公司外部和内部薪酬差距列示次级假设，后文同此。

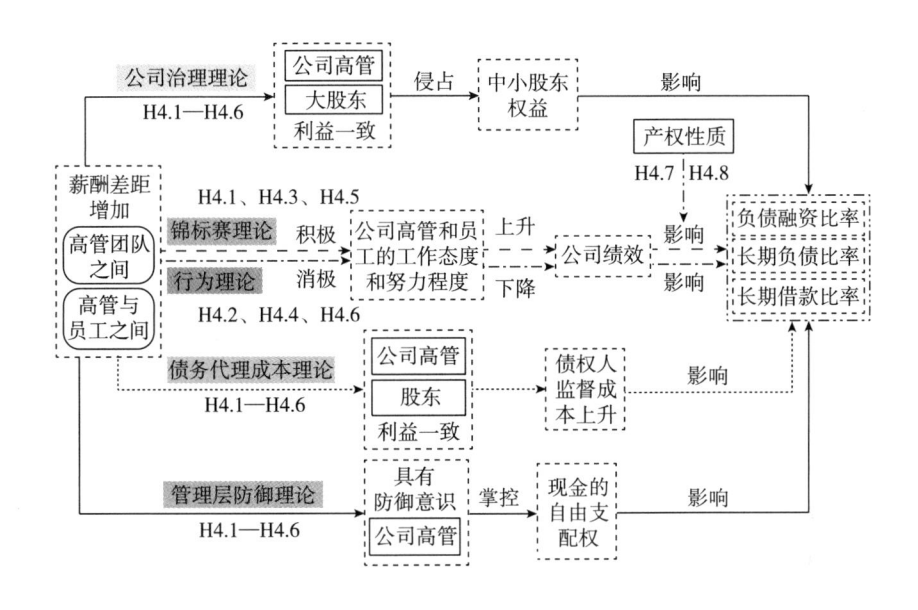

图 4-1 薪酬差距影响债权融资理论分析图解

论），公司高管团队之间、高管与员工之间薪酬差距的增加，会促使公司高管和股东的利益趋同程度增加，公司债权人的权益很可能受到损害，债权人为保障自身利益，会采取缩短债务期限或者降低向公司提供贷款的决策，进而影响公司债权融资。具有"防御"意识的公司高管，为保障自身控制现金自由支配权，会避免采用债权融资；基于公司治理理论，公司的控股股东会侵害到公司中小股东的权益，为避免股权分散，在进行融资方式的选择会避免股权融资，选择债权融资，进而影响公司债权融资，用以验证假设 H4.1—H4.6。公司产权性质不同，执行国家政策法规和政府扶持方针存在差异，当公司薪酬差距增加时，对外源融资活动的影响效应会产生异质性影响，本书提出假设 H4.7 和 H4.8。

第二节 研究设计

一 变量选择和定义

（一）被解释变量

本章研究的债权融资主要包括债权融资水平、融资期限和融资方式三个维度,通过梳理已有研究文献有关三者的衡量方法,最终确定本书研究的衡量方法。

已有研究对债权融资水平衡量方法包括存量法和增量法,存量法主要采用静态的资产负债表中的项目进行核算,主要的衡量方法有:期末负债总额/期末资产总额(岳树民和肖春明,2017;严太华和何芳丽,2018)、(短期借款+一年内到期的非流动负债+长期借款+应付债券)/期末总资产(李维安等,2015);增量法以动态的现金流量表中新增借款的项目为基础核算,主要的衡量方法有:(发行债券收到的现金+取得借款收到的现金)/期末总资产(岳树民和肖春明,2017)、下一年度取得借款收到的现金/期末总资产(李碧连,2015)。增量法的优势在于对公司当年新增加的债权融资的融资情况能够进行动态地监督和反映,但如果公司当年没有采用债权融资筹集资金,只有以前年度的债权融资,采用增量法就无法准确地获取公司当年债权融资的具体信息。因此,本书在主检验中采用静态资产负债表中的核算项目,参考岳树民和肖春明(2017)衡量方法,稳健性检验中采用李维安等(2010)衡量方法,变量符号为Debtratio。

对于债权融资期限本书选取长期负债比率,长期负债比率衡量方法主要有:长期借款/期末资产总额(蒋腾等,2018;叶勇和张丽,2019),其缺点在于长期负债项目仅考虑长期借款,其他长期负债项目没有纳入核算指标中,研究内容不完整;(长期借款+应付债券+长期应付款)/期末资产总额(严太华和何芳丽,2018)、(长期借款+应付债券)/期末资产总额(许晓芳等,2018)的衡量方法其缺陷在于长期负债融资项目考虑不全面。从债权融资期限分析,公司开展长期负债项目融资有很多方式,综上分析,本书参考肖作平和廖理(2008)、黄文青(2011)研究方法,采用的衡量方法为:长期负债比率=长期负债合计/期末负债总额,变量符号为Ldebtratio。

债权融资方式主要指银行借款,其衡量方法为:一是存量法,采用静态资产负债表中的项目进行衡量:(长期借款+短期借款)/期末总资产(严太华和何芳丽,2018;蒋腾等,2018;叶勇和张丽,2019);二是增量法,采用动态现金流量表中的项目进行衡量:取得借款收到的现金/期末总资产(王怀明和陈雪,2017)。同样道理,增量法仅能够反映公司当年存在新增的银行借款融资情况，如果当年公司没有采用银行借款融资，增量法就无法合理反映公司当期银行借款融资的情况。因此，本书选择存量法的衡量方法。对于银行借款融资，本章主要研究债权融资方式属于长期债权融资视角，选取的衡量指标为：长期借款比率＝长期借款/长期负债合计，变量符号为 Lbankratio。

为确保债权融资与公司外部和内部薪酬差距对应一致，公司内部薪酬差距对应的债权融资水平、融资期限和融资方式如上所述；本书借鉴钱爱民和朱大鹏（2017）调整方法，将公司外部薪酬差距对应债权融资水平、融资期限和融资方式确定为负债融资比率、长期负债比率和长期借款比率分别超过同年同行业的中值，变量符号分别为 Debtratiod、Ldebtratiod 和 Lbankratiod。

债权融资具体变量设置及计算过程如表 4-1 所示。

表 4-1　　　　　　　债权融资变量设计及计算过程分析

变量类型	变量名称	计算过程
债权融资水平	公司外部薪酬差距对应负债融资比率 Debtratiod	负债融资比率－同年同行业负债融资比率中值
	公司内部薪酬差距对应负债融资比率 Debtratio	期末负债总额/期末资产总额
债权融资期限	公司外部薪酬差距对应长期负债比率 Ldebtratiod	长期负债比率－同年同行业长期负债比率中值
	公司内部薪酬差距对应长期负债比率 Ldebtratio	长期负债合计/期末负债总额
债权融资方式	公司外部薪酬差距对应长期借款比率 Lbankratiod	长期借款比率－同年同行业长期借款比率中值
	公司内部薪酬差距对应长期借款比率 Lbankratio	长期借款/长期负债合计

资料来源：笔者根据相关文献整理汇总。

（二）解释变量

本章研究薪酬差距主要包括高管团队薪酬差距和高管与员工薪酬差距，既考虑了公司外部行业薪酬差距中值的影响，也涵盖了公司内部相对薪酬差距。

已有文献研究对于公司外部以行业为基准的薪酬差距衡量方法有：

（1）公司管理团队外部薪酬差距均值＝（高管前三名薪酬总额－同行业高管前三名薪酬总额的均值）/同行业高管前三名薪酬总额的均值；

公司管理团队外部薪酬差距中值＝（高管前三名薪酬总额－同行业高管前三名薪酬总额的中值）/同行业高管前三名薪酬总额的中值（Biajak et al.，2008；张丽平，2013）。

（2）（同行业薪酬最高值/本公司薪酬）×（本公司资产规模/同行业资产规模最大值）；

（同行业薪酬最高值/本公司薪酬）×（本公司营业总收入/同行业营业总收入最大值）（步丹璐，2010；常健，2016）。

已有文献研究公司外部薪酬差距仅考察了高管团队之间的薪酬差距，尚缺乏公司外部高管与员工之间薪酬差距。本书参考Biajak等（2008）和张丽平（2013）的研究方法，重新设置高管团队外部薪酬差距和高管员工外部薪酬差距，具体计算过程如表4－3所示。

在确定公司内部高管团队和高管与员工之间薪酬差距时，首先需要确定公司核心高管人员薪酬和公司员工薪酬构成。已有文献研究认为公司核心高管：一是公司CEO（林浚清等，2003；鲁海帆，2007）；二是指依据上市公司财务报表中披露的持有董事、监事和高管前三名薪酬总额的高管（张正堂，2008；胥佚萱，2010）。公司CEO（英文全名Chief Executive Officer）是指公司首席执行官，主持管理公司的高级事务，西方国家（如美国和法国）CEO一般兼任公司董事长或总裁。但公司近期经营目标、长远发展的战略计划和集体决策的确定，起决定性作用的不仅是CEO，还会涉及其他董事会、监事会成员和公司高管。因此，本书采用持有董事、监事和高管前三名薪酬总额的成员作为核心高管，据此计算出核心高管和非核心高管薪酬均值。

已有研究对普通员工薪酬均值的衡量方法主要有：

（1）（支付给职工以及为职工支付的现金－前三名高管年度薪酬总额）÷（年度员工总数－3）（张正勇，2017；赵健梅，2017）；

（2）（支付给职工以及为职工支付的现金－高管年度薪酬总额）÷

年度员工总数（潘敏和刘希曦，2016）；

（3）（支付给职工以及为职工支付的现金－高管年度薪酬总额）÷（年度员工总数－高管人数）（黎文靖和胡玉明，2012；张丽平等，2013；陈汉文和黄轩昊，2019）；

（4）（支付给职工以及为职工支付的现金＋期末应付职工薪酬－期初应付职工薪酬）÷年度员工总数（王怀明和史晓明，2009；张正堂，2008；赵睿，2012）；

（5）（支付给职工以及为职工支付的现金＋期末应付职工薪酬－期初应付职工薪酬－高管年度薪酬总额）÷（年度员工总数－高管人数）（常健，2016）。

职工薪酬总额在核算时，其内容既包括资产负债表中存量信息，也应当涵盖现金流量表中的增量信息，上述核算方法（1）（2）和（3）仅仅考虑了职工薪酬的增量信息，没有结合存量信息，本书不予考虑。(4) 中的核算方法是公司所有员工的平均薪酬，没有排除公司高管人员的薪酬，不适合本书后续研究。综上所述，本书选择（5）的衡量方法，用于确定公司普通员工的薪酬均值。

值得注意的问题，正如本书对普通员工的界定分析，公司普通员工是指不包括公司高级管理人员的职工，主要由公司中层管理人员和没有行政职务的普通员工组成。由于目前用于财务分析、经济统计和金融研究的数据库缺乏对中层管理人员的薪酬信息的披露，因此，本书研究薪酬差距时不单独考虑中层管理人员的薪酬影响，将其一并纳入普通员工进行薪酬均值的核算。表 4－2 显示本书高管和员工薪酬均值。

表 4－2　高管和员工薪酬均值计算过程分析

变量名称	计算过程
核心高管薪酬均值	董事、监事和高管前三名薪酬总额/3；
非核心高管薪酬均值	（董事、监事和高管年薪酬总额－董事、监事和高管前三名薪酬总额）/（董事、监事和高管人数－3）
普通员工薪酬均值	（支付给职工以及为职工支付的现金＋期末应付职工薪酬－期初应付职工薪酬－董事、监事和高管薪酬总额）/（在职员工总数－董事、监事和高管人数）

资料来源：笔者根据相关文献整理汇总。

本书研究的薪酬差距的计算过程如表 4-3 所示。

表 4-3　　　　　　薪酬差距变量设置及计算过程分析

变量分类	模型变量	计算过程
公司外部薪酬差距	高管团队外部薪酬差距中值 CEOdmed	(公司高管团队薪酬差距 - 同年同行业高管团队薪酬差距中值) /同年同行业高管团队薪酬差距中值
	高管员工外部薪酬差距中值 CEOempdmed	(公司高管员工薪酬差距 - 同年同行业高管员工薪酬差距中值) /同年同行业高管员工薪酬差距中值
公司内部薪酬差距	高管团队相对薪酬差距 CEORg	核心高管薪酬均值/非核心高管薪酬均值
	高管员工相对薪酬差距 CEOempRg	公司高管薪酬均值/普通员工薪酬均值

资料来源：笔者根据相关文献整理汇总。

本书在进行稳健性检验替换解释变量时，采用了基于行业均值的公司外部高管团队和高管员工薪酬差距和公司内部高管团队、高管员工的绝对薪酬差距，其计算过程在稳健性检验部分见表 4-18。

（三）其他变量

本书选取公司产权性质作为调节变量，将样本公司按照实际控制人性质分为国有公司和民营公司，进而展开研究。同时，从研究问题的客观性和全面性视角分析，为确保研究结论的可验证性，本章对影响公司债权融资的其他因素进行控制，借鉴国内已有研究文献资料（Ozkan，2007；Rezaul et al.，2013；Steven et al.，2018；黎文靖和胡玉明，2012；赵健梅等，2017；许晓芳等，2018），在模型中加入公司规模（Size）、流动比率（Curatio）、公司绩效（ROE）、公司成立年龄（Age）、有形资产比重（Tanasratio）变量控制公司的规模、偿债能力、盈利能力、持续经营能力、资产抵押担保能力等公司特征因素的影响；加入股权集中度（Shholder1）控制公司股权治理特征因素的影响；加入两职合一（Manaboard）、董事会规模（Manasize）、独立董事规模（Indepratio）变量控制公司董事会治理特征因素的影响；加入监事会规模（Supsize）变量控制监事会治理特征因素的影响。模型中还控制了行业和年份的影响效应。

公司规模（Size）是衡量公司未来发展前景的重要标准之一，公司规模越大，公司生产经营的成本会呈现下降趋势，资源运营效率会提高，有利于公司开展融资活动。因此，本章将公司规模作为影响债权融资的控制变量之一，采用年末公司资产总额账面价值的自然对数作为其衡量方法。

流动比率（Curatio）用来衡量公司短期债务清偿情况的指标，流动比率越高，说明公司资产流动性越强。但该指标过高，会对公司经营资金的周转效率和获利能力产生影响，一般合理的流动比率为2。

公司绩效（ROE）的高低，能够反映出公司未来资源营运能力、发展能力和偿债能力，对公司债权融资产生影响，参考已有文献研究，本章选取ROE净资产收益率作为公司绩效的衡量指标，作为控制变量加入模型中。ROE能够综合反映公司盈利能力，一方面从股东投资视角分析，ROE能够对不同行业、不同公司的股东资本使用效果进行分析；另一方面依据杜邦分析法，ROE是通过销售利润率、总资产周转率和权益乘数计算得出，三个指标分别反映公司的盈利能力、营运能力和偿债能力，ROE能够将三类指标综合在一起，能够整体反映公司的资源运用情况。

公司成立年龄（Age）反映公司成立以来经历的年度，一般公司成立年龄越久，其生产经营和资本运营会积累越多的经验，有利于公司未来稳定地发展，对公司进行债权融资必然会产生影响。因此，本章将公司成立年龄作为控制变量，采用上市公司成立年数加1再取自然对数作为衡量方法。

有形资产比重（Tanasratio）能够反映公司持有现金流投资方向，用于有形资产的资金比重的多少，对公司未来生产经营和发展都会产生影响。有形资产所占比重越高，公司自有使用的现金流量越少，对公司债务提供的抵押担保能力越强。公司能够利用有形资产向债权人申请资金抵押担保，债权人的财务风险会降低，从而促进债权融资的成功率。因此，本章将有形资产比重作为影响债权融资的控制变量之一，具体衡量数据来自CSMAR数据库。

股权集中度（Shholder1）是公司治理特征中衡量股权治理特征的指标，能够反映公司股东对公司生产经营的控制程度，股东持股比例越大，说明股东对公司控制的程度越高，确保公司发展目标和股东利益相一致，不利于公司债权人利益的保护。股东控股比例越高，公司债权融资水平越低，银行贷款比例越小，债务融资期限也会受到影响。因此，本章将股权集中度作为控制变量。本书参考赵健梅（2017）研究方法，采用第一大股东持股占总股本比重作为股权集中度的衡量标准。

两职合一（Manaboard）是衡量董事会治理特征的变量之一，我国上市公司高管人员设置过程中，董事长与CEO或者总经理合一现象屡见不鲜。公司董事会中董事长和公司CEO或者总经理两个职位是否合一，对公司的财务决策会产生一定影响，董事长和总经理两职合一，说明公司在进行相关决策制定时，会受到内部人控制，董事会独立性会受到影响，董事会相关决策缺乏客观性和全面性，不利于公司未来发展。因此，在进行债权融资，有必要将两职合一作为控制变量纳入到模型中。

董事会规模（Manasize）是衡量董事会治理特征的变量之一，董事会规模的大小对公司管理层进行财务决策以及公司业绩都会产生影响。Ocasio（1994）和Cadbury（2002）指出董事会规模越大，成员数量越多，其专业知识和行业经验会越丰富，能够提高董事会的决策和监督效能，降低CEO对公司负面影响，提高公司治理效率。也有学者研究结论相反，Lipton和Lorsch（1992）研究认为董事会规模越大，会阻碍执行董事和外部独立董事之间有效地沟通和协调，导致董事会决策效率下降。Alexander等（1993）指出较大规模的董事会会失去凝聚力。已有研究认为董事会成员在10人以下（Cadbury，2002），8—9人最佳（Lipton and Lorsch，1992）。公司进行债权融资方案的制定会受到董事会规模的影响，本章将其作为控制变量，采用董事会成员的自然对数进行衡量。

独立董事规模（Indepratio）是衡量董事会治理特征的变量之一，独立董事规模反映公司董事会中独立董事所在比例，其对公司生产经营的相关决策制定产生影响。独立董事比例越高，公司高管在制定财务决策和相关政策时会更加客观。部分文献研究发现，独立董事比例与公司绩效之间因果关系不明显，独立董事没有达到预期效果（Faceio and Lasfer，1999；Lawrence and Stapledon，1999；Bhagat and Blaek，2001）。本章将其作为影响债权融资的一个控制变量，采用独立董事人数占全部董事会人数比例作为衡量方法。

监事会规模（Supsize）是衡量监事会治理特征的变量之一，监事会规模的大小对公司管理层进行财务决策会产生影响，监事会规模越大，进行监督的流程需要的时间会越长，公司实施监督的效果越好。因此，对债权融资会产生影响，本章将其作为控制变量，采用监事会成员的自然对数进行衡量。

公司年度（Year），国家会颁布影响公司高管薪酬激励方面的政策法规，或者各年宏观经济会有不同程度变化，对公司债权融资会产生影响。因此，本章将年度作为控制变量纳入模型中，采取虚拟变量进行设置。采用2006—2019年14个会计年度的数据。

公司所属行业（Ind），由于不同行业竞争程度各有不同，会影响到公司的战略规划和财务决策。因此，本章将行业作为控制变量纳入模型中，采取虚拟变量进行设置。行业分类参考2012年中国证监会颁布的《上市公司行业分类指引》。

其他变量指标的具体计算过程如表4-4所示。

表4-4　　　　　　其他变量设置及计算过程分析

变量分类	变量名称	变量符号	计算过程	衡量内容
调节变量	产权性质	SOE	如果公司为国有公司，取值为1，如果为民营公司为0	公司实际控制人性质
公司基本特征	公司规模	Size	Ln（年末资产总额）	公司的规模
	流动比率	Curatio	流动资产/流动负债×100%	偿债能力
	公司绩效	ROE	净资产收益率＝净利润/平均股东权益×100%	盈利能力
	公司成立年龄	Age	Ln（上市公司成立年数＋1）	持续经营能力
	有形资产比重	Tanasratio	有形资产比重＝（资产总额－无形资产－商誉）/总资产	资产抵押担保
股权治理	股权集中度	Shholder1	第一大股东持股占总股本比重	股东监督力度

续表

变量分类	变量名称	变量符号	计算过程	衡量内容
董事会治理特征	两职合一	Manaboard	董事长和总经理是否两职合一：两职合一为1，否则为0	董事会监督力度
	董事会规模	Manasize	Ln（董事会成员人数）	
	独立董事规模	Indepratio	独立董事比例＝独立董事人数/董事会总人数	
监事会治理特征	监事会规模	Supsize	Ln（监事会人数）	监事会监督力度
虚拟变量	年度	Year	公司某一年度取值为1，其他年度取值为0	其他
	行业	Ind	某一行业取值为1，其他行业取值为0	

资料来源：笔者根据相关文献整理汇总。

二 模型构建

为检验薪酬差距对债权融资水平、融资期限和融资方式的影响，本书借鉴李维安等（2010）、谢军（2008）和许晓芳等（2018）的研究成果构建回归模型[①]，分别验证相应的假设。

（1）薪酬差距与债权融资水平。

$$Debtfinancelevel_{i,t} = \alpha_0 + \alpha_1 Gap_{i,t} + \sum_{q=2}^{m} \alpha_q ControlVariable_{i,t} + \sum Year + \sum Ind + \varepsilon_{i,t} \quad (4-1)$$

（2）薪酬差距与债权融资期限。

$$Longdebtfinance_{i,t} = \beta_0 + \beta_1 Gap_{i,t} + \sum_{q=2}^{m} \beta_q ControlVariable_{i,t} +$$

---

① 模型中 $Debtfinancelevel_{i,t}$ 表示公司负债融资规模，包括公司外部薪酬差距对应的 Debtratiod 和公司内部薪酬差距对应的 Debtratio；同样，$Longdebtfinance_{i,t}$ 包括 Ldebtratiod 和 Ldebtratio；$Longbankfinance_{i,t}$ 包括 Lbankratiod 和 Lbankratio；模型中 $Gap_{i,t}$ 表示公司薪酬差距，包括高管团队外部薪酬差距中值（CEOdmed）、高管员工外部薪酬差距中值（CEOempdmed）、高管团队相对薪酬差距（CEORg）和高管员工相对薪酬差距（CEOempRg）四个自变量。本书后面章节模型出现 $Debtfinancelevel_{i,t}$、$Longdebtfinance_{i,t}$、$Longbankfinance_{i,t}$ 和 $Gap_{i,t}$ 变量，不再标注。

$$\sum \text{Year} + \sum \text{Ind} + \varepsilon_{i,t} \qquad (4-2)$$

(3) 薪酬差距与债权融资方式。

$$\text{Longbankfinance}_{i,t} = \delta_0 + \delta_1 \text{Gap}_{i,t} + \sum_{q=2}^{m} \delta_q \text{ControlVariable}_{i,t} +$$
$$\sum \text{Year} + \sum \text{Ind} + \varepsilon_{i,t} \qquad (4-3)$$

三 样本选取和数据收集

本章选择中国沪深两市 A 股上市公司 2006—2019 年度财务报表数据为研究样本，样本行业分类依据我国证监会于 2012 年修订的《上市公司行业分类指引》，为确保实证检验研究的科学性和可靠性，保障研究结论具有客观性和普适性，本章对研究的数据样本进行如下处理：①剔除金融行业的公司，主要原因在于金融行业公司有特定的账务处理和财经法规；②剔除受到证监会 ST、*ST 和 PT 处理的上市公司，主要原因在于此类公司的利润连续几年出现亏损，导致公司财务状况不佳，受到退市警告和特别处理等通告。这些公司如果纳入研究模型的数据样本中，对实证检验的结果会产生干扰，影响研究结论的可靠性；③剔除数据缺失严重的样本；④剔除可能会影响实证检验结果的异常值。在上述样本处理基础上，本章对所有连续变量都在 1% 和 99% 分位数上做了 Winsorize 处理。薪酬差距、债权融资和实证模型等涉及的具体数据均来自 CSMAR 数据库、Wind 数据库、RESSET 数据库，部分数据缺失通过查阅沪深证券交易所官方网站和巨潮咨询网上市公司年报信息进行手工整理。本书采用 Stata15.0、SPSS22.0 和 Excel2010 等软件进行统计分析和实证检验。

第三节 实证结果及分析

一 描述性统计分析

本书对薪酬差距与债权融资的模型中所有变量进行描述性统计，得到表 4-5 的统计结果。

从表 4-5 的描述性统计，可以发现被解释变量和解释变量大致情况为：①负债融资比率（Debtratiod 和 Debtratio）最大值与最小值存在

表 4-5　　　　　　　　　　描述性统计分析

变量符号	观测值	均值	标准差	最小值	25%分位	中位数	75%分位	最大值
Debtratiod	20292	0.0019	0.1879	-0.6388	-0.1296	0.0000	0.1252	0.7755
Debtratio	20292	0.4640	0.2143	0.0535	0.2997	0.4659	0.6242	0.9865
Ldebtratiod	20292	0.0447	0.1536	-0.4846	-0.0329	0.0000	0.1090	0.8245
Ldebtratio	20292	0.1260	0.1771	-0.0351	0.0000	0.0484	0.2142	0.9476
Lbankratiod	14613	-0.1275	0.4068	-1.0310	-0.4291	0.0000	0.1457	1.0000
Lbankratio	14613	0.5931	0.4087	-0.0700	0.1502	0.7830	0.9300	1.0000
CEOdmed	20292	0.8586	9.1167	-37.3163	-1.5908	0.0000	2.5112	46.1905
CEOempdmed	20292	0.2873	1.0669	-1.2801	-0.3644	0.0027	0.5829	5.8049
CEORg	20292	0.8797	0.4587	-0.4745	0.5903	0.8175	1.0876	2.9222
CEOempRg	20292	8.5867	6.6829	0.6040	4.3735	6.7421	10.6530	40.1925
SOE	20292	0.4812	0.4997	0	0	0	1	1
Size	20292	21.9996	1.3598	14.7586	21.0569	21.8139	22.7455	28.5087
Curatio	20292	2.2010	2.4107	0.2234	1.0168	1.4605	2.3366	15.7975
ROE	20292	-0.4427	4.2753	-32.8298	-0.3216	0.0201	0.2424	9.9343
Age	20292	2.7175	0.3782	1.6094	2.4849	2.7726	2.9957	3.5553
Tanasratio	20292	0.9352	0.0799	0.5164	0.9231	0.9602	0.9819	1.0000
Shholder1	20292	0.3535	0.1509	0.0866	0.2334	0.3332	0.4604	0.7496
Manaboard	20292	0.0423	0.2012	0	0	0	0	1
Manasize	20292	2.1634	0.2005	1.3863	2.0794	2.1972	2.1972	2.9444
Indepratio	20292	0.3698	0.0520	0.3000	0.3333	0.3333	0.4000	0.5714
Supsize	20292	1.2769	0.2679	0.6931	1.0986	1.0986	1.6094	1.9459

一定差异，均值分别为 0.0019 和 0.4640，说明我国上市公司基于外部行业基准和对应公司内部薪酬差距的债权融资水平存在较大差异；长期负债比率（Ldebtratiod and Ldebtratio）的最大值分别为 0.8245 和 0.9476，最小值分别为 -0.4846 和 -0.0351，均值分别为 0.0447 和 0.1260，说明长期负债比在我国上市公司中存在一定差异；长期借款比率（Lbankratiod and Lbankratio）最大值均为 1.0000，最小值分别为 -1.0310 和 -0.0700，均值为 -0.1275 和 0.5931，说明长期借款比率在不同上市公司中差异不同；②高管团队和高管员工外部薪酬差距中值的

最大值与最小值相比相差金额较大,说明公司外部薪酬差距会受到行业因素的影响;高管团队相对薪酬差距最大值为 2.9222,均值为 0.8797,而高管员工相对薪酬差距最大值为 40.1925,均值为 8.5867,均高于高管团队相对薪酬差距,说明公司内部高管员工之间薪酬差距较大。

二 相关性分析

表 4-6 显示研究变量之间的相关系数矩阵,矩阵下三角部分为 Pearson 检验结果,矩阵上三角部分为 Spearman 检验结果。通过相关系数矩阵可以发现,高管团队外部薪酬差距中值(CEOdmed)与负债融资比率(Debtratiod)呈现 1% 水平显著负相关关系,初步验证假设 H4.2.1;而高管员工外部薪酬差距中值(CEOempdmed)、高管团队相对薪酬差距(CEORg)和高管员工相对薪酬差距(CEOempRg)与负债融资比率均呈现显著正向关系,初步验证假设 H4.1.2、H4.1.3 和 H4.1.4;高管团队相对薪酬差距(CEORg)与长期负债比率(Ldebtratio)呈现显著负相关关系,初步验证假设 H4.4.3,高管团队和高管员工外部薪酬差距中值、高管员工相对薪酬差距与长期负债比率呈现显著正向关系,初步验证假设 H4.3.1、H4.3.2 和 H4.3.4;高管员工外部薪酬差距中值、高管员工相对薪酬差距与长期借款比率(Lbankratiod and Lbankratio)呈现显著正向关系,初步验证假设 H4.5.2 和 H4.5.4,高管团队外部薪酬差距中值,高管团队相对薪酬差距与长期借款比率呈现正向关系,但不显著。综上分析可以发现,薪酬差距与负债融资比率、长期负债比率和长期借款比率三个维度会呈现出负向相关和正向相关两种情况。相关性分析仅考虑薪酬差距对债权融资三个维度的单独产生的影响,未考虑其他控制因素带来的影响,具体影响还需要通过多元回归模型进一步验证。

表 4-6 中被解释变量和解释变量、控制变量之间的相关系数均小于 0.5,本章为进一步验证模型中变量不存在多重共线性采用方差扩大因子法进行检验,检验结果显示各模型方差膨胀因子(VIF)均值小于 2,最大值均小于 10,说明模型变量之间不存在多重共线性问题。

表 4-6 变量的相关性分析

	1	2	3	4	5	6	7	8	9	10
1. Debtratiod		0.771***	0.152***	0.053***	0.096***	0.062***	-0.025***	-0.005	0.029***	0.017**
2. Debtratio	0.827***		0.024**	0.165***	0.075***	0.101***	-0.021***	-0.004	0.025***	-0.041***
3. Ldebtratiod	0.233***	0.153***		0.731***	0.103***	0.103***	0.083***	0.042***	-0.075***	0.058***
4. Ldebtratio	0.170***	0.287***	0.764***		0.115***	0.124***	0.076***	0.049***	-0.088***	0.000
5. Lbankratiod	0.124***	0.121***	0.090***	0.123***		0.837***	0.005	0.090***	-0.002	0.090***
6. Lbankratio	0.102***	0.175***	0.092***	0.141***	0.865***		0.021**	0.154***	-0.011	0.134***
7. CEOdmed	-0.024***	-0.021***	0.027***	0.018**	0.003	0.013		0.146***	-0.820***	0.111***
8. CEOempdmed	0.029***	0.049***	0.071***	0.075***	0.070***	0.063***	0.075***		-0.049***	0.757***
9. CEORg	0.042***	0.037***	-0.027***	-0.035***	0.012	0.002	-0.470***	0.013*		-0.049***
10. CEOempRg	0.037***	0.036***	0.059***	0.022***	0.065***	0.056***	0.052***	0.754***	0.011	
11. SOE	0.162***	0.283***	0.040***	0.193***	-0.005	0.022***	-0.015**	0.018**	0.018**	-0.099***
12. Size	0.239***	0.380***	0.194***	0.399***	0.100***	0.046***	-0.026***	0.335***	0.119***	0.207***
13. Curatio	-0.530***	-0.637***	-0.050***	-0.154***	-0.093***	-0.130***	0.008	-0.047***	-0.019***	-0.055***
14. ROE	-0.107***	-0.106***	-0.023***	-0.017***	-0.007	0.004	-0.002	0.061***	0.021***	0.045***
15. Age	0.136***	0.171***	0.020***	0.115***	0.024***	-0.003	-0.030***	0.018**	0.008	0.040***
16. Tanasratio	-0.001	0.095***	-0.052***	-0.053***	-0.012	0.045***	0.005	0.025***	0.008	-0.018***
17. Shholder1	-0.027***	0.041***	-0.005	0.091***	-0.018**	-0.011	0.021***	-0.014**	0.002	-0.081***
18. Manaboard	-0.005	-0.061***	0.013*	-0.026***	-0.020**	0.014	-0.024***	-0.029***	0.022***	-0.011
19. Manasize	0.098***	0.151***	0.053***	0.140***	0.034***	0.031***	0.015***	0.126***	0.035***	0.055***
20. Indepratio	-0.005	-0.017**	0.015**	0.002	0.001	-0.001	-0.009	-0.018***	-0.000	-0.011
21. Supsize	0.118***	0.199***	0.063***	0.169***	0.018**	0.031***	0.037***	0.057***	-0.062***	-0.016**

续表

	11	12	13	14	15	16	17	18	19	20	21
1. Debtratiod	0.084***	0.212***	-0.519***	-0.028***	0.089***	-0.004	-0.022***	0.023***	0.056***	0.004	0.056***
2. Debtratio	0.197***	0.360***	-0.614***	-0.017***	0.127***	0.204***	0.057***	-0.050***	0.106***	-0.004	0.160***
3. Ldebtratiod	-0.033***	0.091***	0.097***	-0.037***	-0.018**	-0.043***	-0.018**	0.034***	0.005	0.020**	-0.008
4. Ldebtratio	0.091***	0.311***	-0.048***	-0.035***	0.093***	0.038***	0.084***	0.001	0.069***	0.021**	0.082***
5. Lbankratiod	-0.032***	0.047***	-0.071***	-0.018**	0.019**	-0.014*	-0.036***	-0.003	0.013	0.007	-0.004
6. Lbankratio	-0.032***	0.000	-0.073***	0.007	-0.015*	0.060***	-0.038***	0.040***	0.016*	0.004	-0.030***
7. CEOdmed	0.005	-0.037***	-0.004	0.002	-0.003	-0.002	0.024***	-0.028***	0.001	0.005	0.079***
8. CEOempdmed	-0.017***	0.315***	0.048***	0.026***	0.012	0.022***	-0.002	-0.031***	0.112***	-0.002	0.040***
9. CEORg	0.011	0.100***	0.026***	0.007	-0.012	0.008	-0.021**	0.029***	0.022***	-0.002	-0.081***
10. CEOempRg	-0.173***	0.149***	0.052***	0.012	0.049***	-0.099***	-0.113***	0.004	0.022***	-0.001	-0.045***
11. SOE		0.204***	-0.232***	-0.003	0.035***	0.163***	0.224***	-0.159***	0.246***	-0.053***	0.382***
12. Curatio	0.270***		-0.202***	-0.005	0.229***	0.089***	0.220***	-0.005	0.173***	0.064***	0.141***
13. Size	-0.244***	-0.267***		0.011	-0.053***	0.060***	-0.036***	0.052***	-0.158***	0.048***	-0.212***
14. ROE	-0.046***	0.023***	0.054***		0.014*	0.015*	0.007	0.037***	-0.001	-0.021***	-0.028***
15. Age	0.099***	0.186***	-0.134***	-0.002		-0.009	-0.168***	0.119***	-0.058***	0.022***	-0.073***
16. Tanasratio	0.098***	0.012	0.068***	0.004	-0.048***		0.111***	-0.083***	0.071***	-0.022***	0.126***
17. Shholder1	0.204***	0.237***	-0.025***	0.026***	-0.150***	0.098***		-0.053***	0.019**	0.021***	0.120***
18. Manaboard	-0.152***	-0.012*	0.027***	0.027***	0.132***	-0.065***	-0.044***		-0.110***	0.074***	-0.265***
19. Manasize	0.254***	0.232***	-0.136***	-0.007	-0.025***	0.042***	0.024***	-0.110***		-0.397***	0.335***
20. Indepratio	-0.062***	0.046***	0.033***	-0.004	0.005	-0.019**	0.045***	0.068***	-0.456***		-0.101***
21. Supsize	0.385***	0.222***	-0.170***	-0.027***	0.039***	0.076***	0.090***	-0.108***	0.327***	-0.103***	

注：*、**、***分别表示变量在10%、5%、1%的置信水平下显著。左下三角部分为 Pearson 相关系数，右上三角部分为 Spearman 相关系数；下同。

三 多元回归分析

（一）薪酬差距与债权融资水平多元回归分析

表4-7显示公司薪酬差距与负债融资比率的回归结果，其中高管团队、高管员工外部薪酬差距中值，高管员工相对薪酬差距与负债融资比率分别在10%和1%水平下呈现显著负相关关系，能够充分证明假设H4.2.1、H4.2.2和H4.2.4，实证研究结果支持行为理论，说明公司高管团队和高管员工外部薪酬差距的增加，会降低公司高管与员工工作努力程度，不利于提高公司绩效，导致公司偿债能力受到影响，负债融资比率下降；随着公司外部薪酬差距的升高，公司管理层与股东的利益相一致，对于公司债权人利益存在损害的可能，债权人出于自身权益的保护，会减少对公司提供借款，同样导致负债融资比率的下降，实证检验结果支持债务代理成本理论和公司治理理论。

表4-7　公司薪酬差距与负债融资比率多元回归结果

负债融资比率	Debtratiod	Debtratiod	Debtratio	Debtratio
CEOdmed	-0.0002* (-1.66)			
CEOempdmed		-0.0129*** (-7.07)		
CEORg			0.0010 (0.24)	
CEOempRg				-0.0013*** (-4.41)
Size	0.0312*** (11.81)	0.0360*** (12.76)	0.0331*** (12.45)	0.0351*** (12.91)
Curatio	-0.0447*** (-36.22)	-0.0444*** (-36.14)	-0.0467*** (-37.10)	-0.0467*** (-37.21)
ROE	-0.0037*** (-11.61)	-0.0035*** (-11.14)	-0.0040*** (-12.96)	-0.0040*** (-12.73)
Age	0.0505*** (7.61)	0.0506*** (7.66)	0.0553*** (8.29)	0.0550*** (8.26)

续表

负债融资比率	Debtratiod	Debtratiod	Debtratio	Debtratio
Tanasratio	0.1650***	0.1648***	0.1680***	0.1649***
	(6.36)	(6.33)	(6.35)	(6.22)
Shholder1	-0.0456***	-0.0547***	-0.0445***	-0.0515***
	(-3.04)	(-3.65)	(-2.92)	(-3.37)
Manaboard	0.0078	0.0076	0.0135**	0.0133**
	(1.21)	(1.17)	(2.11)	(2.07)
Manasize	0.0061	0.0089	0.0021	0.0030
	(0.46)	(0.67)	(0.16)	(0.23)
Indepratio	0.0211	0.0194	0.0142	0.0124
	(0.52)	(0.48)	(0.35)	(0.30)
Supsize	0.0194**	0.0175*	0.0209**	0.0189**
	(2.06)	(1.88)	(2.20)	(2.00)
_cons	-0.8867***	-0.9841***	-0.4553***	-0.4792***
	(-13.86)	(-14.76)	(-7.08)	(-7.38)
年度效应	控制	控制	控制	控制
行业效应	控制	控制	控制	控制
N	20292	20292	20292	20292
Adj. R-Square	0.41	0.42	0.55	0.55

(二) 薪酬差距与债权融资期限多元回归分析

表4-8显示公司薪酬差距与长期负债比率的回归结果,其中高管员工外部薪酬差距中值、高管团队、高管员工相对薪酬差距与长期负债比率分别在1%和10%水平下呈现显著负相关关系,能够充分证明假设H4.4.2、H4.4.3和H4.4.4,实证研究结果验证行为理论,说明公司高管团队和高管员工薪酬差距的增加,滋生公司高管和员工消极情绪,破坏了高管与员工之间团结合作的氛围,导致公司绩效下降,不利于公司偿债能力的提升,长期负债比率会下降;当公司管理层薪酬较高时,很可能会忽视债权人权益,债权人对公司高管的监督成本会增加,债权人出于自身权益的考虑,会尽可能地缩短公司的债务期限,长期负债比率

会下降，实证检验结果支持债务代理成本理论和公司治理理论。

表4-8　　　　公司薪酬差距与长期负债比率多元回归结果

长期负债比率	Ldebtratiod	Ldebtratiod	Ldebtratio	Ldebtratio
CEOdmed	0.0006*** (4.16)			
CEOempdmed		-0.0060*** (-3.03)		
CEORg			-0.0232*** (-6.83)	
CEOempRg				-0.0005* (-1.69)
Size	0.0398*** (18.64)	0.0418*** (18.32)	0.0418*** (19.18)	0.0411*** (18.75)
Curatio	0.0004 (0.45)	0.0005 (0.64)	0.0001 (0.14)	0.0001 (0.09)
ROE	-0.0010*** (-3.46)	-0.0009*** (-3.20)	-0.0010*** (-3.48)	-0.0010*** (-3.45)
Age	0.0142** (2.47)	0.0138** (2.41)	0.0163*** (2.81)	0.0154*** (2.64)
Tanasratio	-0.1282*** (-4.85)	-0.1284*** (-4.84)	-0.1321*** (-4.89)	-0.1350*** (-4.98)
Shholder1	-0.0292* (-1.90)	-0.0324** (-2.10)	-0.0294* (-1.89)	-0.0308** (-1.97)
Manaboard	0.0096* (1.65)	0.0087 (1.50)	0.0126** (2.17)	0.0106* (1.82)
Manasize	0.0036 (0.27)	0.0053 (0.40)	0.0069 (0.52)	0.0057 (0.43)
Indepratio	0.0318 (0.75)	0.0310 (0.74)	0.0349 (0.82)	0.0332 (0.78)
Supsize	0.0181** (2.02)	0.0182** (2.04)	0.0154* (1.70)	0.0190** (2.11)

续表

长期负债比率	Ldebtratiod	Ldebtratiod	Ldebtratio	Ldebtratio
_cons	-0.7277***	-0.7689***	-0.7069***	-0.7024***
	(-11.68)	(-11.93)	(-11.22)	(-11.13)
年度效应	控制	控制	控制	控制
行业效应	控制	控制	控制	控制
N	20292	20292	20292	20292
Adj. R – Square	0.12	0.12	0.34	0.34

(三) 薪酬差距与债权融资方式多元回归分析

表4-9显示公司薪酬差距与长期借款比率的回归结果，其中高管员工外部薪酬差距中值、高管员工相对薪酬差距与长期借款比率均呈现1%水平下显著正相关关系，能够充分证明假设H4.5.2和H4.5.4，实证研究结果表明，随着公司高管员工之间外部和内部薪酬差距的增加，公司高管和股东利益趋于一致，公司高管受到债权人的监督力度会上升，会提高公司高管工作的努力程度。公司控股股东为维护利益最大化，避免股权分散，能够长期持有资金使用权，会迫使公司高管选择长期银行借款进行融资，最终使长期借款比率上升，实证检验结果支持公司治理理论。

结合表4-7—表4-9的回归结果，实证检验结果主要支持假设H4.2、H4.4、H4.5，进一步验证行为理论、债务代理成本理论、管理层防御理论和公司治理理论。说明我国上市公司高管团队、高管员工的薪酬差距增加会降低高管和员工的工作努力程度，不利于高管和员工之间合作，降低公司绩效，导致公司盈利能力、偿债能力下降，公司负债融资比率和长期负债比率呈现下降趋势。随着我国高管薪酬不断增加，促使高管和股东利益趋于一致，很可能损害债权人的权益，债权人监督成本会上升。债权人为保障自身利益，降低监督成本，会缩短公司债权期限，导致公司长期负债比率下降。另外，由于公司高管薪酬的增加，使股东监督公司高管的力度增强，公司高管会更加努力工作，为维护公司股东利益和控股权，避免控股权被稀释或者分散，持有长期的资金使用权，会更倾向于选择长期借款进行融资。

表4-9　公司薪酬差距与长期借款比率多元回归结果

长期借款比率	Lbankratiod	Lbankratiod	Lbankratio	Lbankratio
CEOdmed	0.0004 (0.90)			
CEOempdmed		0.0181*** (3.80)		
CEORg			0.0010 (0.09)	
CEOempRg				0.0032*** (4.14)
Size	0.0187*** (3.44)	0.0113* (1.96)	0.0172*** (3.10)	0.0120** (2.14)
Curatio	-0.0263*** (-5.68)	-0.0271*** (-5.77)	-0.0276*** (-5.94)	-0.0277*** (-5.94)
ROE	-0.0001 (-0.09)	-0.0003 (-0.40)	0.0006 (0.71)	0.0003 (0.44)
Age	-0.0214 (-1.08)	-0.0217 (-1.10)	-0.0261 (-1.29)	-0.0260 (-1.29)
Tanasratio	0.0590 (0.87)	0.0619 (0.91)	-0.0028 (-0.04)	0.0094 (0.14)
Shholder1	-0.1268*** (-3.14)	-0.1115*** (-2.76)	-0.1324*** (-3.20)	-0.1124*** (-2.73)
Manaboard	-0.0037 (-0.17)	-0.0034 (-0.16)	0.0101 (0.47)	0.0110 (0.52)
Manasize	0.0130 (0.40)	0.0085 (0.26)	0.0070 (0.21)	0.0048 (0.15)
Indepratio	-0.0322 (-0.29)	-0.0265 (-0.24)	0.0148 (0.13)	0.0236 (0.21)
Supsize	-0.0021 (-0.09)	0.0008 (0.03)	-0.0002 (-0.01)	0.0038 (0.16)
_cons	-0.5044*** (-3.31)	-0.3587** (-2.28)	0.4017*** (2.58)	0.4587*** (2.95)
年度效应	控制	控制	控制	控制

续表

长期借款比率	Lbankratiod	Lbankratiod	Lbankratio	Lbankratio
行业效应	控制	控制	控制	控制
N	14613	14613	14613	14613
Adj. R – Square	0.05	0.05	0.08	0.08

（四）薪酬差距、产权性质与债权融资多元回归分析

为检验公司产权性质在薪酬差距与债权融资水平之间的影响效应，本章参考张光利和韩剑雷（2014）、高亮亮等（2019）研究产权性质、金融发展水平等因素的影响效应的方法，将研究样本采用分组回归的方式，对比国有公司和民营公司薪酬差距对债权融资的影响结果。表4-10显示了以产权性质作为分组薪酬差距对债权融资的回归结果。实证结果显示，在国有公司中，高管团队、高管员工之间外部薪酬差距中值对负债融资比率负向效应会显著增加，组间系数差异检验分别在1%和5%水平下呈现显著差异；高管员工外部薪酬差距中值、高管员工相对薪酬差距对长期负债比率的负向效应会显著加强，组间系数差异检验均在1%水平下呈现显著差异，实证结果支持假设H4.7。国有公司相对于民营公司，高管员工外部薪酬差距中值对长期借款比率正向影响会削弱，组间系数差异检验均在10%水平下呈现显著差异，实证结果支持假设H4.8。实证结果说明，国有公司由于执行国家规章制度和法律相对规范，公司各项治理机制能够有效运行，会增加公司抵御风险的能力，公司融资渠道多元化，会分散债权融资的规模和相关比率。同时，由于国有企业受到国家政策扶持较多，国有公司高管和员工缺乏较强的市场竞争意识，尽管公司薪酬差距呈现增加趋势，但高管和员工的工作积极性并没有被有效调动起来，公司提供的产品和服务质量缺乏突出的特色，不利于公司绩效的提升，阻碍公司发展能力、盈利能力和偿债能力的提高，最终降低了债权融资的效果。实证结果显示，国家针对央企高管的两次"限薪令"实施效果并不明显，其中一部分原因是国有公司中还包括其他类型的公司，且样本时间年份跨度为2006—2019年，因此，"限薪令"实施效果没有明显验证出来。

表4-10 公司薪酬差距影响债权融资的产权性质分组分析

负债融资比率	国有公司	民营公司	国有公司	民营公司	国有公司	民营公司	国有公司	民营公司
CEOdmed	-0.0005** (-2.55)	0.0001 (0.36)						
CEOempdmed			-0.0142*** (-5.48)	-0.0193** (-2.62)				
CEORg					0.0068 (1.16)	-0.0041 (-0.81)		
CEOempRg							-0.0011** (-2.49)	-0.0013** (-2.46)
控制变量	控制	控制	控制	控制	控制	控制	控制	控制
年份、行业	控制	控制	控制	控制	控制	控制	控制	控制
N	9764	10528	9764	10528	9764	10528	9764	10528
Adj. R-Square	0.40	0.44	0.41	0.44	0.48	0.58	0.49	0.58
Suest(X^2)	7.30*** (0.0069)		6.18** (0.0129)		0.25 (0.2220)		0.67 (04137)	

第四章 薪酬差距对债权融资的影响

续表

长期负债比率	国有公司	民营公司	国有公司	民营公司	国有公司	民营公司	国有公司	民营公司
CEOdmed	0.0006*** (3.24)	0.0006*** (2.77)						
CEOempdmed			-0.0091*** (-3.32)	-0.0021 (-0.74)				
CEORg					-0.0264*** (-4.49)	-0.0220*** (-5.69)		
CEOempRg							-0.0010** (-2.19)	-0.0001 (-0.16)
控制变量	控制	控制	控制	控制	控制	控制	控制	控制
年份、行业	控制	控制	控制	控制	控制	控制	控制	控制
N	9764	10528	9764	10528	9764	10528	9764	10528
Adj. R-Square	0.12	0.14	0.12	0.14	0.39	0.22	0.39	0.22
Suest（X^2）	0.11 (0.7356)		10.29*** (0.0013)		0.94 (0.3326)		7.59*** (0.0059)	

125

续表

长期借款比率	国有公司	民营公司	国有公司	民营公司	国有公司	民营公司	国有公司	民营公司
CEOdmed	0.0004 (0.65)	0.0002 (0.34)						
CEOempdmed			0.0139** (2.29)	0.0250*** (3.17)				
CEORg					-0.0030 (-0.19)	0.0115 (0.76)		
CEOempRg							0.0032*** (3.05)	0.0032*** (2.77)
控制变量	控制	控制	控制	控制	控制	控制	控制	控制
年份、行业	控制	控制	控制	控制	控制	控制	控制	控制
N	8066	6547	8066	6547	8066	6547	8066	6547
Adj. R-Square	0.07	0.05	0.07	0.05	0.11	0.07	0.11	0.07
Suest(X^2)	0.04 (0.8491)		3.01* (0.0825)		1.00 (0.3168)		0.01 (0.9736)	

四 稳健性检验

本章采用多种稳健性检验方法，验证实证结论的可靠程度。

首先，对模型的内生性问题进行考察，实证模型的内生性问题产生的主要原因包括：①数据样本选择出现偏差；②被解释变量和解释变量出现互为因果的情况；③实证模型遗漏了与研究相关的变量。针对以上三种内生性问题的成因，本书选取了倾向得分匹配（PSM）方法解决数据样本自选择偏误问题，采用工具变量法排除模型中被解释变量和解释变量互为因果问题，采用滞后一期解释变量和控制变量，即设置未来一期被解释变量重新检验模型的实证结果。

其次，在进行稳健性检验过程中，为进一步验证实证模型结果的稳健程度，将被解释变量由连续变量转换为分类变量，采用有序 Logistic 回归模型进行再次回归检验；变更被解释变量衡量方法，采用原模型进行实证检验，结果均为稳健的。对解释变量的衡量方法进行了替换，能够基本验证模型结果的可靠性。

最后，为更全面考察公司治理因素的影响，补充了管理层持股比例、董事会会议和监事会会议控制变量，对模型进行重新回归，进行稳健性检验。

（一）内生性检验

1. 内生性检验一：倾向得分匹配

公司薪酬差距高低分组不是随机产生，为解决模型样本自选择偏误问题，本章采用倾向得分匹配（Propensity Score Matching，简称 PSM）方法。在薪酬差距较低组的公司中，选取一组与薪酬差距较高组的公司存在特征相似的样本作为对照组。具体过程为：首先，按照公司薪酬差距（即高管团队和高管员工外部薪酬差距中值、高管团队和高管员工相对薪酬差距）由大到小划分为高、中、低三等分组，设置哑变量，如果公司薪酬差距属于高和中组取值为 1，低组为 0；其次，将第一步所生成薪酬差距的哑变量作为被解释变量，基准模型中的控制变量作为解释变量，采用 Logistic 回归得到每个观测值的倾向性得分；再次，按照最相邻匹配法，即从薪酬差距较低组的公司样本中选择匹配得分最接近的公司，与薪酬差距较高组的公司样本进行匹配；最后，将得到匹配后的新样本进行重新多元回归分析。

表4-11显示的是薪酬差距与债权融资各个指标倾向得分匹配后的回归结果，可以发现高管员工外部薪酬差距中值和高管员工相对薪酬差距与负债融资比率均呈现1%水平下负相关关系；公司高管员工外部薪酬差距中值和高管团队相对薪酬差距与长期负债比率分别呈现5%和1%水平下显著负相关关系；公司高管员工外部薪酬差距中值和高管员工相对薪酬差距与长期借款比率均呈现1%水平下显著正相关关系，本书结论不发生改变。

表4-11　公司薪酬差距与债权融资倾向得分匹配回归结果

负债融资比率	Debtratiod	Debtratiod	Debtratio	Debtratio
CEOdmed	0.0001 (0.34)			
CEOempdmed		-0.0306*** (-8.83)		
CEORg			-0.0081 (-1.30)	
CEOempRg				-0.0021*** (-4.29)
控制变量	控制	控制	控制	控制
年份、行业	控制	控制	控制	控制
N	10820	11536	10736	11114
Adj. R-Square	0.42	0.42	0.52	0.52
长期负债比率	Ldebtratiod	Ldebtratiod	Ldebtratio	Ldebtratio
CEOdmed	0.0006*** (3.09)			
CEOempdmed		-0.0065** (-2.37)		
CEORg			-0.0282*** (-6.36)	
CEOempRg				-0.0001 (-0.26)
控制变量	控制	控制	控制	控制

续表

长期负债比率	Ldebtratiod	Ldebtratiod	Ldebtratio	Ldebtratio
年份、行业	控制	控制	控制	控制
N	10820	11536	10736	11114
Adj. R – Square	0.12	0.14	0.33	0.34
长期借款比率	Lbankratiod	Lbankratiod	Lbankratio	Lbankratio
CEOdmed	−0.0002 (−0.31)			
CEOempdmed		0.0251*** (2.34)		
CEORg			0.0080 (0.47)	
CEOempRg				0.0064*** (4.65)
控制变量	控制	控制	控制	控制
年份、行业	控制	控制	控制	控制
N	8137	7658	7232	7824
Adj. R – Square	0.05	0.06	0.07	0.08

表4-12显示的是产权性质对薪酬差距与债权融资三个维度指标倾向得分匹配后的回归结果，可以发现在国有公司中，高管员工外部薪酬差距中值、高管员工相对薪酬差距与负债融资比率、长期负债比率的负向效应被显著加剧；公司高管员工外部薪酬差距中值、高管团队相对薪酬差距与长期借款比率的正向效应受到显著抑制。本书研究结论基本一致，排除了研究模型样本的自选择问题。

2. 内生性检验二：工具变量法

本书研究发现公司薪酬差距越高，会降低负债融资比率和长期负债比率，会提升长期借款比率，但是如果公司债权融资取得的资金降低，不利于公司扩大生产经营规模，公司绩效下降，对公司高管和员工薪酬也会产生影响，即薪酬差距与公司债权融资渠道存在互为因果问题。为了降低该问题对研究结论的影响，本书采取工具变量两阶段回归法（2SLS）。本书借鉴吕峻（2014）和盛明泉（2019）的研究方法，选取

表4-12 公司薪酬差距影响债权融资倾向得分匹配后产权性质分组分析

负债融资比率	国有公司	民营公司	国有公司	民营公司	国有公司	民营公司	国有公司	民营公司
CEOdmed	-0.0003 (-0.10)	0.0002 (0.57)						
CEOempdmed			-0.0392*** (-7.38)	-0.0208*** (-4.62)				
CEORg					-0.0054 (-0.60)	-0.0093 (-1.11)		
CEOempRg							-0.0023*** (-3.19)	-0.0016** (-2.43)
控制变量	控制	控制	控制	控制	控制	控制	控制	控制
年份、行业	控制	控制	控制	控制	控制	控制	控制	控制
N	4924	5896	5150	6386	4978	5758	5858	5256
Adj. R-Square	0.40	0.46	0.43	0.42	0.46	0.54	0.46	0.55
Suest (X^2)	0.39 (0.5323)		17.46*** (0.0000)		0.22 (0.6427)		6.91*** (0.0057)	

续表

长期负债比率	国有公司	民营公司	国有公司	民营公司	国有公司	民营公司	国有公司	民营公司
CEOdmed	0.0006** (2.00)	0.0008*** (2.70)						
CEOempdmed			−0.0085** (−2.07)	−0.0031 (−0.86)				
CEORg					−0.0282*** (−3.55)	−0.0273*** (−5.78)		
CEOempRg							−0.0007* (−1.86)	0.0005 (1.07)
控制变量	控制	控制	控制	控制	控制	控制	控制	控制
年份、行业	控制	控制	控制	控制	控制	控制	控制	控制
N	4924	5896	5150	6386	4978	5758	5858	5256
Adj. R-Square	0.13	0.14	0.15	0.15	0.38	0.22	0.38	0.21
Suest (χ^2)	0.41 (0.5235)		1.88* (0.0705)		0.02 (0.8949)		4.43** (0.0353)	

续表

长期借款比率	国有公司	民营公司	国有公司	民营公司	国有公司	民营公司	国有公司	民营公司
CEOdmed	-0.0001 (-0.09)	-0.0004 (-0.46)						
CEOempdmed			0.0131 (1.00)	0.0371** (2.21)				
CEORg					-0.0132 (-0.58)	0.0320 (1.27)		
CEOempRg							0.0052*** (2.79)	0.0069*** (3.40)
控制变量	控制	控制	控制	控制	控制	控制	控制	控制
年份、行业	控制	控制	控制	控制	控制	控制	控制	控制
N	4117	4020	4047	3611	4005	3227	4796	3028
Adj. R-Square	0.08	0.04	0.07	0.06	0.11	0.07	0.12	0.08
Suest (X^2)	0.11 (0.7422)		2.75* (0.0971)		3.18* (0.0746)		0.75 (0.3879)	

滞后一期解释变量作为薪酬差距的工具变量之一;借鉴刘春和孙亮(2010)、梁上坤等(2019)的研究方法,选取滞后三期解释变量作为薪酬差距又一工具变量。

表4-13显示公司薪酬差距与负债融资比率工具变量法的回归结果,第(3)列和第(4)列显示控制内生性问题后,公司高管员工外部薪酬差距中值、高管员工相对薪酬差距与负债融资比率均呈现1%水平下显著负相关关系,能够证明假设H4.2.2和H4.2.4。表4-13报告了工具变量的选择合理性的统计性检验结果,工具变量与解释变量均显著正相关,F值均显著,Shea's Partial R^2 与这个模型 R^2 相比很大,排除了弱工具变量的可能性;高管团队外部薪酬差距中值和高管团队相对薪酬差距的工具变量Sargan卡方不显著,说明该工具变量是外生变量,不存在过度识别问题;高管员工外部薪酬差距中值和高管员工相对薪酬差距的工具变量Sargan卡方显著,拒绝了工具变量是外生的原假设,工具变量会存在一定的过度识别问题。

表4-13 公司薪酬差距与负债融资比率工具变量法回归结果

变量	Panel A:第一阶段回归		Panel B:第二阶段回归	
	(1)	(2)	(3)	(4)
	CEOdmed	CEOempdmed	Debtratiod	Debtratiod
Instr_CEOdmed			-0.0007 (-1.62)	
Instrt_CEOempdmed				-0.0207*** (-11.14)
LCEOdmed	0.3572*** (38.29)			
L3CEOdmed	0.0928*** (12.09)			
LCEOempdmed		0.7293*** (86.13)		
L3CEOempdmed		0.1040*** (12.98)		
控制变量	控制	控制	控制	控制
年份、行业	控制	控制	控制	控制

续表

变量	Panel A：第一阶段回归		Panel B：第二阶段回归	
	（1）	（2）	（3）	（4）
	CEOdmed	CEOempdmed	Debtratiod	Debtratiod
N	9659	9659	9659	9659
Adj – R²	0.1703	0.7119	0.4234	0.4297
F 值	28.93（P = 0.0000）	337.06（P = 0.0000）		
Shea's Partial R²	0.1685	0.6455		
Sargan 卡方			0.0256（P = 0.8728）	11.42（P = 0.0007）

变量	Panel A：第一阶段回归		Panel B：第二阶段回归	
	（1）	（2）	（3）	（4）
	CEORg	CEOempRg	Debtratio	Debtratio
Instr_CEORg			0.0009（0.17）	
Instrt_CEOempRg				-0.0021***（-7.42）
LCEORg	0.5756***（64.79）			
L3CEORg	0.1420***（16.50）			
LCEOempRg		0.6973***（81.46）		
L3CEOempRg		0.1181***（14.02）		
控制变量	控制	控制	控制	控制
年份、行业	控制	控制	控制	控制
N	9659	9659	9659	9659
Adj – R²	0.4732	0.6610	0.5428	0.5450
F 值	123.20（P = 0.0000）	266.24（P = 0.0000）		
Shea's Partial R²	0.4410	0.6036		
Sargan 卡方			0.1107（P = 0.7393）	4.4980（P = 0.0339）

表 4-14 显示公司薪酬差距与长期负债比率工具变量法的回归结果，第（3）列和第（4）列显示控制内生性问题后，公司高管团队外部薪酬差距中值与长期负债比率显示显著正相关，能够证明假设 H4.3.1；高管员工外部薪酬差距中值、高管团队和高管员工相对薪酬差距与长期负债比率均在1%水平下呈现显著负相关关系，能够证明假设 H4.4.2、H4.4.3 和 H4.4.4。表 4-14 报告了工具变量的选择合理性的统计性检验结果，两个工具变量与解释变量显著正相关，F 值均显著，Shea's Partial R^2 与这个模型 R^2 相比很大，排除了弱工具变量的可能性；公司薪酬差距的工具变量 Sargan 卡方不显著，说明该工具变量是外生变量，不存在过度识别问题。

表 4-14　公司薪酬差距与长期负债比率工具变量法回归结果

变量	Panel A：第一阶段回归		Panel B：第二阶段回归	
	（1）	（2）	（3）	（4）
	CEOdmed	CEOempdmed	Ldebtratiod	Ldebtratiod
Instr_CEOdmed			0.0015*** (3.35)	
Instr_CEOempdmed				-0.0107*** (-5.51)
LCEOdmed	0.3571*** (38.29)			
L3CEOdmed	0.0928*** (12.09)			
LCEOempdmed		0.7292*** (86.13)		
L3CEOempdmed		0.1040*** (12.98)		
控制变量	控制	控制	控制	控制
年份、行业	控制	控制	控制	控制
N	9659	9659	9659	9659
Adj-R^2	0.1703	0.7119	0.1365	0.1359

续表

变量	Panel A：第一阶段回归		Panel B：第二阶段回归	
	（1）	（2）	（3）	（4）
	CEOdmed	CEOempdmed	Ldebtratiod	Ldebtratiod
F 值	28.93 （P=0.0000）	337.06 （P=0.0000）		
Shea's Partial R^2	0.1685	0.6455		
Sargan 卡方			1.7101 （P=0.1910）	1.8271 （P=0.1765）

变量	Panel A：第一阶段回归		Panel B：第二阶段回归	
	（1）	（2）	（3）	（4）
	CEORg	CEOempRg	Ldebtratio	Ldebtratio
Instr_CEORg			-0.0264*** （-4.91）	
Instr_CEOempRg				-0.0009*** （-3.09）
LCEORg	0.5756*** （64.79）			
L3CEORg	0.1420*** （16.50）			
LCEOempRg		0.6973*** （81.46）		
L3CEOempRg		0.1181*** （14.02）		
控制变量	控制	控制	控制	控制
年份、行业	控制	控制	控制	控制
N	9659	9659	9659	9659
Adj-R^2	0.4732	0.6610	0.3677	0.3649
F 值	123.20 （P=0.0000）	266.24 （P=0.0000）		
Shea's Partial R^2	0.4410	0.6036		
Sargan 卡方			2.4893 （P=0.1146）	1.8409 （P=0.1748）

表4-15显示公司薪酬差距与长期借款比率工具变量法的回归结果，第（3）列和第（4）列显示控制内生性问题后，高管员工外部薪酬差距中值、高管团队和高管员工相对薪酬差距与长期借款比率分别在1%、5%和1%水平下呈现显著正相关关系，能够证明假设H4.5.2、H4.5.3和H4.5.4。表4-15报告了工具变量的选择合理性的统计性检验结果，工具变量与解释变量均呈现显著正相关，F值均显著，Shea's Partial R^2 与这个模型 R^2 相比很大，排除了弱工具变量的可能性；薪酬差距的工具变量Sargan卡方不显著，说明该工具变量是外生变量，不存在过度识别问题。

表4-15　公司薪酬差距与长期借款比率工具变量法回归结果

变量	Panel A：第一阶段回归		Panel B：第二阶段回归	
	（1）	（2）	（3）	（4）
	CEOdmed	CEOempdmed	Lbankratiod	Lbankratiod
Instr_CEOdmed			-0.0008 (-0.72)	
Instr_CEOempdmed				0.0217*** (4.00)
LCEOdmed	0.3894*** (37.31)			
L3CEOdmed	0.0933*** (10.89)			
LCEOempdmed		0.7302*** (77.20)		
L3CEOempdmed		0.1025*** (11.44)		
控制变量	控制	控制	控制	控制
年份、行业	控制	控制	控制	控制
N	7543	7543	7543	7543
Adj-R^2	0.2031	0.7176	0.0777	0.0818
F值	28.07 (P=0.0000)	270.97 (P=0.0000)		

续表

变量	Panel A：第一阶段回归		Panel B：第二阶段回归	
	（1）	（2）	（3）	（4）
	CEOdmed	CEOempdmed	Lbankratiod	Lbankratiod
Shea's Partial R²	0.1986	0.6504		
Sargan 卡方			1.5409 （P＝0.2145）	0.0705 （P＝0.7906）

变量	Panel A：第一阶段回归		Panel B：第二阶段回归	
	（1）	（2）	（3）	（4）
	CEORg	CEOempRg	Lbankratio	Lbankratio
Instr_CEORg			0.0341** （2.23）	
Instr_CEOempRg				0.0039*** （4.66）
LCEORg	0.5861*** （58.42）			
L3CEORg	0.1400*** （14.27）			
LCEOempRg		0.7090*** （73.93）		
L3CEOempRg		0.1214*** （12.59）		
控制变量	控制	控制	控制	控制
年份、行业	控制	控制	控制	控制
N	7543	7543	7543	7543
Adj – R²	0.4839	0.6737	0.0907	0.0945
F 值	100.61 （P＝0.0000）	220.33 （P＝0.0000）		
Shea's Partial R²	0.4529	0.6165		
Sargan 卡方			3.9352 （P＝0.0473）	0.0108 （P＝0.9173）

表 4-16 显示国有公司薪酬差距与负债融资比率的工具变量法回归结果，第（3）列和第（4）列显示控制内生性问题后，高管团队、高管员工外部薪酬差距中值、高管员工相对薪酬差距与负债融资比率均在 1% 水平下呈现显著负相关关系。表 4-16 报告了工具变量的选择合理性的统计性检验结果，工具变量与解释变量均呈现显著正相关，F 值均显著，Shea's Partial R^2 与这个模型 R^2 相比很大，排除了弱工具变量的可能性；薪酬差距的工具变量 Sargan 卡方不显著，说明该工具变量是外生变量，不存在过度识别问题。

表 4-16 国有公司薪酬差距与负债融资比率工具变量法回归结果

变量	Panel A：第一阶段回归		Panel B：第二阶段回归	
	（1）	（2）	（3）	（4）
	CEOdmed	CEOempdmed	Debtratiod	Debtratiod
Instr_CEOdmed			-0.0217*** (-3.01)	
Instr_CEOempdmed				-0.0218*** (-8.85)
LCEOdmed	0.2776*** (22.73)			
L3CEOdmed	0.0825*** (8.31)			
LCEOempdmed		0.6949*** (62.85)		
L3CEOempdmed		0.1217*** (11.77)		
控制变量	控制	控制	控制	控制
年份、行业	控制	控制	控制	控制
N	5556	5556	5556	5556
Adj-R^2	0.1133	0.711	0.4346	0.4456
F 值	11.92 (P=0.0000)	211.21 (P=0.0000)		
Shea's Partial R^2	0.1092	0.629		

续表

变量	Panel A：第一阶段回归		Panel B：第二阶段回归	
	（1）	（2）	（3）	（4）
	CEOdmed	CEOempdmed	Debtratiod	Debtratiod
Sargan 卡方			0.8815 （P=0.3478）	6.1078 （P=0.0135）

变量	Panel A：第一阶段回归		Panel B：第二阶段回归	
	（1）	（2）	（3）	（4）
	CEORg	CEOempRg	Debtratio	Debtratio
Instr_CEORg			0.0088 （1.17）	
Instr_CEOempRg				-0.0016*** （-4.17）
LCEORg	0.5207*** （43.84）			
L3CEORg	0.1565*** （13.78）			
LCEOempRg		0.6783*** （61.67）		
L3CEOempRg		0.1374*** （12.78）		
控制变量	控制	控制	控制	控制
年份、行业	控制	控制	控制	控制
N	5556	5556	5556	5556
Adj-R^2	0.4294	0.6759	0.5125	0.5141
F 值	65.31 （P=0.0000）	179.23 （P=0.0000）		
Shea's Partial R^2	0.3881	0.6069		
Sargan 卡方			2.0649 （P=0.1507）	0.6759 （P=0.4110）

表4-17显示民营公司薪酬差距与负债融资比率的工具变量法回归结果，第（3）列和第（4）列显示控制内生性问题后，高管员工外部

薪酬差距中值、高管员工相对薪酬差距与负债融资比率均在1%水平下呈现显著负相关关系。表4-17报告了工具变量的选择合理性的统计性检验结果,工具变量与解释变量均呈现显著正相关,F值均显著,Shea's Partial R^2 与这个模型 R^2 相比很大,排除了弱工具变量的可能性;但高管员工外部薪酬差距中值和高管员工相对薪酬差距的工具变量Sargan卡方显著,拒绝了工具变量是外生的原假设,工具变量会存在一定的过度识别问题。

表4-17 民营公司薪酬差距与负债融资比率工具变量法回归结果

变量	Panel A：第一阶段回归		Panel B：第二阶段回归	
	（1）	（2）	（3）	（4）
	CEOdmed	CEOempdmed	Debtratiod	Debtratiod
Instr_CEOdmed			0.0006 (1.27)	
Instr_CEOempdmed				-0.0174*** (-6.22)
LCEOdmed	0.4476*** (30.76)			
L3CEOdmed	0.0907*** (7.47)			
LCEOempdmed		0.7678*** (57.46)		
L3CEOempdmed		0.0799*** (6.25)		
控制变量	控制	控制	控制	控制
年份、行业	控制	控制	控制	控制
N	4103	4103	4103	4103
Adj-R^2	0.2462	0.7178	0.4430	0.4464
F值	20.41 (P=0.0000)	152.21 (P=0.0000)		
Shea's Partial R^2	0.2375	0.6550		
Sargan卡方			0.6158 (P=0.4326)	4.0954 (P=0.0430)

续表

变量	Panel A：第一阶段回归		Panel B：第二阶段回归	
	（1）	（2）	（3）	（4）
	CEORg	CEOempRg	Debtratio	Debtratio
Instr_CEORg			-0.0041 (-0.60)	
Instr_CEOempRg				-0.0027*** (-6.16)
LCEORg	0.6249*** (45.90)			
L3CEORg	0.1182*** (8.90)			
LCEOempRg		0.7066*** (51.58)		
L3CEOempRg		0.0906*** (6.70)		
控制变量	控制	控制	控制	控制
年份、行业	控制	控制	控制	控制
N	4103	4103	4103	4103
Adj-R^2	0.5243	0.6379	0.5720	0.5747
F值	66.52 (P=0.0000)	105.71 (P=0.0000)		
Shea's Partial R^2	0.4774	0.5729		
Sargan 卡方			2.1883 (P=0.1391)	5.1981 (P=0.0226)

表4-18显示国有公司薪酬差距与长期负债比率的工具变量法回归结果，第（3）列和第（4）列显示控制内生性问题后，高管员工外部薪酬差距中值、高管团队和高管员工相对薪酬差距与长期负债比率均在1%水平下呈现显著负相关关系。表4-18报告了工具变量的选择合理性的统计性检验结果，工具变量与解释变量均呈现显著正相关，F值均显著，Shea's Partial R^2与这个模型R^2相比很大，排除了弱工具变量的

可能性；薪酬差距的工具变量 Sargan 卡方不显著，说明该工具变量是外生变量，不存在过度识别问题。

表 4-18　国有公司薪酬差距与长期负债比率工具变量法回归结果

变量	Panel A：第一阶段回归		Panel B：第二阶段回归	
	(1)	(2)	(3)	(4)
	CEOdmed	CEOempdmed	Ldebtratiod	Ldebtratiod
Instr_CEOdmed			0.0022*** (2.83)	
Instr_CEOempdmed				-0.0143*** (-5.33)
LCEOdmed	0.2776*** (22.73)			
L3CEOdmed	0.0825*** (8.31)			
LCEOempdmed		0.6949*** (62.85)		
L3CEOempdmed		0.1217*** (11.77)		
控制变量	控制	控制	控制	控制
年份、行业	控制	控制	控制	控制
N	5556	5556	5556	5556
Adj-R^2	0.1133	0.711	0.147	0.1549
F 值	11.92 (P=0.0000)	211.21 (P=0.0000)		
Shea's Partial R^2	0.1092	0.629		
Sargan 卡方			0.2625 (P=0.6084)	0.9119 (P=0.3396)
变量	Panel A：第一阶段回归		Panel B：第二阶段回归	
	(1)	(2)	(3)	(4)
	CEORg	CEOempRg	Ldebtratio	Ldebtratio
Instr_CEORg			-0.0368*** (-4.45)	

续表

变量	Panel A：第一阶段回归		Panel B：第二阶段回归	
	（1）	（2）	（3）	（4）
	CEORg	CEOempRg	Ldebtratio	Ldebtratio
Instr_CEOempRg				-0.0015*** (-3.44)
LCEORg	0.5207*** (43.84)			
L3CEORg	0.1565*** (13.78)			
LCEOempRg		0.6783*** (61.67)		
L3CEOempRg		0.1374*** (12.78)		
控制变量	控制	控制	控制	控制
年份、行业	控制	控制	控制	控制
N	5556	5556	5556	5556
Adj-R^2	0.4294	0.6759	0.4205	0.4182
F值	65.31 (P=0.0000)	179.23 (P=0.0000)		
Shea's Partial R^2	0.3881	0.6069		
Sargan 卡方			0.9488 (P=0.3300)	1.3148 (P=0.2515)

表4-19显示民营公司薪酬差距与长期负债比率的工具变量法回归结果，第（3）列和第（4）列显示控制内生性问题后，高管团队相对薪酬差距与长期负债比率在1%水平下呈现显著负相关关系。表4-19报告了工具变量的选择合理性的统计性检验结果，工具变量与解释变量均呈现显著正相关，F值均显著，Shea's Partial R^2 与这个模型 R^2 相比很大，排除了弱工具变量的可能性；高管团队相对薪酬差距的工具变量Sargan卡方不显著，说明该工具变量是外生变量，不存在过度识别问题。其他薪酬差距的工具变量Sargan卡方显著，说明会存在过度识别问题。

表4-19 民营公司薪酬差距与长期负债比率工具变量法回归结果

变量	Panel A：第一阶段回归		Panel B：第二阶段回归	
	（1）	（2）	（3）	（4）
	CEOdmed	CEOempdmed	Ldebtratiod	Ldebtratiod
Instr_CEOdmed			0.0011**	
			(2.10)	
Instr_CEOempdmed				-0.0042
				(-1.50)
LCEOdmed	0.4476***			
	(30.76)			
L3CEOdmed	0.0907***			
	(7.47)			
LCEOempdmed		0.7678***		
		(57.46)		
L3CEOempdmed		0.0799***		
		(6.25)		
控制变量	控制	控制	控制	控制
年份、行业	控制	控制	控制	控制
N	4103	4103	4103	4103
Adj-R^2	0.2462	0.7178	0.1667	0.1672
F值	20.41	152.21		
	(P=0.0000)	(P=0.0000)		
Shea's Partial R^2	0.2375	0.6550		
Sargan 卡方			2.0952	0.9416
			(P=0.1478)	(P=0.3319)
变量	Panel A：第一阶段回归		Panel B：第二阶段回归	
	（1）	（2）	（3）	（4）
	CEORg	CEOempRg	Ldebtratio	Ldebtratio
Instr_CEORg			-0.0201***	
			(-2.85)	
Instr_CEOempRg				-0.0003
				(-0.78)

145

续表

变量	Panel A：第一阶段回归		Panel B：第二阶段回归	
	(1)	(2)	(3)	(4)
	CEORg	CEOempRg	Ldebtratio	Ldebtratio
LCEORg	0.6249*** (45.90)			
L3CEORg	0.1182*** (8.90)			
LCEOempRg		0.7066*** (51.58)		
L3CEOempRg		0.0906*** (6.70)		
控制变量	控制	控制	控制	控制
年份、行业	控制	控制	控制	控制
N	4103	4103	4103	4103
Adj-R^2	0.5243	0.6379	0.2586	0.2547
F值	66.52 (P=0.0000)	105.71 (P=0.0000)		
Shea's Partial R^2	0.4774	0.5729		
Sargan卡方			1.2606 (P=0.2615)	0.4788 (P=0.4890)

表4-20显示国有公司薪酬差距与长期借款比率的工具变量法回归结果，第（3）列和第（4）列显示控制内生性问题后，高管员工外部薪酬差距中值、高管员工相对薪酬差距与长期借款比率分别在5%和1%水平下呈现显著正相关关系。表4-20报告了工具变量的选择合理性的统计性检验结果，工具变量与解释变量均呈现显著正相关，F值均显著，Shea's Partial R^2与这个模型R^2相比很大，排除了弱工具变量的可能性；薪酬差距的工具变量Sargan卡方不显著，说明该工具变量是外生变量，不存在过度识别问题。

表4-21显示民营公司薪酬差距与长期借款比率的工具变量法回归结果，第（3）列和第（4）列显示控制内生性问题后，高管员工外部

表4-20 国有公司薪酬差距与长期借款比率工具变量法回归结果

变量	Panel A：第一阶段回归		Panel B：第二阶段回归	
	(1)	(2)	(3)	(4)
	CEOdmed	CEOempdmed	Lbankratiod	Lbankratiod
Instr_CEOdmed			0.0006	
			(0.29)	
Instr_CEOempdmed				0.0163**
				(2.40)
LCEOdmed	0.2881***			
	(21.80)			
L3CEOdmed	0.0860***			
	(8.07)			
LCEOempdmed		0.7049***		
		(59.48)		
L3CEOempdmed		0.1129***		
		(10.22)		
控制变量	控制	控制	控制	控制
年份、行业	控制	控制	控制	控制
N	4679	4679	4679	4679
Adj-R^2	0.1276	0.7202	0.1103	0.1123
F值	11.69	189.16		
	(P=0.0000)	(P=0.0000)		
Shea's Partial R^2	0.1210	0.6401		
Sargan卡方			0.7806	3.0515
			(P=0.3770)	(P=0.0807)
变量	Panel A：第一阶段回归		Panel B：第二阶段回归	
	(1)	(2)	(3)	(4)
	CEORg	CEOempRg	Lbankratio	Lbankratio
Instr_CEORg			0.0208	
			(0.97)	
Instr_CEOempRg				0.0036***
				(3.36)

147

续表

变量	Panel A：第一阶段回归		Panel B：第二阶段回归	
	（1）	（2）	（3）	（4）
	CEORg	CEOempRg	Lbankratio	Lbankratio
LCEORg	0.5245*** (40.49)			
L3CEORg	0.1548*** (12.60)			
LCEOempRg		0.6922*** (58.03)		
L3CEOempRg		0.1276*** (10.80)		
控制变量	控制	控制	控制	控制
年份、行业	控制	控制	控制	控制
N	4679	4679	4679	4679
Adj-R^2	0.4372	0.6821	0.1206	0.1247
F 值	57.77 (P=0.0000)	157.80 (P=0.0000)		
Shea's Partial R^2	0.3964	0.6134		
Sargan 卡方			0.5427 (P=0.4613)	2.9317 (P=0.0869)

薪酬差距中值、高管团队和高管员工相对薪酬差距与长期借款比率均在1%水平下呈现显著正相关关系。表4-21报告了工具变量的选择合理性的统计性检验结果，工具变量与解释变量均呈现显著正相关，F值均显著，Shea's Partial R^2 与这个模型 R^2 相比很大，排除了弱工具变量的可能性；高管员工外部薪酬差距中值、高管团队和高管员工相对薪酬差距的工具变量Sargan卡方显著，拒绝该工具变量是外生变量的原假设，说明会存在过度识别问题。

从工具变量法的回归结果中可以发现，基本能够验证支持本书主检验研究结果，且国有公司薪酬差距对债权融资的工具变量法回归结果相对于民营公司而言更具有说服力，能够合理排除本书研究薪酬差距与债权融资三个维度之间互为因果的可能性。但由于个别工具变量存在过度识别问题，本书进一步采用了变更被解释变量的方法进行检验。

表4-21 民营公司薪酬差距与长期借款比率工具变量法回归结果

变量	Panel A：第一阶段回归		Panel B：第二阶段回归	
	(1)	(2)	(3)	(4)
	CEOdmed	CEOempdmed	Lbankratiod	Lbankratiod
Instr_CEOdmed			-0.0024 (-1.59)	
Instr_CEOempdmed				0.0367*** (3.96)
LCEOdmed	0.5213*** (30.53)			
L3CEOdmed	0.0825*** (5.74)			
LCEOempdmed		0.7545*** (47.11)		
L3CEOempdmed		0.0913*** (5.93)		
控制变量	控制	控制	控制	控制
年份、行业	控制	控制	控制	控制
N	2864	2864	2864	2864
Adj-R^2	0.3200	0.7170	0.0783	0.0882
F值	20.81 (P=0.0000)	107.68 (P=0.0000)		
Shea's Partial R^2	0.3044	0.6489		
Sargan卡方			1.0522 (P=0.3050)	3.5362 (P=0.0600)
变量	Panel A：第一阶段回归		Panel B：第二阶段回归	
	(1)	(2)	(3)	(4)
	CEORg	CEOempRg	Lbankratio	Lbankratio
Instr_CEORg			0.0650*** (2.82)	

续表

变量	Panel A：第一阶段回归		Panel B：第二阶段回归	
	（1）	（2）	（3）	（4）
	CEORg	CEOempRg	Lbankratio	Lbankratio
Instr_CEOempRg				0.0050*** (3.61)
LCEORg	0.6490*** (39.90)			
L3CEORg	0.1116*** (6.83)			
LCEOempRg		0.7152*** (43.95)		
L3CEOempRg		0.1116*** (6.71)		
控制变量	控制	控制	控制	控制
年份、行业	控制	控制	控制	控制
N	2864	2864	2864	2864
Adj-R^2	0.5446	0.6526	0.1002	0.1028
F 值	51.36 (P=0.0000)	80.08 (P=0.0000)		
Shea's Partial R^2	0.4956	0.5924		
Sargan 卡方			6.0916 (P=0.0136)	4.4585 (P=0.0347)

3. 内生性检验三：未来一期被解释变量

为克服薪酬差距与债权融资的内生性问题，借鉴梁上坤等（2019）检验内生性问题方法，本书采用未来一期被解释变量进行检验。

（1）薪酬差距与未来一期负债融资比率。

为克服内生性问题的干扰，将未来一期债权融资三个维度的指标带入薪酬差距与债权融资的多元回归模型（4-1）、模型（4-2）和模型（4-3），得到多元回归结果如表4-22所示。

表4-22显示高管员工外部薪酬差距中值、高管员工相对薪酬差距

与未来一期负债融资比率的回归系数均呈现1%水平下显著负相关；高管员工外部薪酬差距中值、高管团队相对薪酬差距与未来一期长期负债比率分别在5%和1%水平下显著负相关，高管员工相对薪酬差距与未来一期长期负债比率呈现负相关关系；高管员工外部薪酬差距中值和相对薪酬差距与未来一期长期借款比率均在1%水平上显著正相关，以上回归结果与原模型检验结果一致，说明实证模型中变量之间不存在反向因果的内生性问题。

表4-22　公司薪酬差距与未来一期债权融资多元回归结果

未来一期负债融资比率	FDebtratiod	FDebtratiod	FDebtratio	FDebtratio
CEOdmed	-0.0002 (-1.24)			
CEOempdmed		-0.0150*** (-6.87)		
CEORg			0.0060 (1.21)	
CEOempRg				-0.0015*** (-4.31)
控制变量	控制	控制	控制	控制
年份、行业	控制	控制	控制	控制
N	14414	14414	14414	14414
Adj. R-Square	0.34	0.35	0.50	0.50
未来一期长期负债比率	FLdebtratiod	FLdebtratiod	FLdebtratio	FLdebtratio
CEOdmed	0.0003** (2.02)			
CEOempdmed		-0.0057** (-2.51)		
CEORg			-0.0155*** (-3.53)	
CEOempRg				-0.0005 (-1.40)

续表

未来一期长期负债比率	FLdebtratiod	FLdebtratiod	FLdebtratio	FLdebtratio
控制变量	控制	控制	控制	控制
年份、行业	控制	控制	控制	控制
N	14414	14414	14414	14414
Adj. R – Square	0.11	0.11	0.34	0.34
未来一期长期借款比率	FLbankratiod	FLbankratiod	FLbankratio	FLbankratio
CEOdmed	-0.0002 (-0.38)			
CEOempdmed		0.0172*** (3.06)		
CEORg			0.0156 (1.15)	
CEOempRg				0.0030*** (3.53)
控制变量	控制	控制	控制	控制
年份、行业	控制	控制	控制	控制
N	10691	10691	10691	10691
Adj. R – Square	0.05	0.05	0.08	0.08

表4-23显示产权性质对薪酬差距与未来一期债权融资三个维度的异质性影响，可以发现：在国有公司中，高管团队外部薪酬差距中值、高管团队和高管员工相对薪酬差距与负债融资比率的负向效应被加剧；高管员工外部薪酬差距中值和相对薪酬差距与长期负债比率的负向效应被加剧；高管员工外部薪酬差距中值、高管团队和高管员工相对薪酬差距与长期借款比率的正向效应受到抑制，以上回归结果与原模型检验结果一致，说明实证模型检验结果具有一定稳健性，变量之间不存在互为反向因果的内生性问题。

第四章 薪酬差距对债权融资的影响

表4-23 公司薪酬差距影响未来一期债权融资变量的产权性质分组分析

未来一期负债融资比率	国有公司	民营公司	国有公司	民营公司	国有公司	民营公司	国有公司	民营公司
CEOdmed	-0.0006*** (-2.61)	0.0002 (0.78)						
CEOempdmed			-0.0144*** (-4.95)	-0.0133*** (-4.09)				
CEORg					-0.0122* (-1.83)	-0.0001 (-0.01)		
CEOempRg							-0.0015*** (-2.95)	-0.0012** (-2.04)
控制变量	控制	控制	控制	控制	控制	控制	控制	控制
年份、行业	控制	控制	控制	控制	控制	控制	控制	控制
N	7617	6797	7617	6797	7617	6797	7617	6797
Adj. R-Square	0.35	0.35	0.36	0.36	0.44	0.52	0.44	0.52
Suest（χ^2）	9.17*** (0.0025)		0.21 (0.6482)		3.89** (0.0485)		4.95** (0.0261)	

153

续表

未来一期长期负债比率	国有公司	民营公司	国有公司	民营公司	国有公司	民营公司	国有公司	民营公司
CEOdmed	0.0004* (1.70)	0.0003 (1.34)						
CEOempdmed			−0.0080*** (−2.59)	−0.0018 (−0.56)				
CEORg					−0.0208*** (−3.02)	−0.0123** (−2.34)		
CEOempRg							−0.0010* (−1.89)	0.0001 (0.06)
控制变量	控制	控制	控制	控制	控制	控制	控制	控制
年份、行业	控制	控制	控制	控制	控制	控制	控制	控制
N	7617	6797	7617	6797	7617	6797	7617	6797
Adj. R-Square	0.11	0.12	0.12	0.12	0.39	0.22	0.38	0.22
Suest (X^2)	0.12 (0.7302)		5.39** (0.0202)		2.25 (0.1332)		5.95** (0.0147)	

续表

未来一期长期借款比率	国有公司	民营公司	国有公司	民营公司	国有公司	民营公司	国有公司	民营公司
CEOdmed	0.0001 (0.01)	−0.0007 (−0.80)						
CEOempdmed			0.0123* (1.82)	0.0285*** (2.85)				
CEORg					0.0035 (0.19)	0.0369* (1.86)		
CEOempRg							0.0023** (2.10)	0.0044*** (3.18)
控制变量	控制	控制	控制	控制	控制	控制	控制	控制
年份、行业	控制	控制	控制	控制	控制	控制	控制	控制
N	6315	4376	6315	4376	6315	4376	6315	4376
Adj. R – Square	0.07	0.04	0.07	0.05	0.11	0.07	0.11	0.07
Suest (χ^2)	0.79 (0.3726)		4.70** (0.0302)		3.50* (0.0614)		3.26* (0.0709)	

(二) 稳健性检验

1. 稳健性检验一：将被解释变量转换为分类变量

为检验实证结果敏感性，本书借鉴陈汉文和黄轩昊（2019）中稳健性检验中设置分类变量的思路，将被解释变量转化为有序分类变量，将负债融资比率由连续变量转换为有序分类变量。将负债融资比率按照数值由小到大排列分为三等分，即低、中、高三组，处于三个不同组中的样本公司对应的负债融资比率分类变量赋值为1、2和3。设置负债融资比率分类变量（Debtratiod3q and Debtratio3q），当Debtratiod和Debtratio小于等于该样本中所有负债融资比率由小至大排列后处于1/3位置的值时，Debtratiod3q和Debtratio3q取值为1（低）；当Debtratiod和Debtratio大于该样本中所有负债融资比率由小至大排列后处于1/3位置的值，但小于或等于该样本中所有负债融资比率由小至大排列后处于2/3位置的值时，Debtratiod3q和Debtratio3q取值为2（中）；否则Debtratiod3q和Debtratio3q取值为3（高）（长期负债比率和长期借款比率的分类变量同此方法）。采用有序Logistic回归方法，对样本进行实证检验。

表4-24显示公司薪酬差距与债权融资三个维度分类变量进行有序Logistic回归结果，其中公司高管员工外部薪酬差距中值、高管员工相对薪酬差距与负债融资比率分类变量均在1%水平下呈现显著负相关关系，高管团队相对薪酬差距与负债融资比率分类变量呈现显著正向关系；公司高管员工外部薪酬差距中值、高管团队相对薪酬差距与长期负债比率分类变量分别在5%和1%水平下呈现显著负相关关系，高管员工相对薪酬差距与长期负债比率分类变量呈现负向关系；高管员工外部薪酬差距中值、高管员工相对薪酬差距与长期借款比率分类变量均在1%水平下呈现显著正相关关系，上述结果和本书实证研究结论基本一致，没有实质差异。

表4-25显示产权性质对公司薪酬差距与债权融资三个维度分类变量异质性影响的有序Logistic回归结果，在国有公司中，公司高管员工外部薪酬差距中值与负债融资比率分类变量的负向效应被显著加强；高管员工外部薪酬差距中值、高管员工相对薪酬差距与长期负债比率分类变量的负向效应被显著加强；高管员工外部薪酬差距中值与长期借款比

表 4-24 公司薪酬差距与债权融资分类变量多元回归结果

负债融资比率分类变量	Debtratiod3q	Debtratiod3q	Debtratio3q	Debtratio3q
CEOdmed	-0.0017 (-0.83)			
CEOempdmed		-0.1058*** (-3.99)		
CEORg			0.0788 (1.42)	
CEOempRg				-0.0194*** (-4.46)
控制变量	控制	控制	控制	控制
年份、行业	控制	控制	控制	控制
N	20292	20292	20292	20292
Pseudo R^2	0.3193	0.3203	0.4217	0.4229
长期负债比率分类变量	Ldebtratiod3q	Ldebtratiod3q	Ldebtratio3q	Ldebtratio3q
CEOdmed	0.0148*** (7.88)			
CEOempdmed		-0.0528** (-2.18)		
CEORg			-0.4044*** (-8.45)	
CEOempRg				-0.0034 (-0.83)
控制变量	控制	控制	控制	控制
年份、行业	控制	控制	控制	控制
N	20292	20292	20292	20292
Pseudo R^2	0.0573	0.0553	0.1751	0.1714
长期借款比率分类变量	Lbankratiod3q	Lbankratiod3q	Lbankratio3q	Lbankratio3q
CEOdmed	0.0020 (1.01)			

续表

长期借款比率分类变量	Lbankratiod3q	Lbankratiod3q	Lbankratio3q	Lbankratio3q
CEOempdmed		0.0892***		
		(4.14)		
CEORg			-0.0481	
			(-0.89)	
CEOempRg				0.0425***
				(9.44)
控制变量	控制	控制	控制	控制
年份、行业	控制	控制	控制	控制
N	14613	14613	14613	14613
Pseudo R^2	0.0111	0.0122	0.0360	0.0456

率分类变量的正向效应被显著减弱。上述结果和本书实证研究结论基本一致，没有实质差异。

2. 稳健性检验二：变更被解释变量衡量方法

（1）替换债权融资规模变量。

为降低实证模型遗漏变量的问题，本章参考李维安等（2010）衡量债权融资水平的方法，采取（短期借款+一年内到期的非流动负债+长期借款）/期末总资产作为因变量债权融资水平的替代变量（即负债融资比率Ⅱ，DebtratioⅡ），同时计算对应公司外部薪酬差距的基于行业中值的负债融资比率Ⅱ（DebtratiodⅡ）带入模型（4-1）中，得到回归结果如表4-26所示。其中高管员工外部薪酬差距中值、高管员工相对薪酬差距与负债融资比率Ⅱ的回归系数均在1%水平下呈现显著负相关，高管团队相对薪酬差距与负债融资比率Ⅱ呈现负向关系，该结果与原模型检验结果一致，说明实证模型检验结果具有一定稳健性。

（2）替换债权融资期限变量。

本章参考黄文青（2011）衡量债权融资期限的方法，结合本书对债权融资期限指标的计算过程，采用如下指标替换原被解释变量：

长期负债比率Ⅱ（LdebtratioⅡ）＝长期负债合计/期末资产总额

表4-25 公司薪酬差距影响债权融资分类变量的产权性质分组分析

负债融资比率分类变量	国有公司	民营公司	国有公司	民营公司	国有公司	民营公司	国有公司	民营公司
CEOdmed	-0.0040 (-1.47)	0.0013 (0.45)						
CEOempdmed			-0.1009*** (-2.71)	-0.0999** (-2.08)				
CEORg					0.1171 (1.45)	0.0300 (0.39)		
CEOempRg							-0.0124** (-2.02)	-0.0274** (-2.34)
控制变量	控制	控制	控制	控制	控制	控制	控制	控制
年份、行业	控制	控制	控制	控制	控制	控制	控制	控制
N	9764	10528	9764	10528	9764	10528	9764	10528
Pseudo R^2	0.2672	0.3648	0.2681	0.3656	0.3436	0.4685	0.3439	0.4709

续表

长期负债比率分类变量	国有公司	民营公司	国有公司	民营公司	国有公司	民营公司	国有公司	民营公司
CEOdmed	0.0103*** (3.94)	0.0195*** (7.33)						
CEOempdmed			-0.0925** (-2.57)	-0.0074 (-0.23)				
CEORg					-0.4692*** (-6.02)	-0.3985*** (-6.72)		
CEOempRg							-0.0046* (-1.72)	-0.0033 (-0.62)
控制变量	控制	控制	控制	控制	控制	控制	控制	控制
年份、行业	控制	控制	控制	控制	控制	控制	控制	控制
N	9764	10528	9764	10528	9764	10528	9764	10528
Pseudo R^2	0.0501	0.0700	0.0500	0.0662	0.1841	0.1521	0.1798	0.1482

续表

长期借款比率分类变量	国有公司	民营公司	国有公司	民营公司	国有公司	民营公司	国有公司	民营公司
CEOdmed	0.0021 (0.75)	0.0011 (0.37)						
CEOempdmed			0.0803** (2.13)	0.1122*** (3.42)				
CEORg					-0.1001 (-1.21)	0.0182 (0.25)		
CEOempRg							0.0447*** (6.42)	0.0411*** (6.79)
控制变量年份、行业	控制	控制	控制	控制	控制	控制	控制	控制
N	8066	4376	8066	4376	8066	4376	8066	4376
Pseudo R²	0.0215	0.0136	0.0224	0.0152	0.0485	0.0398	0.0579	0.0491

同时计算对应公司外部薪酬差距的基于行业中值的长期负债比率Ⅱ（LdebtratiodⅡ）带入模型（4-2）中，表4-26显示公司薪酬差距与长期负债比率Ⅱ的多元回归结果，高管员工外部薪酬差距中值、高管员工相对薪酬差距与长期负债比率Ⅱ均呈现1%水平下显著负相关，高管团队相对薪酬差距与长期负债比率Ⅱ呈现负相关关系，以上结果与原模型检验结果基本一致，说明实证模型检验结果具有一定稳健性。

（3）替换债权融资方式变量

本章参考黄文青（2011）衡量债权融资方式的方法，采用长期借款比率Ⅱ替代原被解释变量长期借款比率，其计算过程为：

长期借款比率Ⅱ（LbankratioⅡ）=长期借款/（长期借款+应付债券+长期应付款）

同时计算对应公司外部薪酬差距的基于行业中值的长期借款比率Ⅱ（LbankratiodⅡ）带入模型（4-3）中，表4-26显示公司薪酬差距与长期借款比率Ⅱ的回归结果，其中高管员工外部薪酬差距中值、高管员工相对薪酬差距与长期借款比率Ⅱ的回归系数分别在1%和5%水平下呈现显著正相关，高管团队外部薪酬差距中值与长期借款比率Ⅱ呈现正向关系，以上结果与原模型检验结果一致，说明实证模型检验结果具有一定稳健性。

表4-26　　公司薪酬差距与债权融资替换变量多元回归结果

负债融资比率Ⅱ	DebtratiodⅡ	DebtratiodⅡ	DebtratioⅡ	DebtratioⅡ
CEOdmed	0.0001 (0.04)			
CEOempdmed		-0.0157*** (-9.07)		
CEORg			-0.0042 (-1.27)	
CEOempRg				-0.0011*** (-3.99)
控制变量	控制	控制	控制	控制
年份、行业	控制	控制	控制	控制
N	20085	20085	20085	20085
Adj. R-Square	0.20	0.22	0.36	0.36

续表

长期负债比率Ⅱ	LdebtratiodⅡ	LdebtratiodⅡ	LdebtratioⅡ	LdebtratioⅡ
CEOdmed	0.0001 (0.37)			
CEOempdmed		-0.0058*** (-4.99)		
CEORg			-0.0030 (-1.46)	
CEOempRg				-0.0006*** (-3.40)
控制变量	控制	控制	控制	控制
年份、行业	控制	控制	控制	控制
N	20292	20292	20292	20292
Adj. R-Square	0.15	0.16	0.38	0.38
长期借款比率Ⅱ	LbankratiodⅡ	LbankratiodⅡ	LbankratioⅡ	LbankratioⅡ
CEOdmed	0.0004 (0.90)			
CEOempdmed		0.0319*** (6.71)		
CEORg			-0.0031 (-0.28)	
CEOempRg				0.0046** (6.12)
控制变量	控制	控制	控制	控制
年份、行业	控制	控制	控制	控制
N	13931	13931	13931	13931
Adj. R-Square	0.04	0.05	0.07	0.08

(4) 产权性质对薪酬差距与替换债权融资三个维度变量的影响。

表4-27显示产权性质对公司薪酬差距与替换债权融资三个维度变量异质性影响的回归结果，在国有公司中，公司高管员工外部薪酬差距中值与负债融资比率Ⅱ的负向效应被显著加强；高管员工外部薪酬差距中值、高管员工相对薪酬差距与长期负债比率Ⅱ的负向效应被显著加强；高管员工外部薪酬差距中值、高管团队相对薪酬差距与长期借款比率Ⅱ的正向效应被显著减弱。上述结果和本书实证研究结论基本一致，没有实质差异。

表4-27 公司薪酬差距影响债权融资替换变量的产权性质分组分析

负债融资比率Ⅱ	国有公司	民营公司	国有公司	民营公司	国有公司	民营公司	国有公司	民营公司
CEOdmed	-0.0001 (-0.60)	0.0001 (0.52)						
CEOempdmed			-0.0189*** (-7.09)	-0.0127** (-2.55)				
CEORg					-0.0040 (-0.75)	-0.0042 (-1.05)		
CEOempRg							-0.0015*** (-3.11)	-0.0012*** (-3.59)
控制变量	控制	控制	控制	控制	控制	控制	控制	控制
年份、行业	控制	控制	控制	控制	控制	控制	控制	控制
N	9659	10426	9659	10426	9659	10426	9659	10426
Adj. R-Square	0.20	0.24	0.22	0.25	0.35	0.36	0.35	0.36
Suest（X²）	1.20* (0.0730)		11.78*** (0.0006)		0.02 (0.9517)		0.63 (0.4283)	

续表

长期负债比率Ⅱ	国有公司	民营公司	国有公司	民营公司	国有公司	民营公司	国有公司	民营公司
CEOdmed	0.0001 (0.22)	0.0002 (0.33)						
CEOempdmed			-0.0080*** (-4.63)	-0.0028** (-1.97)				
CEORg					-0.0041 (-1.13)	-0.0020 (-0.96)		
CEOempRg							-0.0008*** (-3.01)	-0.0004* (-1.77)
控制变量	控制	控制	控制	控制	控制	控制	控制	控制
年份、行业	控制	控制	控制	控制	控制	控制	控制	控制
N	9764	10528	9764	10528	9764	10528	9764	10528
Adj. R-Square	0.15	0.17	0.16	0.17	0.39	0.31	0.39	0.32
Suest (χ^2)	0.01 (0.9356)		18.32*** (0.0000)		0.56 (0.4532)		5.35** (0.0207)	

续表

长期借款比率Ⅱ	国有公司	民营公司	国有公司	民营公司	国有公司	民营公司	国有公司	民营公司
CEOdmed	0.0005 (0.95)	0.0002 (0.22)						
CEOempdmed			0.0291** (2.16)	0.0372*** (4.67)				
CEORg					−0.0153 (−0.96)	0.0108 (0.70)		
CEOempRg							0.0047*** (4.60)	0.0048*** (4.21)
控制变量	控制	控制	控制	控制	控制	控制	控制	控制
年份、行业	控制	控制	控制	控制	控制	控制	控制	控制
N	7697	6234	7697	6234	7697	6234	7697	6234
Adj. R – Square	0.06	0.04	0.07	0.05	0.10	0.07	0.10	0.08
Suest (X^2)	0.30 (0.5870)		1.62* (0.0827)		3.17* (0.0749)		0.01 (0.9163)	

第四章 | 薪酬差距对债权融资的影响

3. 稳健性检验三：变更解释变量衡量方法

为避免遗漏变量，更全面考察薪酬差距对债权融资的影响，本章变更了薪酬差距的衡量方式①，具体如表4-28所示。

表4-28　　　　　公司外部和内部薪酬差距计算过程

变量分类	模型变量	计算过程
公司外部薪酬差距	高管团队外部薪酬差距均值CEOdmean	（公司高管团队薪酬差距－同年同行业高管团队薪酬差距均值）/同年同行业高管团队薪酬差距均值
	高管员工外部薪酬差距均值CEOempdmean	（公司高管员工薪酬差距－同年同行业高管员工薪酬差距均值）/同年同行业高管员工薪酬差距均值
公司内部薪酬差距	高管团队绝对薪酬差距CEOAg	（核心高管薪酬均值－非核心高管薪酬均值）/1000000
	高管员工绝对薪酬差距CEOempAg	（公司高管薪酬均值－普通员工薪酬均值）/1000000

表4-29显示公司变更薪酬差距计算变量后与债权融资三个维度的回归结果，其中高管员工外部薪酬差距均值、高管员工绝对薪酬差距与负债融资比率的回归系数均在1%水平下呈现显著负相关，高管团队外部薪酬差距均值与负债融资比率在10%水平下呈现负向关系；高管团队和高管员工绝对薪酬差距与长期负债比率的回归系数均在1%水平下呈现显著负相关，高管团队外部薪酬差距均值与长期负债比率在1%水平下呈现显著正相关，高管员工外部薪酬差距均值与长期负债比率在5%水平下呈现显著负相关；高管员工外部薪酬差距均值、高管员工绝对薪酬差距与长期借款比率的回归系数均在1%水平下呈现显著正相关，高管团队外部薪酬差距均值与长期借款比率呈现正相关，该结果与原模型检验结果一致，说明实证模型检验结果具有一定稳健性。

---

① 本书进行公司内部绝对薪酬差距的计算时，为避免取自然对数导致大量数据缺失影响实证结果，借鉴牛建波等（2019）研究方法采用统一计量单位方法核算。

表4-29　　公司薪酬差距替换变量与债权融资多元回归结果

负债融资比率	Debtratiod	Debtratiod	Debtratio	Debtratio
CEOdmean	-0.0004* (-1.68)			
CEOempdmean		-0.0131*** (-6.98)		
CEOAg			0.0060** (2.30)	
CEOempAg				-0.0190*** (-5.49)
控制变量	控制	控制	控制	控制
年份、行业	控制	控制	控制	控制
N	20292	20292	20292	20292
Adj. R-Square	0.41	0.42	0.55	0.55
长期负债比率	Ldebtratiod	Ldebtratiod	Ldebtratio	Ldebtratio
CEOdmean	0.0009*** (4.53)			
CEOempdmean		-0.0049** (-2.39)		
CEOAg			-0.0127*** (-4.58)	
CEOempAg				-0.0155*** (-3.95)
控制变量	控制	控制	控制	控制
年份、行业	控制	控制	控制	控制
N	20292	20292	20292	20292
Adj. R-Square	0.12	0.12	0.34	0.34
长期借款比率	Lbankratiod	Lbankratiod	Lbankratio	Lbankratio
CEOdmean	0.0005 (0.81)			
CEOempdmean		0.0190*** (3.83)		

续表

长期借款比率	Lbankratiod	Lbankratiod	Lbankratio	Lbankratio
CEOAg			-0.0048 (-0.62)	
CEOempAg				0.0269*** (3.00)
控制变量	控制	控制	控制	控制
年份、行业	控制	控制	控制	控制
N	14613	14613	14613	14613
Adj. R – Square	0.05	0.05	0.08	0.08

表4-30显示产权性质对公司薪酬差距替换变量与债权融资三个维度变量异质性影响的回归结果，在国有公司中，公司高管员工外部薪酬差距均值、高管员工绝对薪酬差距与负债融资比率的负向效应被显著加强；高管员工外部薪酬差距均值、高管员工绝对薪酬差距与长期负债比率的负向效应被显著加强；高管员工外部薪酬差距均值与长期借款比率的正向效应被显著减弱。上述结果和本书实证研究结论基本一致，没有实质差异。

4. 稳健性检验四：模型补充控制变量

为全面考察公司治理因素对研究结果的影响，尽可能降低模型遗漏变量的问题，本书将管理层持股比例（LnManashold）、董事会会议次数（Mameeting）和监事会会议次数（Supmeeting）作为公司股权治理、董事会治理和监事会治理特征的补充控制变量加入原有模型中，重新回归进行检验。

表4-31显示公司薪酬差距与负债融资比率的回归结果，高管员工外部薪酬差距中值、高管员工相对薪酬差距与负债融资比率的回归系数分别在1%和10%水平下呈现显著负相关，高管团队外部薪酬差距中值与负债融资比率呈现负相关，该结果与原模型检验结果一致，说明实证模型检验结果具有一定稳健性。

表4-32显示公司薪酬差距与长期负债比率的回归结果，高管员工外部薪酬差距中值、高管团队相对薪酬差距与长期负债比率的回归系数

表4-30 公司薪酬差距替换变量影响债权融资的产权性质分组分析

负债融资比率	国有公司	民营公司	国有公司	民营公司	国有公司	民营公司	国有公司	民营公司
CEOdpmean	-0.0006** (-2.14)	-0.0001 (-0.41)						
CEOempdmean			-0.0136*** (-5.48)	-0.0097** (-2.34)				
CEOAg					0.0092** (2.06)	0.0024 (0.78)		
CEOempAg							-0.0225*** (-4.39)	-0.0125** (-2.08)
控制变量	控制	控制	控制	控制	控制	控制	控制	控制
年份、行业	控制	控制	控制	控制	控制	控制	控制	控制
N	9764	10528	9764	10528	9764	10528	9764	10528
Adj. R-Square	0.40	0.44	0.41	0.44	0.48	0.58	0.49	0.58
Suest (X²)	2.52 (0.1121)		2.86* (0.0907)		3.88** (0.0489)		7.17*** (0.0074)	

续表

长期负债比率	国有公司	民营公司	国有公司	民营公司	国有公司	民营公司	国有公司	民营公司
CEOdmean	0.0009*** (3.39)	0.0008*** (3.08)						
CEOempdmean			-0.0080*** (-2.93)	-0.0002 (-0.07)				
CEOAg					-0.0146*** (-3.18)	-0.0123*** (-3.55)		
CEOempAg							-0.0222*** (-3.97)	-0.0092* (-1.72)
控制变量	控制	控制	控制	控制	控制	控制	控制	控制
年份、行业	控制	控制	控制	控制	控制	控制	控制	控制
N	9764	10528	9764	10528	9764	10528	9764	10528
Adj. R-Square	0.12	0.14	0.12	0.14	0.39	0.22	0.39	0.22
Suest (X²)	0.12 (0.7259)		9.82*** (0.0017)		0.37 (0.5456)		9.42*** (0.0021)	

续表

长期借款比率	国有公司	民营公司	国有公司	民营公司	国有公司	民营公司	国有公司	民营公司
CEOdmean	0.0013 (1.50)	-0.0005 (-0.54)						
CEOempdmean			0.0132** (2.19)	0.0295*** (3.35)				
CEOAg					-0.0097 (-0.81)	0.0026 (0.25)		
CEOempAg							0.0257** (2.05)	0.0282** (2.11)
控制变量	控制	控制	控制	控制	控制	控制	控制	控制
年份、行业	控制	控制	控制	控制	控制	控制	控制	控制
N	8066	6547	8066	6547	8066	6547	8066	6547
Adj. R - Square	0.07	0.05	0.07	0.05	0.11	0.07	0.11	0.07
Suest（X^2）	2.91 (0.0879)		5.20** (0.0225)		1.22 (0.2690)		0.04 (0.8344)	

表4-31　公司薪酬差距与负债融资比率多元回归结果

负债融资比率	Debtratiod	Debtratiod	Debtratio	Debtratio
CEOdmed	-0.0002 (-1.03)			
CEOempdmed		-0.0088*** (-4.03)		
CEORg			0.0019 (0.37)	
CEOempRg				-0.0006* (-1.75)
Size	0.0218*** (6.57)	0.0252*** (7.12)	0.0237*** (7.21)	0.0248*** (7.37)
Curatio	-0.0462*** (-27.61)	-0.0461*** (-27.60)	-0.0484*** (-28.39)	-0.0484*** (-28.46)
ROE	-0.0034*** (-7.57)	-0.0033*** (-7.32)	-0.0037*** (-8.38)	-0.0036*** (-8.32)
Age	0.0494*** (5.76)	0.0491*** (5.74)	0.0525*** (6.16)	0.0525*** (6.18)
Tanasratio	0.0639 (1.49)	0.0646 (1.49)	0.0672 (1.54)	0.0651 (1.49)
Shholder1	-0.0507** (-2.48)	-0.0578*** (-2.81)	-0.0492** (-2.40)	-0.0532** (-2.58)
Manaboard	0.0343** (2.07)	0.0337** (2.01)	0.0422** (2.55)	0.0419** (2.52)
Manasize	0.0128 (0.77)	0.0158 (0.95)	0.0113 (0.68)	0.0121 (0.73)
Indepratio	0.0075 (0.14)	0.0084 (0.16)	0.0137 (0.26)	0.0136 (0.26)
Supsize	0.0118 (1.08)	0.0106 (0.97)	0.0129 (1.17)	0.0115 (1.05)
LnManashold	-0.0014*** (-3.11)	-0.0012*** (-2.77)	-0.0017*** (-3.88)	-0.0017*** (-3.72)

续表

负债融资比率	Debtratiod	Debtratiod	Debtratio	Debtratio
Mameeting	0.0433***	0.0440***	0.0469***	0.0475***
	(6.12)	(6.19)	(6.60)	(6.67)
Supmeeting	-0.0266***	-0.0258***	-0.0356***	-0.0354***
	(-4.04)	(-3.92)	(-5.43)	(-5.40)
_cons	-0.6235***	-0.6988***	-0.1983**	-0.2129**
	(-7.37)	(-7.90)	(-2.35)	(-2.49)
年度效应	控制	控制	控制	控制
行业效应	控制	控制	控制	控制
N	9868	9868	9868	9868
Adj. R-Square	0.39	0.39	0.52	0.52

表4-32　公司薪酬差距与长期负债比率多元回归结果

长期负债比率	Ldebtratiod	Ldebtratiod	Ldebtratio	Ldebtratio
CEOdmed	0.0006***			
	(4.24)			
CEOempdmed		-0.0044**		
		(-2.02)		
CEORg			-0.0239***	
			(-5.38)	
CEOempRg				-0.0003
				(-0.89)
Size	0.0399***	0.0414***	0.0424***	0.0414***
	(14.65)	(14.55)	(15.21)	(14.98)
Curatio	0.0027**	0.0028**	0.0026**	0.0026**
	(2.37)	(2.43)	(2.32)	(2.27)
ROE	-0.0003	-0.0003	-0.0002	-0.0002
	(-0.86)	(-0.69)	(-0.59)	(-0.66)
Age	0.0101	0.0097	0.0115	0.0106
	(1.40)	(1.34)	(1.58)	(1.46)
Tanasratio	-0.1569***	-0.1579***	-0.1643***	-0.1709***
	(-3.41)	(-3.42)	(-3.46)	(-3.59)

续表

长期负债比率	Ldebtratiod	Ldebtratiod	Ldebtratio	Ldebtratio
Shholder1	-0.0525***	-0.0543***	-0.0508**	-0.0501**
	(-2.63)	(-2.74)	(-2.55)	(-2.53)
Manaboard	0.0355***	0.0348***	0.0356***	0.0363***
	(3.03)	(2.97)	(3.01)	(3.10)
Manasize	0.0033	0.0055	0.0087	0.0069
	(0.21)	(0.35)	(0.55)	(0.44)
Indepratio	0.0131	0.0128	0.0076	0.0029
	(0.25)	(0.24)	(0.14)	(0.05)
Supsize	0.0155	0.0161	0.0125	0.0164
	(1.47)	(1.53)	(1.18)	(1.55)
LnManashold	-0.0014***	-0.0013***	-0.0017***	-0.0017***
	(-3.45)	(-3.19)	(-4.06)	(-3.93)
Mameeting	0.0274***	0.0275***	0.0284***	0.0280***
	(3.45)	(3.46)	(3.56)	(3.49)
Supmeeting	-0.0086	-0.0080	-0.0111*	-0.0111*
	(-1.30)	(-1.20)	(-1.69)	(-1.68)
_cons	-0.7112***	-0.7454***	-0.7076***	-0.6967***
	(-8.98)	(-9.13)	(-8.75)	(-8.61)
年度效应	控制	控制	控制	控制
行业效应	控制	控制	控制	控制
N	9868	9868	9868	9868
Adj. R-Square	0.11	0.11	0.35	0.35

分别在5%和1%水平下呈现显著负相关，高管员工相对薪酬差距与长期负债比率呈现负相关，该结果与原模型检验结果一致，说明实证模型检验结果具有一定稳健性。

表4-33显示公司薪酬差距与长期借款比率的回归结果，高管员工外部薪酬差距中值、高管员工相对薪酬差距与长期借款比率的回归系数均在1%水平下呈现显著正相关，该结果与原模型检验结果一致，说明实证模型检验结果具有一定稳健性。

表4-33　公司薪酬差距与长期借款比率多元回归结果

长期借款比率	Lbankratiod	Lbankratiod	Lbankratio	Lbankratio
CEOdmed	0.0007 (1.48)			
CEOempdmed		0.0172*** (2.84)		
CEORg			0.0047 (0.34)	
CEOempRg				0.0041*** (4.33)
Size	0.0314*** (4.40)	0.0241*** (3.17)	0.0306*** (4.25)	0.0240*** (3.27)
Curatio	-0.0266*** (-4.46)	-0.0273*** (-4.53)	-0.0297*** (-5.01)	-0.0299*** (-5.03)
ROE	-0.0001 (-0.07)	-0.0003 (-0.28)	0.0004 (0.38)	0.0002 (0.20)
Age	-0.0321 (-1.31)	-0.0308 (-1.26)	-0.0430* (-1.71)	-0.0424* (-1.69)
Tanasratio	0.1270 (1.16)	0.1287 (1.18)	0.0861 (0.80)	0.1112 (1.04)
Shholder1	-0.1757*** (-3.24)	-0.1575*** (-2.90)	-0.1816*** (-3.33)	-0.1534*** (-2.83)
Manaboard	0.0275 (0.61)	0.0310 (0.68)	0.0368 (0.82)	0.0408 (0.90)
Manasize	0.0091 (0.22)	0.0039 (0.10)	0.0062 (0.15)	0.0026 (0.06)
Indepratio	-0.0975 (-0.69)	-0.0947 (-0.67)	-0.1072 (-0.74)	-0.0950 (-0.66)
Supsize	0.0046 (0.16)	0.0075 (0.26)	0.0093 (0.32)	0.0138 (0.48)
LnManashold	0.0023* (1.89)	0.0020 (1.63)	0.0025** (2.05)	0.0020* (1.68)

续表

长期借款比率	Lbankratiod	Lbankratiod	Lbankratio	Lbankratio
Mameeting	0.0053 (0.28)	0.0040 (0.21)	0.0067 (0.35)	0.0037 (0.20)
Supmeeting	-0.0023 (-0.13)	-0.0035 (-0.20)	0.0037 (0.21)	0.0024 (0.13)
_cons	-0.7523*** (-3.79)	-0.6004*** (-2.87)	0.0476 (0.24)	0.1268 (0.63)
年度效应	控制	控制	控制	控制
行业效应	控制	控制	控制	控制
N	7338	7338	7338	7338
Adj. R-Square	0.06	0.06	0.10	0.11

表4-34[①]显示产权性质对公司薪酬差距与债权融资三个维度变量异质性影响补充控制变量后的回归结果，在国有公司中，公司高管团队、高管员工外部薪酬差距中值与负债融资比率的负向效应被显著加强；高管员工外部薪酬差距中值、高管员工相对薪酬差距与长期负债比率的负向效应被显著加强；高管团队相对薪酬差距与长期借款比率的正向效应受到显著抑制。上述结果和本书实证研究结论基本一致，没有实质差异。

从上述各回归结果比较分析可以发现，补充控制变量之后，薪酬差距与负债融资比率、长期负债比率呈现显著负相关关系，与长期借款比率呈现显著正相关关系，和原实证检验结果一致。国有公司会加剧薪酬差距与负债融资比率、长期负债比率的负向效应，但会抑制薪酬差距与长期借款比率的正向效应。实证检验结果与本书研究结果基本一致，说明实证检验模型具有一定稳健性。

五　进一步分析

公司融资决策还会受到来自公司外部环境和公司内部治理特征的影响。公司外部环境主要包括宏观环境和微观环境，前者主要分为政治法

[①] 限于篇幅，本章将产权性质对薪酬差距与债权融资三个维度的补充控制变量的回归结果进行简化，便于进行国有公司和民营公司薪酬差距与债权融资三个维度影响的异质性分析。

表4-34 公司薪酬差距影响债权融资补充控制变量后产权性质分组分析

负债融资比率	国有公司	民营公司	国有公司	民营公司	国有公司	民营公司	国有公司	民营公司
CEOdmed	-0.0006*** (-2.79)	0.0003 (1.25)						
CEOempdmed			-0.0106*** (-3.71)	-0.0039 (-1.15)				
CEORg					0.0082 (1.23)	-0.0034 (-0.47)		
CEOempRg							-0.0004 (-0.71)	-0.0007 (-1.45)
控制变量	控制	控制	控制	控制	控制	控制	控制	控制
年份、行业	控制	控制	控制	控制	控制	控制	控制	控制
N	5490	4378	5490	4378	5490	4378	5490	4378
Adj. R-Square	0.39	0.41	0.39	0.41	0.47	0.56	0.47	0.56
Suest (X^2)	12.33*** (0.0004)		6.23** (0.0126)		1.95 (0.1857)		0.68 (0.4087)	

续表

长期负债比率	国有公司	民营公司	国有公司	民营公司	国有公司	民营公司	国有公司	民营公司
CEOdmed	0.0006*** (3.02)	0.0006*** (2.82)						
CEOempdmed			-0.0065** (-2.15)	-0.0001 (-0.04)				
CEORg					-0.0252*** (-3.62)	-0.0226*** (-4.56)		
CEOempRg							-0.0008* (-1.78)	0.0003 (0.65)
控制变量	控制	控制	控制	控制	控制	控制	控制	控制
年份、行业	控制	控制	控制	控制	控制	控制	控制	控制
N	5490	4378	5490	4378	5490	4378	5490	4378
Adj. R-Square	0.11	0.15	0.11	0.15	0.39	0.25	0.39	0.25
Suest (X^2)	0.02 (0.8801)		5.13** (0.0236)		0.18 (0.6694)		6.44** (0.0111)	

续表

长期借款比率	国有公司	民营公司	国有公司	民营公司	国有公司	民营公司	国有公司	民营公司
CEOdmed	0.0006 (0.94)	0.0007 (0.86)						
CEOempdmed			0.0131* (1.81)	0.0213* (1.91)				
CEORg					−0.0080 (−0.42)	0.0263 (1.29)		
CEOempRg							0.0037*** (2.99)	0.0042*** (2.88)
控制变量	控制	控制	控制	控制	控制	控制	控制	控制
年份、行业	控制	控制	控制	控制	控制	控制	控制	控制
N	4537	2801	4537	2801	4537	2801	4537	2801
Adj. R‑Square	0.07	0.08	0.08	0.08	0.12	0.11	0.13	0.11
Suest (X^2)	0.01 (0.9036)		0.83 (0.3613)		3.00* (0.0834)		0.14 (0.7067)	

第四章 薪酬差距对债权融资的影响

律环境、经济环境、文化环境、技术环境。经济环境是指公司生存发展的社会经济状况以及国家颁布的经济政策,为所有宏观环境的发展提供保障和基础,对公司进行生产经营会产生直接影响,最终影响公司融资决策。1997年7月爆发于泰国,随后扩散至东南亚的金融危机,东南亚多数国家和地区股市陆续出现暴跌现象,金融系统乃至国民经济严重受创。危机期间,从东南亚国家和地区撤离的外资高达400亿美元。2007年美国次贷危机最初由于次级房屋信贷引发债务危机,进而最终导致以信用为基础的金融活动受到质疑,造成信用危机。此次金融危机导致雷曼兄弟申请破产保护、贝尔斯登被接管,华盛顿互惠宣布破产等一系列公司破产和银行倒闭,增加了汇率风险和资本市场风险,公司融资活动更无法有序展开。在世界各国经济发展日益紧密的今天,每个公司都需要面对经济环境带来的资本市场各种变化,重视资金融通在公司财务资源配置中的重要作用。公司进行融资活动是公司财务决策的起始环节,与公司所处地区的经济发展环境密切相关,一方面,处于经济发展较好地区的公司,公司高管和员工薪酬普遍较高,薪酬差距的增加所产生的激励效应会受到影响,不利于公司外源融资活动的开展;另一方面,处于经济发展较好的地区的公司,公司发展前景普遍较好,公司能够相对有效地开展融资活动。基于此,有必要进一步分析地区经济发展情况对薪酬差距与外源融资关系所产生的影响。

公司微观环境主要包括产业环境和市场环境,前者包括产品生命周期和产业结构,后者包括市场结构和市场需求。公司通过供应和生产阶段完成产品的生产,最终目标是实现产品的销售,或者提供相应服务,与公司所处的市场环境密不可分。一方面,处于垄断程度较高行业的公司,能够取得相对较多的政府保护性政策,获得合法的高额利润的概率较高,面临的市场竞争程度较小。由此可以推断,处于高垄断行业公司管理层员工是否能够勤勉尽职与公司经济利益的实现关联程度不高,公司管理层员工缺乏提高公司生产运营效率的动力,薪酬激励的效果不佳,公司管理层不能尽职尽责地履行责任,不能合理、有效地开展融资活动;另一方面,由于公司处于垄断程度较高的行业,公司面临的市场竞争程度较小,公司管理层和员工对市场发展动态不能及时追踪,产品和服务的质量的提升与更新程度不高,不利于公司可持续发展,公司未来偿债、盈利和营运能力必然受到影响，会影响公司债权人、投资者、供应商、客户等利益相关者对公司的投资信心，不利于公司融资活动的顺利开展。基于此，有必要进一步分析行业垄断程度对薪酬差距与融资决策关系所产生的影响。

公司内部治理特征是为了解决现代公司中委托代理问题所设计的治理特征，目的是能够有效降低代理成本，确保公司能够有条不紊地进行生产运营，提升公司的经营绩效，主要包括股权治理、董事会治理和监事会治理三个方面，其中董事会治理和监事会治理方面，本书分别选取董事长与总经理人两职合一、董事会规模、独立董事规模和监事会规模作为考核指标，考察薪酬差距对外源融资渠道的影响效应。股权治理中大股东持股集中程度影响公司治理和业绩存在两种对立的观点：一类是监控假说，公司控股股东持有比例较大时，会增加持股股东监督公司管理层的力度，促进公司效益不断提升，有利于公司融资活动的顺利进行；同时，公司管理层受到监督，能够确保管理层有效履行义务，有助于公司包括融资活动在内的各项财务行为更有效地完成；另一类是侵占假说，公司股权结构越集中，会发生大股东侵占小股东的利益，大股东会发生权力垄断，导致公司管理层和员工的工作积极性受到打击，不利于公司生产经营活动的日常开展，公司管理层不会做出更合理的融资决策；公司高管层与员工工作出现消极怠工现象，不利于公司绩效的提升，公司偿债能力、盈利能力和营运能力呈现下降趋势，导致公司债权人、投资者、供应商、客户等利益相关者对公司未来发展缺乏应有的信心，融资活动不能有效完成。基于此，本书进一步考虑股权制衡对薪酬差距与外源融资的影响效应。股权制衡可以作为非实际控制人治理效应的一种方式，通过股权制衡，非实际控制人能够积极制衡实际控制人（刘星和安灵，2010），降低实际控制人的"独断专行"行为；同时作为股东，非实际控制人可以对公司高管实施额外监督（Pagano and Roell，1998），降低公司高管"内部人控制"导致不合理的融资决策的发生概率，在与实际控制人、公司高管冲突和协调过程中，非实际控制人能够实现公司经营绩效的提升。因此，本书将分析股权制衡度对薪酬差距与外源融资渠道关系所产生的影响。

(一) 薪酬差距、股权制衡度与债权融资多元回归分析

本书借鉴杨文君等（2016）对股权制衡度的衡量方法，采用第二到第十大股东持股比例之和/第一大股东持股比例的计算方式衡量。考虑行业因素的影响，本书对股权制衡度按照行业中位数进行分类，设置股权制衡度哑变量Shabala10dum，其表示当公司股权制衡度高于行业中值，取值为1，否则为0。表4-35显示了在股权制衡度高和低时两个样本组薪酬差距对债权融资的回归结果。其中在股权制衡度高组的公司，公司高管团队外部薪酬差距中值对负债融资比率负向效应被显著减弱，组间系数差异检验在1%水平下呈现显著差异；公司高管员工外部薪酬差距中值、高管员工相对薪酬差距对长期负债比率的负向效应被显著加强，组间系数差异检验均在1%水平下呈现显著差异；处于股权制衡度较低组的公司中，高管团队外部薪酬差距中值对长期借款比率的正向效应被显著加强，组间系数差异检验在5%水平下呈现显著差异。实证研究结果证实了股权制衡程度越高的公司，由于股权相对分散，大股东对公司高管与员工缺乏有效的监督，不利于公司高管与员工工作积极性的提高，导致公司绩效的下降，公司外部理性的投资者和债权人会减少对公司的投资和借款，导致负债融资比率下降。公司绩效的下降，反映出公司偿债能力不佳，债权人的利益受到损害，债权人会调整其提供借款的条件，缩短借款期限，导致长期负债比率下降。在股权制衡度较高的公司中，大股东为增加控制权，对银行长期借款的影响相对不显著。

(二) 薪酬差距、垄断度与债权融资多元回归分析

处于行业垄断度较高的公司，对其管理层的监管难度会更高，公司管理层发生代理行为的可能性更大，公司为博取良好声誉，注重履行社会责任，很可能导致股东利益受到损害（Krueger, 2015）。由于市场产品竞争力小，处于高垄断行业公司的产品质量和服务质量提升速度缓慢，最终会影响公司绩效的提升。公司通过薪酬激励激发管理层和员工的工作积极性，但处于高垄断行业的公司由于薪酬与公司绩效关联度不高，并不能实现锦标赛的激励效果，最终影响公司发展和盈利能力，公司偿债能力也会受到影响，不利于公司债务融资渠道的开展。

本书借鉴马文超和何珍（2017）与徐士伟等（2019）研究成果设

表4-35　公司薪酬差距影响债权融资的股权制衡度分组分析

负债融资比率	股权制衡度高	股权制衡度低	股权制衡度高	股权制衡度低	股权制衡度高	股权制衡度低	股权制衡度高	股权制衡度低
CEOdmed	-0.0001 (-0.02)	-0.0006*** (-2.94)						
CEOempdmed			-0.0124*** (-5.20)	-0.0130*** (-5.32)				
CEORg					-0.0014 (-0.27)	0.0031 (0.63)		
CEOempRg							-0.0012*** (-3.16)	-0.0013*** (-3.08)
控制变量	控制	控制	控制	控制	控制	控制	控制	控制
年份、行业	控制	控制	控制	控制	控制	控制	控制	控制
N	10155	10137	10155	10137	10155	10137	10155	10137
Adj. R-Square	0.41	0.42	0.42	0.43	0.56	0.55	0.56	0.55
Suest（X²）	7.74*** (0.0054)		0.12 (0.7294)		0.90 (0.3434)		0.08 (0.7772)	

续表

长期负债比率	股权制衡度高	股权制衡度低	股权制衡度高	股权制衡度低	股权制衡度高	股权制衡度低	股权制衡度高	股权制衡度低
CEOdmed	0.0007*** (3.78)	0.0006** (2.57)						
CEOempdmed			-0.0096*** (-3.99)	-0.0021 (-0.68)				
CEORg					-0.0258*** (-5.90)	-0.0208*** (-4.22)		
CEOempRg							-0.0011** (-2.83)	0.0001 (0.06)
控制变量	控制	控制	控制	控制	控制	控制	控制	控制
年份、行业	控制	控制	控制	控制	控制	控制	控制	控制
N	10155	10137	10155	10137	10155	10137	10155	10137
Adj. R-Square	0.14	0.11	0.14	0.11	0.36	0.32	0.36	0.32
Suest (X^2)	0.19 (0.6638)		11.76*** (0.0006)		1.25 (0.2642)		10.09*** (0.0015)	

续表

长期借款比率	股权制衡度高	股权制衡度低	股权制衡度高	股权制衡度低	股权制衡度高	股权制衡度低	股权制衡度高	股权制衡度低
CEOdmed	-0.0003 (-0.57)	0.0013** (2.21)						
CEOempdmed			0.0203** (2.24)	0.0167** (2.34)				
CEORg					0.0107 (0.74)	-0.0080 (-0.54)		
CEOempRg							0.0030*** (3.11)	0.0036*** (3.21)
控制变量	控制	控制	控制	控制	控制	控制	控制	控制
年份、行业	控制	控制	控制	控制	控制	控制	控制	控制
N	7128	7485	7128	7485	7128	7485	7128	7485
Adj. R-Square	0.06	0.05	0.06	0.05	0.08	0.09	0.08	0.09
Suest（X^2）	5.06** (0.0244)		0.33 (0.5656)		1.66 (0.1977)		0.35 (0.5553)	

置垄断度 Monodum，按照在行业内营业收入排名前四位的上市公司营业收入之和占行业营业收入的比重计算出各上市公司垄断度指数，再设置有序分类变量，当公司的垄断度指数大于或等于样本公司垄断度频率分布累积比的 1/2 时，Monopolydum 取 2，否则为 1。表 4-36 显示了在垄断度分组情况下薪酬差距对债权融资的回归结果。其中处于行业垄断度高的公司，高管员工相对薪酬差距对负债融资比率的负向效应会显著加强，组间系数差异检验在 10% 水平下呈现显著差异；高管员工外部薪酬差距中值、高管员工相对薪酬差距对长期负债比率的负向效应会显著加强，组间系数差异检验均在 1% 水平下呈现显著差异；高管团队外部薪酬差距中值对长期借款比率的正向效应会显著减弱，组间系数差异检验均在 10% 水平下呈现显著差异，高管员工外部薪酬差距中值、高管员工相对薪酬差距对长期借款比率的正向效应会显著减弱，组间系数差异检验均在 1% 水平下呈现显著差异。实证检验结果证实了处于垄断度高的行业的公司，高管和员工对薪酬差距的变化所产生的激励效果不敏感，工作积极性没有显著提高。由于公司处于高垄断行业，公司高管和员工对市场竞争程度缺乏关注，公司对产品研发和品质的提升投入不够，不利于公司绩效的提升，最终导致债权融资渠道受到影响。

（三）薪酬差距、地区分类与债权融资多元回归分析

处于经济发达地区的公司，由于公司管理层和员工的薪酬水平相对较高，高管团队之间、高管与员工之间薪酬差距也会增加，但薪酬差距产生的激励效果没有中西部地区的公司显著（刘春和孙亮，2010），主要原因在于存在薪酬激励边际递减效应。因此，处于经济发达地区的公司，薪酬差距越高，公司员工对薪酬激励的敏感度并不高，工作积极性没有被充分调动起来，不利于公司未来发展，公司绩效增长缓慢，公司偿债能力会下降，最终公司债务融资规模越低，债权融资期限受到影响。从债权融资方式视角分析，处于经济发展较好地区的公司，会吸引更多投资者和债权人，长期借款比率会上升。

地区分类 Redum 的设置，本书参考刘春和孙亮（2010）、胥佚萱（2010）的研究成果，本书规定我国上市公司的注册地点如果处于东部沿海地区及特区：包括辽宁、河北、北京、天津、山东、江苏、浙江、福建、广东、深圳、珠海、汕头、厦门、海南、上海，则取值为 1；如果

表 4-36 公司薪酬差距影响债权融资的垄断度分组分析

负债融资比率	垄断度高	垄断度低	垄断度高	垄断度低	垄断度高	垄断度低	垄断度高	垄断度低
CEOdmed	-0.0002 (-1.15)	-0.0003 (-1.15)						
CEOempdmed			-0.0128*** (-5.24)	-0.0140*** (-5.96)				
CEORg					0.0010 (0.19)	0.0003 (0.05)		
CEOempRg							-0.0015*** (-3.79)	-0.0012** (-3.17)
控制变量	控制	控制	控制	控制	控制	控制	控制	控制
年份、行业	控制	控制	控制	控制	控制	控制	控制	控制
N	10083	10209	10083	10209	10083	10209	10083	10209
Adj. R-Square	0.40	0.44	0.40	0.44	0.54	0.56	0.55	0.56
Suest (X^2)	0.12 (0.7304)		0.36 (0.5477)		0.03 (0.8735)		1.80* (0.0719)	

续表

长期负债比率	垄断度高	垄断度低	垄断度高	垄断度低	垄断度高	垄断度低	垄断度高	垄断度低
CEOdmed	0.0005** (2.54)	0.0008** (2.73)						
CEOempdmed			−0.0102*** (−4.14)	−0.0021 (−0.85)				
CEORg					−0.0242*** (−4.69)	−0.0230*** (−5.96)		
CEOempRg							−0.0012*** (−2.95)	0.0001 (0.28)
控制变量	控制	控制	控制	控制	控制	控制	控制	控制
年份、行业	控制	控制	控制	控制	控制	控制	控制	控制
N	10083	10209	10083	10209	10083	10209	10083	10209
Adj. R−Square	0.11	0.12	0.12	0.12	0.38	0.28	0.38	0.28
Suest(X^2)	2.13 (0.1448)		13.90*** (0.0002)		0.07 (0.7911)		15.27*** (0.0001)	

续表

长期借款比率	垄断度高	垄断度低	垄断度高	垄断度低	垄断度高	垄断度低	垄断度高	垄断度低
CEOdmed	-0.0001 (-0.01)	0.0012* (1.67)						
CEOempdmed			0.0088 (1.46)	0.0275*** (4.15)				
CEORg					0.0193 (1.32)	-0.0146 (-0.98)		
CEOempRg							0.0019* (1.86)	0.0045*** (4.46)
控制变量	控制	控制	控制	控制	控制	控制	控制	控制
年份、行业	控制	控制	控制	控制	控制	控制	控制	控制
N	7396	7217	7396	7217	7396	7217	7396	7217
Adj. R-Square	0.04	0.07	0.04	0.08	0.08	0.08	0.08	0.08
Suest (X^2)	2.82* (0.0933)		9.46*** (0.0021)		1.52 (0.1188)		7.35*** (0.0067)	

处于中西部地区：包括黑龙江、吉林、山西、河南、湖北、湖南、江西、安徽、陕西、甘肃、青海、宁夏、新疆、四川、云南、贵州、西藏、广西、内蒙古、重庆，则取值为0。表4-37显示以公司注册地区作为分组薪酬差距对债权融资的回归结果。其中处于东部沿海地区的公司，高管员工相对薪酬差距对负债融资比率的负向效应被显著加强，组间系数差异检验在5%水平下呈现显著差异；高管员工外部薪酬差距中值、高管员工相对薪酬差距对长期负债比率的负向效应显著减弱，组间系数差异检验分别在1%和10%水平下呈现显著差异；高管员工外部薪酬差距中值对长期借款比率的正向效应被显著加强，组间系数差异检验在10%水平下呈现显著差异。实证检验结果证实了经济发达地区的公司，薪酬激励效果不明显，高管与员工薪酬差距的增加，不利于提高高管和员工工作积极性，公司绩效增长受到阻碍，不利于公司债权融资的开展。从债权融资期限视角分析，处于经济发展较好地区的公司，公司薪酬差距的增加，会促使公司高管和股东利益趋于一致，债权人为维护自身利益，会缩短债务期限，长期负债比率会下降。从债权融资方式视角分析，处于经济发展较好地区的公司，公司整体发展趋势较为平稳和乐观，银行贷款比率会上升。

第四节 本章小结

本章以2006—2019年中国沪深两市A股上市公司作为研究样本，研究薪酬差距对债权融资的影响，基于薪酬差距与公司绩效的行为理论、代理理论下的债务代理成本理论、管理层防御理论和公司治理理论，实证研究证明，高管团队外部薪酬差距中值、高管员工外部薪酬差距中值、高管团队相对薪酬差距和高管员工相对薪酬差距能够显著降低负债融资比率和长期负债比率，从债权融资方式视角分析，公司薪酬差距的增加会提升长期借款比率。在国有性质的公司中，高管团队、高管员工外部薪酬差距中值与负债融资比率的负向效应被加强；高管员工外部薪酬差距中值对长期借款比率的正向效应会受到抑制。

进一步考察公司股权制衡度、行业竞争程度和地区经济发展情况对薪酬差距与债权融资的影响程度，研究发现，股权制衡度高的公司，公

表 4-37　公司薪酬差距影响债权融资的注册地区分组分析

负债融资比率	东部沿海地区	中西部地区	东部沿海地区	中西部地区	东部沿海地区	中西部地区	东部沿海地区	中西部地区
CEOdmed	-0.0003* (-1.65)	-0.0002 (-0.89)						
CEOempdmed			-0.0118*** (-5.45)	-0.0133*** (-4.10)				
CEORg					0.0011 (0.23)	0.0053 (0.84)		
CEOempRg							-0.0015*** (-4.18)	-0.0009* (-1.77)
控制变量	控制	控制	控制	控制	控制	控制	控制	控制
年份、行业	控制	控制	控制	控制	控制	控制	控制	控制
N	13411	6881	13411	6881	13411	6881	13411	6881
Adj. R-Square	0.42	0.42	0.43	0.42	0.57	0.53	0.57	0.53
Suest (X^2)	0.04 (0.8492)		0.46 (0.4996)		0.69 (0.4056)		3.51** (0.0130)	

192

续表

长期负债比率	东部沿海地区	中西部地区	东部沿海地区	中西部地区	东部沿海地区	中西部地区	东部沿海地区	中西部地区
CEOdmed	0.0007 (1.33)	0.0003 (1.32)						
CEOempdmed			−0.0019 (−0.83)	−0.0118*** (−3.24)				
CEORg					−0.0239*** (−5.84)	−0.0226*** (−3.95)		
CEOempRg							−0.0003 (−0.84)	−0.0009* (−1.68)
控制变量	控制	控制	控制	控制	控制	控制	控制	控制
年份、行业	控制	控制	控制	控制	控制	控制	控制	控制
N	13411	6881	13411	6881	13411	6881	13411	6881
Adj. R−Square	0.13	0.14	0.12	0.15	0.32	0.39	0.32	0.39
Suest (X^2)	2.32 (0.1281)		16.72*** (0.0000)		0.07 (0.7935)		2.47* (0.0659)	

续表

长期借款比率	东部沿海地区	中西部地区	东部沿海地区	中西部地区	东部沿海地区	中西部地区	东部沿海地区	中西部地区
CEOdmed	0.0007 (1.35)	-0.0001 (-0.19)						
CEOempdmed			0.0177*** (2.98)	0.0196** (2.48)				
CEORg					0.0020 (0.15)	-0.0044 (-0.25)		
CEOempRg							0.0027*** (2.85)	0.0037*** (2.99)
控制变量	控制	控制	控制	控制	控制	控制	控制	控制
年份、行业	控制	控制	控制	控制	控制	控制	控制	控制
N	9205	5408	9205	5408	9205	5408	9205	5408
Adj. R-Square	0.05	0.06	0.05	0.07	0.07	0.12	0.07	0.12
Suest (X^2)	1.34 (0.2465)		2.08* (0.0732)		0.19 (0.6618)		0.88 (0.3484)	

司高管员工薪酬差距对长期负债比率的负向效应会显著增强，高管团队外部薪酬差距中值对长期借款比率的正向效应会显著减弱。高垄断公司中薪酬差距对负债融资比率、长期负债比率的负向影响越显著，对长期借款比率的正向效应会显著减弱。公司处于经济较发达的地区，会加剧薪酬差距对负债融资比率的负向效应、对长期借款比率的正向效应被显著增加，对长期负债比率的负向效应会减弱。本书研究为公司管理层及相关机构制订薪酬计划提供丰富的经验证据，丰富了债权融资影响因素研究，为我国上市公司薪酬制度改革提供理论依据和实证经验。

第五章

薪酬差距对商业信用融资的影响

商业信用融资活动的开展，对公司日常产品和服务质量有一定要求，而公司提供产品和服务的生产经营活动的顺利开展和相关决策的执行离不开公司高管和员工。薪酬差距作为影响公司高管和员工生产活动的努力程度的重要因素，必然会对商业信用融资产生影响。但已有研究尚缺乏探究公司高管团队、高管与员工之间薪酬差距对商业信用融资的影响效应。本章从公司外部和内部薪酬差距两大方面实证检验高管团队、高管与员工之间薪酬差距对商业信用融资的影响，同时，探究公司产权性质对薪酬差距与商业信用融资的异质性影响。进一步考虑结合公司内部治理特征因素（股权制衡）和外部环境因素（行业垄断程度和地区分布情况）对两者之间关系产生的调节影响效应。

第一节 理论分析与研究假设

一 薪酬差距与商业信用融资

商业信用融资是公司在进行经济业务活动中通过延期支付款项或者预先收到款项等方式筹集资金的一种外源融资渠道。随着经济发展日益全球化和资本市场不断完善，商业信用已经发展成为我国上市公司重要的融资渠道之一。与银行贷款相比，商业信用融资建立在公司与供应商长期业务合作基础上，商业信用融资对银行贷款融资具有替代性效应，主要原因在于本身具有三个方面优势：一是获取信息及时性。公司和供应商开展日常的经济业务活动过程中，公司日常的订货数量、订货频率、货款支付方式等方面信息能够随时传递给供应商，供应商根据公司这些信息的变动了解公司财务状况和经营成果的变动，当公司发生到期无法支付货款或者放弃现金折扣等延期支付货款的情况时，供应商会采取更加谨慎的措施，对公司的财务状况和违约情况进行监督，避免承受重大损失。因此，相对于银行贷款融资，商业信用的供给方获取公司商业信用方面的信息更加及时、可靠，且监督和审核成本较低，可操作性较强。该优势能够降低商业信用双方信息不对称，有利于避免"逆向选择"和"道德风险"行为的发生；二是控制融资有效性。公司日常要开展持续、稳定的生产经营活动，必须有供应商提供的物资和设备做保障。公司选择的供应商一般都是以长期合作为前提，且提供给公司的产品或者服务具有一定的质量保障，因此，公司的商业信用融资到期时，公司都会按期还款付息。因为一旦发生到期无法结算货款的违约行为，公司不仅需要承担延期支付款项的损失，供应商有可能会中断提供供应品（Bolton and Schafstein，1990），导致公司无法正常开展生产经营活动。更严重的情况是，公司不得不承担高额的转换供应商成本，寻求新的供应商合作，很可能承担供应商信誉不佳或者供应物资质量存在问题的风险。而银行贷款如果到期公司无法偿付，银行等金融机构一般只能选择法律程序进行追偿，公司在经济利益和时间成本方面都会产生更大的损失；三是损失挽回时效性。商业信用融资的需求方如果出现破产的情况，供应商可以通过收回部分物资再将其转销，从而降低融资损失。但如果银行贷款融资出现公司破产倒闭的情况时，只能通过公司破产清算过程中财产变现补偿相应的损失。由于公司破产清算的资金抵偿债务存在一定程序，需要等待一段时间，导致银行必然承担一定数额损失。对于商业信用需求方而言，银行贷款利率相对商业信用融资较高，因此，公司更倾向于采用商业信用融资渠道筹集资金。

商业信用融资的本质是公司之间的信用融资，买卖双方的信任程度会直接影响商业信用融资的规模。也就是说，商业信用融资顺利实施和开展的主要影响因素是公司的商业信用。商业信用的供给方将资金提供给需求方，其会承担需求方到期无法支付货款的违约风险，有效地控制和降低商业信用的违约风险，是确保商业信用融资顺利开展的根本途径。公司如果发生违约行为并被公布，其给公司带来的声誉损失远远高于公司受到处罚的成本支出（Karpoff and Lott，1993）。公司商业信用的缺失，违约风险的增加，最终会导致作为商业信用供给方的利益受损。进一步分析，公司违约的负面消息会导致公司股价大幅下跌，公司偿债能力、营运能力、盈利能力和发展能力无法提升。商业信用供给方会要求需求方提供更高的预期回报率，或者提高保险溢价和违约溢价，以此补偿商业信用融资带来的违约风险损失，导致商业信用融资成本升高，最终公司商业信用融资规模下降（Cunat，2007）。

综上所述，公司拓展商业信用融资规模必须降低公司商业信用的违约风险。公司违约风险的降低主要取决于公司的日常活动是否能够持续、规范、有序地开展，为公司绩效的提升是否能够提供基础保障。公司日常生产经营活动的顺利开展和长远战略计划的制订与实施，离不开公司管理层和普通员工的辛勤付出，高管和员工对待工作的努力程度，会直接影响公司绩效的提升，最终影响公司开展商业信用交易过程中的违约风险。因此，公司有必要建立行之有效的薪酬激励机制，激发管理层和员工工作的积极性。

锦标赛理论认为，公司薪酬差距的增加，能够建立起公司员工良好的竞争合作氛围，通过对公司高管和普通员工职位的晋升和奖励，激发公司高管和普通员工工作积极性，最终促使公司绩效的提升。公司资源的所有者希望公司高管和普通员工能够认真负责地对待各自岗位的工作，履行应尽的职责，具有层级差距的薪酬设计能够有效激励公司员工工作，促进公司日常生产经营活动的顺利开展和长远战略目标的实现。在锦标赛理论下，公司行政岗位存在不同等级，且处于不同等级岗位的员工薪酬存在一定差距，为获得更高等级的职位，公司管理者和普通员工都会努力工作。公司不断增加的薪酬差距能够有效激发公司员工的竞争意识，使公司各个组织内部形成积极向上的竞争氛围，同时吸引公司外部更卓越的人才加入，为公司绩效的提升奠定坚实的基础。由于公司高管薪酬的制定依据是公司高管所做出的边际贡献，会激发公司高管更加勤勉地工作，而处于高层级的公司管理者为防止其他人员超越自己，也会更加积极投入工作中，有效地提高了工作效率。公司高管和员工的工作态度的转变和工作效率的提升，能够确保公司提供的产品和服务质量的提高，增加了公司客户的满意程度，有利于公司树立良好的声誉，最终有利于公司绩效的提升。公司绩效的提升，传递给公司商业信用供

第五章 薪酬差距对商业信用融资的影响

给方有关公司盈利能力、发展能力、偿债能力和营运能力提升的信息，预示着公司商业信用的违约风险会下降，从而确保公司获得更多的商业信用融资。综上所述，在锦标赛理论下，公司薪酬差距的增加，有利于提升公司高管和普通员工工作努力程度和工作效率，进而提升了公司绩效，向公司的债权人和股东传递出公司具备良好的偿债能力、营运能力、盈利能力和发展能力信息，确保能够降低公司商业信用的违约风险，最终提高公司商业信用融资水平。

公司治理理论下，当公司股权集中度较高，出现大股东—（中）小股东委托代理问题时，由于公司股权较多集中于大股东手中，为维护自身利益，大股东会加强对公司管理层的监督，促使其更加尽职履行责任，进而提升公司绩效（Shleifer and Vishny，1986），促进公司盈利能力、营运能力、偿债能力和发展能力的提升，最终提升公司商业信用融资水平。

行为理论与锦标赛理论的观点是相反的，其认为公司薪酬差距的增加，会破坏公司高管和普通员工之间合作的积极性，降低公司员工彼此之间合作的热情，导致公司员工工作努力程度下降，对公司绩效的提升产生消极影响。行为理论关注的是薪酬差距对公司员工团队合作和公平性的影响。当公司团队中的管理者认为自己的贡献超过所取得的薪酬，会感到受到剥削，公司薪酬待遇不公平，会发生消极怠工的情况，不利于公司员工团队合作工作的开展，降低了公司团队的凝聚力。公司管理层和普通员工都认为自己的付出与得到报酬不匹配，薪酬差距的增加会更加剧公司员工负面情绪，不利于公司日常生产经营活动的开展和长远战略目标的实现。在行为理论下，公司薪酬差距的增加和高管职位的晋升不能有效发挥激励效应，公司组织内部还会存在政治阴谋，不利于公司员工合作工作的开展，应适当缩小薪酬差距，降低公司高管和员工的负面情绪。我国儒家传统文化注重"不患寡而患不均"的公平思想，与行为理论契合度较高。综上所述，在行为理论下，公司薪酬差距的增加，不利于公司高管和员工工作积极性的提高，会降低公司绩效，不利于公司盈利能力、偿债能力、营运能力和发展能力的提高，会影响公司良好的信用能力，导致公司商业信用的违约风险增加，降低公司商业信用融资规模。

债务代理成本理论认为，随着公司薪酬差距的增加，促使公司高管和股东的利益保持一致，加剧公司股东和债权人的利益冲突。债权人为了能够更有效地监督公司高管和股东，会增加相应的监督成本，导致对公司高管和股东的约束条款更加严苛，公司债务代理成本提高。公司债权人为降低监督成本，会尽可能缩短债务期限或者提高债务利率，同样影响商业信用融资的期限和付款利率。当公司面临的融资约束程度较弱时，具有"防御"意识的公司高管会选择有利于自身利益最大化的融资方式。由于商业信用融资到期需要还款付息，会降低公司高管对现金的自由支配权，具有"防御"意识的公司高管更倾向于股权融资（Jung et al.，1996），导致商业信用融资规模下降。公司高管受到的监管力度越弱，其"防御"意识会越强（Berger et al.，1997），公司采用商业信用融资的可能性越低。

基于以上分析，本章提出薪酬差距对商业信用融资水平影响的竞争性对立假设：

H5.1：其他情况相同时，公司薪酬差距对商业信用融资水平具有正向影响效应。

H5.1.1：公司高管团队外部薪酬差距中值越高，商业信用融资水平会越高。

H5.1.2：公司高管员工外部薪酬差距中值越高，商业信用融资水平会越高。

H5.1.3：公司高管团队相对薪酬差距越高，商业信用融资水平会越高。

H5.1.4：公司高管员工相对薪酬差距越高，商业信用融资水平会越高。

H5.2：其他情况相同时，公司薪酬差距对商业信用融资水平具有负向影响效应。

H5.2.1：公司高管团队外部薪酬差距中值越高，商业信用融资水平会越低。

H5.2.2：公司高管员工外部薪酬差距中值越高，商业信用融资水平会越低。

H5.2.3：公司高管团队相对薪酬差距越高，商业信用融资水平会越低。

H5.2.4：公司高管员工相对薪酬差距越高，商业信用融资水平会越低。

二 薪酬差距、产权性质与商业信用融资

我国上市公司中，绝大部分是国有上市公司，国有性质的公司会受到国家政策的直接影响（林毅夫等，2004）。一方面，为保障国有公司能够稳定、持续地发展经营，确保国家资源有效使用，我国政府对国有公司有政策扶持和税收优惠政策，对具有垄断行业的国有公司（例如，军工、电力电网、石油石化、煤炭、航空运输等行业）实施优惠价格支持和财政补助行为，会促进国有公司发展更快速，经济效益和商业信誉不断提升，最终有利于商业信用融资水平的提高。由于国有公司不仅完成生产经营目标，还会承担国家政策性负担，对国民经济发展具有重要作用，因此，针对国有公司国家政府会提供一定的隐性担保和资源扶持（韩鹏飞和胡奕明，2015）。当国有公司发生商业信用违约时，政府尽可能提供救助措施，降低了公司供应商所面临的违约风险和利益损失。综上所述，国有公司作为国家政府政策扶持和隐性担保对象，其整体商业信用水平相对民营公司较高，违约风险较小，其商业信用融资水平会更高；另一方面，国家政府机构的税收优惠和政策扶持会滋生国有公司高管和员工的"惰性"，公司薪酬差距的增加，并没有有效激发高管和员工的工作积极性，导致其缺乏竞争意识，长此以往，不利于公司远期发展战略的实施，会降低国有公司业绩，公司偿债能力和营运能力均受到影响，不利于公司开展商业信用融资。

正如前文所述，我国国务院、国资委、中央政治局等政府相关部门针对中央企业负责人颁布两次"限薪令"（即2009年和2015年"限薪令"），国有公司在实施国家政策法规的规范性与民营公司存在差异，势必对薪酬差距与商业信用融资水平的影响效应产生不同程度的作用差异，因此，在探究公司薪酬差距对商业信用融资影响过程中，有必要考虑上市公司产权性质的影响。

基于以上分析，本章提出公司产权性质对薪酬差距与商业信用融资水平的异质性影响的竞争性对立假设：

H5.3：相对于民营公司，国有公司中公司薪酬差距对商业信用融

资水平的正向（或者负向）影响效应会加剧。

H5.4：相对于民营公司，国有公司中公司薪酬差距对商业信用融资水平的正向（或者负向）影响效应会减弱。

三 本章理论分析模型

本章理论如图5-1所示。基于锦标赛理论，公司高管团队、高管与员工之间薪酬差距越高，会激发公司高管和员工工作积极性，提升公司绩效，进而提高公司偿债能力、营运能力、盈利能力和发展能力，降低公司商业信用违约风险，提高公司商业信用融资水平，即假设H5.1。基于行为理论，公司高管团队、高管与员工之间薪酬差距越高，越容易降低公司高管和员工工作积极性，导致公司绩效下降，降低偿债能力、营运能力、盈利能力和发展能力，导致公司商业信用违约风险上升，最终降低了公司商业信用融资水平，即假设H5.2；以债务代理成本理论分析，公司薪酬增加，会促使公司高管和股东利益趋于一致，债权人的监督成本上升，从而会影响商业信用融资水平，即假设H5.2；以管理层防御理论推断，公司薪酬差距的增加，具有"防御"意识的公司高管会倾向于降低商业信用融资水平，即假设H5.2。公司产权性质不同，执行国家政策法规和政府扶持方针存在差异，当公司薪酬差距增加时，对商业信用融资水平的影响效应会产生异质性影响，本书提出假设H5.3和H5.4。

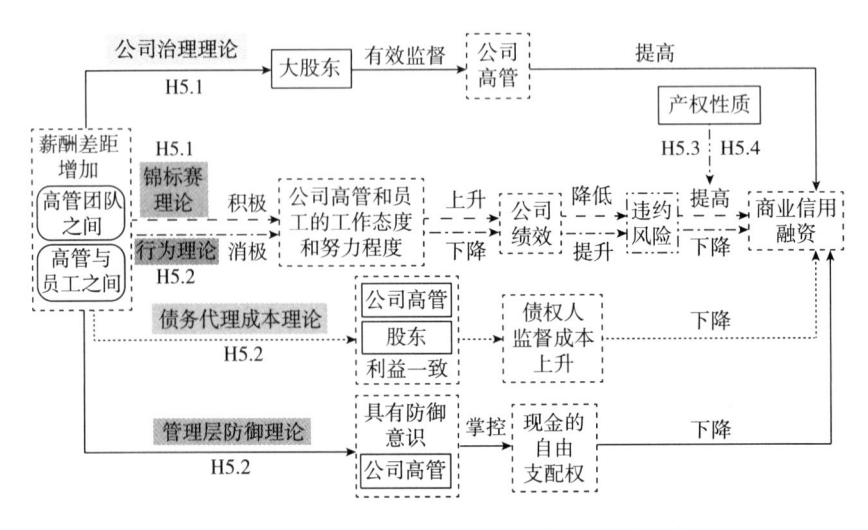

图5-1 薪酬差距影响商业信用融资理论分析图解

第二节 研究设计

一 变量选择和定义

（一）被解释变量

已有文献研究商业信用融资的衡量方法主要有：（应付账款＋应付票据）/年末总资产（袁卫秋和汪立静，2016），其缺陷在于商业信用选用项目不全面，有待进一步完善；（应付账款＋应付票据＋预收账款）/期末资产总额（陆正飞和杨德明，2011；王化成等，2016；袁卫秋和汪立静，2016；王满等，2017；朱杰，2018；潘临等，2018），该衡量商业信用融资的方法是最普遍采用的，但其缺陷在于仅仅考虑了商业信用融资需求取得的资金，未考虑商业融资供给提供的资金；朱文莉和白俊雅（2018）、李艳平（2019）提出商业信用融资需求和供给的衡量方法，其中商业信用需求采用（应付账款＋应付票据－预付账款）/期末资产总额，其优点在于结合商业信用供给因素的影响，确定商业信用融资需求较为合理，但仅仅考虑静态资产负债表中相关项目的影响，没有涵盖增量因素的影响；方红星和楚有为（2019）提出衡量商业信用水平的方法为：（应付账款＋应付票据－预付账款）/营业成本，该方法不仅考虑了商业信用需求因素，也考虑了商业信用供给因素，既涵盖了静态的资产负债表项目，又结合了动态的利润表项目。综上所述，本书借鉴陈胜蓝和马慧（2018）、方红星和楚有为（2019）的研究方法，设置商业信用融资水平指标，采用（应付账款＋应付票据－预付账款）/营业成本进行衡量，模型中变量名称为商业信用融资水平，变量符号为 Comcredit。考虑与公司外部和内部薪酬差距相匹配，公司内部薪酬差距对应商业信用融资水平核算如上所述，公司外部薪酬差距对应商业信用融资水平借鉴钱爱民和朱大鹏（2017）调整方法，即商业信用融资水平－同年同行业中值，变量符号为 Comcreditd。

（二）解释变量

本章薪酬差距的核算同第四章核算方法相同，薪酬差距包括公司外部和公司内部薪酬差距，前者包括高管团队和高管员工外部薪酬差距中值，后者包括高管团队和高管员工之间相对薪酬差距。最终薪酬差距包括四个衡量指标，分别为：高管团队外部薪酬差距中值、高管员工外部薪酬差距中值、高管团队相对薪酬差距和高管员工相对薪酬差距。

（三）其他变量

本书选取公司产权性质作为调节变量，将样本公司按照实际控制人性质分为国有公司和民营公司，进而展开研究。同时，为保障研究问题的客观性和全面性，研究结论的可验证性，借鉴已有文献研究，本章主要选用四个方面控制变量①对薪酬差距影响商业信用融资水平进行控制：一是公司基本特征方面：包括公司规模（Size）、流动比率（Curatio）、公司绩效（ROE）、公司成立年龄（Age）、有形资产比重（Tanasratio）变量；二是股权治理特征方面：股权集中度（Shholder1）；三是董事会治理特征方面：包括两职合一（Manaboard）、董事会规模（Manasize）、独立董事规模（Indepratio）变量；四是监事会治理特征方面：监事会规模（Supsize）。模型中还控制了行业和年份的影响效应，控制变量定义和具体核算过程与第四章相同。表5-1显示本章模型变量的定义和具体计算过程。

表5-1　　　　　　　　模型变量设置及计算过程分析

	变量名称	变量符号	计算过程
被解释变量	商业信用融资水平	Comcreditd	商业信用融资水平-同年同行业商业信用融资水平中值
		Comcredit	（应付账款+应付票据-预付账款）/营业成本
解释变量	高管团队外部薪酬差距中值	CEOdmed	（公司高管团队薪酬差距-同年同行业高管团队薪酬差距中值）/同年同行业高管团队薪酬差距中值
	高管员工外部薪酬差距中值	CEOempdmed	（公司高管员工薪酬差距-同年同行业高管员工薪酬差距中值）/同年同行业高管员工薪酬差距中值
	高管团队相对薪酬差距	CEORg	核心高管薪酬均值/非核心高管薪酬均值

① 本章实证模型控制变量选取和第四章内容一致，这里不再赘述。

续表

	变量名称	变量符号	计算过程
解释变量	高管员工相对薪酬差距	CEOempRg	公司高管薪酬均值/普通员工薪酬均值
调节变量	产权性质	SOE	如果公司为国有公司,取值为1,如果为民营公司为0
控制变量—公司基本特征	公司规模	Size	Ln(年末资产总额)
	流动比率	Curatio	流动资产/流动负债×100%
	公司绩效	ROE	净资产收益率=净利润/平均股东权益×100%
	公司成立年龄	Age	Ln(上市公司成立年数+1)
	有形资产比重	Tanasratio	有形资产比重=(资产总额-无形资产-商誉)/总资产
控制变量—股权治理特征	股权集中度	Shholder1	第一大股东持股占总股本比重
控制变量—董事会治理特征	两职合一	Manaboard	董事长和总经理是否两职合一:两职合一为1,否则为0
	董事会规模	Manasize	Ln(董事会成员人数)
	独立董事规模	Indepratio	独立董事比例=独立董事人数/董事会总人数
控制变量—监事会治理特征	监事会规模	Supsize	Ln(监事会人数)
控制变量—其他	年度	Year	公司某一年度取值为1,其他年度取值为0
	行业	Ind	某一行业取值为1,其他行业取值为0

资料来源:笔者根据相关文献整理汇总。

二 模型构建

为检验薪酬差距对商业信用融资的影响,本书借鉴方红星和楚有为(2019)的研究成果,考虑上述控制变量的影响构建回归模型(5-1)[①]

---

① 模型中 Commerfinance$_{i,t}$ 表示公司商业信用融资水平,包括基于行业中值计算的商业信用融资水平 Comcreditd 和对应内部薪酬差距确定的 Comcredit;模型中 Gap$_{i,t}$ 表示公司各类薪酬差距,和第四章衡量方法一致,这里不再赘述。

验证假设 H5.1 和 H5.2。

$$Commerfinance_{i,t} = \alpha_0 + \alpha_1 Gap_{i,t} + \sum_{q=2}^{m} \alpha_q ControlVariable_{i,t} + \sum Year + \sum Ind + \varepsilon_{i,t} \quad (5-1)$$

三 样本选取和数据收集

本章选择中国沪深两市 A 股上市公司 2006—2019 年度财务报表数据为研究样本，样本行业分类依据我国证监会于 2012 年修订的《上市公司行业分类指引》，为确保实证检验研究的科学性和可靠性，保障研究结论具有客观性和普适性，本章对研究的数据样本进行如下处理：①剔除金融行业的公司，主要原因在于金融行业公司有特定的账务处理和财经法规；②剔除受到证监会 ST、*ST 和 PT 处理的上市公司，从而避免其对实证检验的结果会产生干扰，影响研究结论的可靠性；③剔除数据缺失严重的样本；④剔除可能会影响实证检验结果的异常值。在上述样本处理基础上，本章对所有连续变量都在 1% 和 99% 分位数上做了 Winsorize 处理。样本中的薪酬差距、商业信用融资和实证模型所涉及的具体数据均来自 CSMAR 数据库、Wind 数据库、RESSET 数据库，部分数据缺失通过查阅沪深证券交易所官方网站和巨潮咨询网上市公司年报信息进行手工整理。本书采用 Stata15.0、SPSS22.0 和 Excel2010 等软件进行统计分析和实证检验。

第三节 实证结果及分析

一 描述性统计分析

本书对薪酬差距与商业信用融资水平的模型所有变量进行描述性统计，得到表 5-2 的统计结果。

从表 5-2 的描述性统计，可以发现：①商业信用融资水平（Comcreditd and Comcredit）最大值与最小值存在一定差异，说明我国上市公司商业信用融资水平存在较大差异。②高管团队和高管员工外部薪酬差距中值的最大值与最小值相比相差金额较大，说明公司外部薪酬差距会受到行业因素的影响；高管团队相对薪酬差距最大值为 2.9222，均值为 0.8778，而高管员工相对薪酬差距最大值为 40.1925，均值为 8.5894，

第五章 | 薪酬差距对商业信用融资的影响

表 5-2　描述性统计分析

变量名称	变量符号	观测值	均值	标准差	最小值	25%分位	中位数	75%分位	最大值
商业信用融资水平	Comcreditd	23748	0.0308	0.2542	-1.1343	-0.0957	0.0000	0.1225	1.4503
	Comcredit	23748	0.2491	0.2808	-0.6577	0.0856	0.2008	0.3691	1.6287
高管团队外部薪酬差距中值	CEOdmed	23748	0.8634	9.0673	-37.3163	-1.5639	0.0000	2.4666	46.1905
高管员工外部薪酬差距中值	CEOempdmed	23748	0.2818	1.0525	-1.2801	-0.3614	0.0010	0.5703	5.8049
高管团队相对薪酬差距	CEORg	23748	0.8778	0.4570	-0.4745	0.5879	0.8155	1.0865	2.9222
高管员工相对薪酬差距	CEOempRg	23748	8.5894	6.5888	0.6040	4.4347	6.7725	10.5939	40.1925
产权性质	SOE	23748	0.4655	0.4988	0	0	0	1	1
公司规模	Size	23748	22.0468	1.3270	14.9374	21.1218	21.8750	22.7803	28.5087
流动比率	Curatio	23748	2.1702	2.3036	0.2234	1.0327	1.4765	2.3348	15.7975
公司绩效	ROE	23748	-0.4144	4.2144	-32.8298	-0.3254	0.0194	0.2635	9.9343
公司成立年龄	Age	23748	2.7416	0.3723	1.6094	2.5649	2.7726	2.9957	3.5553
有形资产比重	Tanasratio	23748	0.9317	0.0830	0.5164	0.9194	0.9585	0.9808	1.0000
股权集中度	Shholder1	23748	0.3513	0.1496	0.0866	0.2326	0.3307	0.4545	0.7496
两职合一	Manaboard	23748	0.0363	0.1869	0	0	0	0	1
董事会规模	Manasize	23748	2.1586	0.2001	1.0986	2.0794	2.1972	2.1972	2.9444
独立董事规模	Indepratio	23748	0.3704	0.0521	0.3000	0.3333	0.3333	0.4000	0.5714
监事会规模	Supsize	23748	1.2699	0.2642	0.6931	1.0986	1.0986	1.6094	1.9459

207

均高于高管团队相对薪酬差距，说明公司内部高管员工之间薪酬差距较大。③公司规模的最大值和最小值相差较大，说明我国上市公司规模存在一定差异；流动比率最大值为 15.7975，最小值为 0.2234，变动程度较大，说明上市公司偿债能力具有较大差异；公司绩效最大值为 9.9343，最小值为 -32.8298，变化程度较大，说明上市公司绩效波动较大；公司成立年龄最大值为 3.5553，最小值为 1.6094，均值为 2.7416，说明公司成立年龄存在一定差异；有形资产比重最大值为 1，最小值为 0.5164，均值为 0.9317，变化不大，说明上市公司资产抵押担保水平相差不大；股权集中度最大值为 0.7496，最小值为 0.0866，均值为 0.3513，说明我国上市公司股权集中度具有一定差异，且股权集中度普遍较高；独立董事规模最大值为 0.5714，均值为 0.3704，相差不大，说明我国上市公司独立董事规模基本相似。董事会和监事会规模最大值和最小值有一定差距，说明我国上市公司之间的公司治理结构存在一定差距。

二 相关性分析

表 5-3 显示研究变量之间的相关系数矩阵，矩阵下三角部分为 Pearson 检验结果，矩阵上三角部分为 Spearman 检验结果。通过相关系数矩阵可以发现，高管团队外部薪酬差距中值（CEOdmed）、高管员工外部薪酬差距中值（CEOempdmed）与商业信用融资水平（Comcreditd）呈现负相关，高管团队相对薪酬差距（CEORg）和高管员工相对薪酬差距（CEOempRg）与商业信用融资水平（Comcredit）均在 1% 水平下显著负相关，初步验证假设 H5.2。综上分析可以发现，不考虑其他控制变量影响，薪酬差距与商业信用融资水平呈现负向相关，具体影响还需要通过多元回归模型进一步验证。

公司规模（Size）与商业信用融资水平呈现显著正向关系，说明公司规模越大，公司发展前景较好，具有良好偿债能力，公司会更容易进行商业信用融资；公司绩效（ROE）与商业信用融资水平呈现显著负相关关系，说明公司绩效越高，公司盈利能力越强，公司高管会选择风险较低、资金使用期限较长的方式融资，商业信用融资水平有固定的还本付息日，财务风险较高，公司不会采用此种方式融资；公司上市年限（Age）与商业信用融资水平呈现正相关关系，说明公司上市年份越久，

表 5-3 薪酬差距与商业信用融资模型变量的相关性分析

	1	2	3	4	5	6	7	8	9	10	11	12	13	14	15	16	17
1. Comcredid		0.819***	-0.001	-0.033***	-0.014**	-0.026***	0.032***	0.060***	-0.209***	-0.024***	-0.013***	0.016**	-0.010	0.013**	0.032***	-0.001	0.029***
2. Comcredit	0.911***		0.005	-0.028***	-0.015***	-0.023***	-0.065***	0.118***	-0.105***	-0.019***	0.083***	-0.027***	-0.035***	0.062***	-0.038***	0.033***	-0.072***
3. CEOxlmed	-0.003	-0.000		0.156***	-0.812***	0.128***	-0.010	-0.048***	0.014***	-0.003	-0.023***	0.002	0.010	-0.024***	-0.009	-0.001	0.064***
4. CEOempdmed	-0.050***	-0.048***	0.084***		-0.052***	0.759***	0.001	0.317***	0.001	0.032***	0.005	0.003	-0.005	-0.031***	0.128***	-0.019***	0.052***
5. CEORg	-0.028***	-0.025***	-0.467***	0.012*		-0.062***	0.034***	0.117***	-0.005	0.008	-0.000	0.003	0.003	0.022***	0.044***	-0.011	-0.056***
6. CEOempRg	-0.044***	-0.050***	0.058***	0.759***	0.011*		-0.155***	0.166***	0.016***	0.017***	0.033***	-0.095***	-0.091***	-0.001	0.040***	-0.011	-0.031***
7. SOE	0.022***	-0.052***	-0.018***	0.022***	0.021***	-0.096***		0.262***	-0.309***	0.013***	0.090***	0.156***	0.202***	-0.134***	0.255***	-0.067***	0.400***
8. Size	0.042***	0.097***	-0.025***	0.330***	0.117***	0.200***	0.275***		-0.311***	0.016***	0.232***	0.027***	0.179***	-0.012*	0.210***	0.022***	0.170***
9. Curatio	-0.192***	-0.170***	0.008	-0.050***	-0.023***	-0.055***	-0.236***	-0.277***		-0.008	-0.103***	0.051***	-0.029***	0.060***	-0.174***	0.049***	-0.241***
10. ROE	-0.046***	-0.038***	-0.005	0.059***	0.024***	0.044***	-0.038***	0.028***	0.052***		0.025***	0.008	0.006	0.039***	0.008	-0.017***	-0.021***
11. Age	0.017***	0.091***	-0.033***	0.014**	0.009	0.037***	0.100***	0.192***	-0.136***	0.002		-0.012*	-0.143***	0.112***	-0.037***	0.022***	-0.046***
12. Tanassratio	0.022***	-0.006	0.005	0.022***	0.005	-0.021***	0.122***	0.008	0.065***	-0.003	-0.048***		0.126***	-0.048***	0.050***	-0.020***	0.103***
13. Shholder1	-0.014***	-0.032***	0.016***	-0.014**	0.007	-0.081***	0.204***	0.227***	-0.023***	0.027***	-0.144***	0.116***		-0.037***	0.014**	0.027***	0.100***
14. Manaboard	0.021***	0.058***	-0.021***	-0.024***	0.023***	-0.009	-0.134***	-0.016***	0.029***	0.022***	0.111***	-0.050***	-0.040***		-0.102***	0.062***	-0.282***
15. Manasize	0.022***	-0.028***	0.009	0.131***	0.039***	0.057***	0.257***	0.229***	-0.132***	0.001	-0.028***	0.046***	0.025***	-0.097***		-0.474***	0.316***
16. Indepratio	0.003	0.033***	-0.010	-0.023***	-0.003	-0.014**	-0.062***	0.043***	0.031***	-0.009	0.009	-0.018***	0.045***	0.060***	-0.468***		-0.100***
17. Supsize	0.036***	-0.025***	0.035***	0.065***	-0.060***	-0.011	0.392***	0.228***	-0.168***	-0.024***	0.035***	0.089***	0.097***	-0.096***	0.330***	-0.103***	

注：*、**、***分别表示变量之间在10%、5%、1%置信水平下显著；下同。下三角为Pearson相关系数，上三角为Spearman相关系数。

会倾向于选择商业信用融资水平；股权集中度（Shholder1）与商业信用融资水平呈现显著负相关关系；董事会规模（Manasize）、监事会规模（Supsize）与商业信用融资水平呈现显著负相关关系，说明公司董事会规模和监事会规模越大，对公司进行日常经营决策效率受到影响，会影响到商业信用融资水平。相关性分析仅考虑每个因素与商业信用融资的单独产生的影响，未考虑其他控制因素带来的影响，具体影响还需要通过多元回归模型进一步验证。

表5-3中被解释变量和解释变量、控制变量之间的相关系数均小于0.5，本章为进一步验证模型中变量不存在多重共线性采用方差扩大因子法进行检验，检验结果显示各模型方差膨胀因子（VIF）均值小于2，最大值均小于10，说明模型变量之间不存在多重共线性问题。

三 多元回归分析

表5-4显示公司薪酬差距与商业信用融资水平的回归结果，其中高管员工外部薪酬差距中值、高管团队和高管员工相对薪酬差距与商业信用融资水平的回归系数分别在1%、5%和1%水平下呈现显著负向效应，能够充分证明假设H5.2.2、H5.2.3和H5.2.4。从回归结果分析，表明公司高管团队和高管与员工之间薪酬差距越高，薪酬没有发挥激励效应，公司高管和员工会出现消极怠工情绪，导致日常生产经营活动不能有效进行，对供应商款项的偿付不能保障，公司商业信用融资水平会降低。

表5-4　公司薪酬差距与商业信用融资水平多元回归结果

商业信用融资水平	Comcreditd	Comcreditd	Comcredit	Comcredit
CEOdmed	-0.0001 (-0.30)			
CEOempdmed		-0.0138*** (-5.05)		
CEORg			-0.0149** (-2.54)	
CEOempRg				-0.0019*** (-4.44)

续表

商业信用融资水平	Comcreditd	Comcreditd	Comcredit	Comcredit
Size	-0.0067**	-0.0016	-0.0053	-0.0034
	(-2.00)	(-0.46)	(-1.56)	(-0.98)
Curatio	-0.0251***	-0.0248***	-0.0260***	-0.0260***
	(-19.45)	(-19.23)	(-19.85)	(-19.89)
ROE	-0.0020***	-0.0019***	-0.0023***	-0.0022***
	(-4.31)	(-3.97)	(-4.80)	(-4.62)
Age	-0.0284***	-0.0284***	-0.0286***	-0.0297***
	(-2.99)	(-2.99)	(-2.96)	(-3.08)
Tanasratio	0.1878***	0.1875***	0.1925***	0.1876***
	(4.51)	(4.51)	(4.59)	(4.47)
Shholder1	-0.0371	-0.0461*	-0.0393	-0.0487**
	(-1.52)	(-1.90)	(-1.61)	(-1.99)
Manaboard	0.0189*	0.0186*	0.0198*	0.0181*
	(1.78)	(1.75)	(1.85)	(1.68)
Manasize	0.0109	0.0141	0.0127	0.0129
	(0.57)	(0.74)	(0.65)	(0.67)
Indepratio	0.0340	0.0320	0.0322	0.0287
	(0.54)	(0.50)	(0.49)	(0.44)
Supsize	0.0185	0.0168	0.0146	0.0150
	(1.31)	(1.19)	(1.01)	(1.04)
_cons	0.0269	-0.0749	0.0334	0.0083
	(0.31)	(-0.82)	(0.38)	(0.09)
年度效应	控制	控制	控制	控制
行业效应	控制	控制	控制	控制
N	23748	23748	23748	23748
Adj. R-Square	0.05	0.05	0.20	0.20

表5-5显示了产权性质对公司薪酬差距与商业信用融资关系的影响，在国有上市公司中，高管员工外部薪酬差距中值、高管团队和高管员工相对薪酬差距均与商业信用融资水平在1%水平下呈现显著负相关

表 5-5 公司薪酬差距影响商业信用融资水平的产权性质分组分析

商业信用融资水平	国有公司	民营公司	国有公司	民营公司	国有公司	民营公司	国有公司	民营公司
CEOdmed	0.0001 (0.37)	-0.0002 (-0.57)						
CEOempdmed			-0.0236*** (-6.16)	-0.0054 (-1.38)				
CEORg					-0.0350*** (-3.90)	-0.0032 (-1.38)		
CEOempRg							-0.0033*** (-5.04)	-0.0012** (-2.04)
控制变量	控制	控制	控制	控制	控制	控制	控制	控制
年份、行业	控制	控制	控制	控制	控制	控制	控制	控制
N	11054	12694	11054	12694	11054	12694	11054	12694
Adj. R-Square	0.06	0.06	0.07	0.06	0.20	0.22	0.20	0.22
Suest (X²)	0.76 (0.3835)		35.69*** (0.0000)		17.50*** (0.0000)		15.41*** (0.0001)	

关系，相对于民营公司，两者之间的负向效应显著加强，组间系数差异检验均呈现1%水平下显著性，实证结果支持假设H5.3。回归结果表明，在国有公司中，随着高管团队和高管与员工之间薪酬差距的增加，高管和员工工作积极性并没有被有效调动起来，公司日常生产经营活动缺乏有效开展的动力，不利于提高公司发展能力、盈利能力、营运能力和偿债能力，会加剧商业信用融资水平的下降。

四　稳健性检验

本章通过多种稳健性检验方法，验证实证研究结果的可靠性。首先，解决实证模型内生性问题，采用倾向得分匹配方法解决数据样本自选择偏误的问题，选择工具变量法排除实证模型中被解释变量和解释变量互为因果的问题，采用未来一期被解释变量进一步验证模型内生性问题。其次，解释变量转化为分类变量，采用有序Logistic回归模型重新验证、变更被解释变量的衡量方法、变更解释变量的衡量方法，检验实证回归结果的稳健性。最后，对原有模型控制变量进行了补充，解决遗漏变量的问题。

（一）内生性检验

1. 内生性检验一：倾向得分匹配

公司薪酬差距高低分组不是随机产生，为解决模型样本自选择偏误问题，本章采用倾向得分匹配（Propensity Score Matching，简称PSM）方法[①]。表5-6显示的是薪酬差距与商业信用融资水平倾向得分匹配后的回归结果，可以发现公司高管员工外部薪酬差距中值与商业信用融资水平在1%水平下呈现显著负相关关系，高管团队相对薪酬差距与商业信用融资水平在5%水平下呈现显著负相关关系，高管员工相对薪酬差距与商业信用融资水平在10%水平下呈现显著负相关关系，本书结论不发生改变。

表5-7显示的是公司产权性质对薪酬差距与商业信用融资水平的异质性影响进行倾向得分匹配后的回归结果，可以发现在国有公司中，公司高管员工外部薪酬差距中值与商业信用融资水平在1%水平下呈现显著负相关关系，高管团队相对薪酬差距与商业信用融资水平在1%水

[①] 本章倾向得分匹配方法的回归分析过程与第四章内容一致，这里不再赘述。

表5-6　公司薪酬差距与商业信用融资水平倾向得分匹配回归结果

商业信用融资水平	Comcreditd	Comcreditd	Comcredit	Comcredit
CEOdmed	-0.0001 (-0.38)			
CEOempdmed		-0.0128*** (-2.94)		
CEORg			-0.0198** (-2.48)	
CEOempRg				-0.0013* (-1.88)
控制变量	控制	控制	控制	控制
年份、行业	控制	控制	控制	控制
N	12653	13510	12601	12967
Adj. R-Square	0.04	0.05	0.19	0.20

平下呈现显著负相关关系，且组间系数差异检验均为1%水平下显著，说明在国有公司中，高管员工外部薪酬差距中值、高管团队相对薪酬差距与商业信用融资的负向效应会加剧，和本书结论基本一致，排除了实证模型样本自选择的问题。

2. 内生性检验二：工具变量法

为消除公司薪酬差距与商业信用融资之间互为因果问题，本书采取工具变量两阶段回归法（2SLS）进行内生性检验。本书借鉴吕峻（2014）和盛明泉（2019）的研究方法，选取滞后一期解释变量作为薪酬差距的工具变量之一；借鉴刘春和孙亮（2010）、梁上坤等（2019）的研究方法，选取滞后三期解释变量作为薪酬差距又一工具变量。

表5-8显示公司薪酬差距与商业信用融资工具变量法回归结果，第（3）列和第（4）列显示控制内生性问题后，公司高管团队外部薪酬差距中值与商业信用融资水平呈现负相关，高管员工外部薪酬差距中值、高管团队和高管员工相对薪酬差距与商业信用融资水平均在1%水平下呈现显著负相关关系，能够证明假设H5.2.2、H5.2.3和H5.2.4。表5-8报告了工具变量的选择合理性的统计性检验结果，工具变量与

表5-7 公司薪酬差距影响商业信用融资水平倾向得分匹配后产权性质分组分析

商业信用融资水平	国有公司	民营公司	国有公司	民营公司	国有公司	民营公司	国有公司	民营公司
CEOdmed	0.0001 (0.10)	-0.0002 (-0.40)						
CEOempdmed			-0.0272*** (-4.38)	-0.0028 (-0.46)				
CEORg					-0.0532*** (-4.06)	-0.0001 (-0.01)		
CEOempRg							-0.0020* (-1.87)	-0.0011 (-1.14)
控制变量	控制	控制	控制	控制	控制	控制	控制	控制
年份、行业	控制	控制	控制	控制	控制	控制	控制	控制
N	5643	7010	5769	7741	5584	7017	6707	6260
Adj. R-Square	0.05	0.06	0.07	0.07	0.19	0.22	0.20	0.22
Suest（X^2）	0.19 (0.6597)		18.82*** (0.0000)		17.93*** (0.0000)		0.72 (0.3957)	

表5-8　公司薪酬差距与商业信用融资水平工具变量法回归结果

变量	Panel A：第一阶段回归		Panel B：第二阶段回归	
	（1）	（2）	（3）	（4）
	CEOdmed	CEOempdmed	Comcreditd	Comcreditd
Instr_CEOdmed			-0.00004 （-0.06）	
Instr_CEOempdmed				-0.0223*** （-7.97）
LCEOdmed	0.3584*** （43.38）			
L3CEOdmed	0.0983*** （13.84）			
LCEOempdmed		0.7180*** （97.28）		
L3CEOempdmed		0.1120*** （15.85）		
控制变量	控制	控制	控制	控制
年份、行业	控制	控制	控制	控制
N	12792	12792	12792	12792
Adj-R²	0.1687	0.7023	0.0496	0.0546
F值	37.57 （P=0.0000）	426.08 （P=0.0000）		
Shea's Partial R²	0.1659	0.6375		
Sargan卡方			0.3327 （P=0.5641）	2.7241 （P=0.0988）
变量	Panel A：第一阶段回归		Panel B：第二阶段回归	
	（1）	（2）	（3）	（4）
	CEORg	CEOempRg	Comcredit	Comcredit
Instr_CEORg			-0.0331*** （-4.25）	
Instr_CEOempRg				-0.0035*** （-7.86）

续表

变量	Panel A：第一阶段回归		Panel B：第二阶段回归	
	(1)	(2)	(3)	(4)
	CEORg	CEOempRg	Comcredit	Comcredit
LCEORg	0.5657***			
	(71.81)			
L3CEORg	0.1464***			
	(18.91)			
LCEOempRg		0.6858***		
		(91.84)		
L3CEOempRg		0.1303***		
		(17.55)		
控制变量	控制	控制	控制	控制
年份、行业	控制	控制	控制	控制
N	12792	12792	12792	12792
Adj-R^2	0.4551	0.6530	0.2049	0.2069
F 值	151.44	339.96		
	(P=0.0000)	(P=0.0000)		
Shea's Partial R^2	0.4229	0.5990		
Sargan 卡方			0.0309	4.7592
			(P=0.8604)	(P=0.0291)

解释变量显著正相关，F值均显著，Shea's Partial R^2 与这个模型 R^2 相比很大，排除了弱工具变量的可能性；高管团队和高管员工外部薪酬差距中值的工具变量 Sargan 卡方不显著，说明该工具变量是外生变量，不存在过度识别问题。高管团队相对薪酬差距的工具变量 Sargan 卡方不显著，说明该工具变量是外生变量，不存在过度识别问题；高管员工相对薪酬差距的工具变量 Sargan 卡方存在一定显著性，拒绝了工具变量是外生的原假设，工具变量会存在一定过度识别的问题。

表5-9显示国有公司薪酬差距与商业信用融资工具变量法回归结果，第（3）列和第（4）列显示控制内生性问题后，高管员工外部薪酬差距中值、高管团队和高管员工相对薪酬差距与商业信用融资水平均

在1%水平下呈现显著负相关关系。表5-9报告了工具变量的选择合理性的统计性检验结果,工具变量与解释变量显著正相关,F值均显著,Shea's Partial R^2 与这个模型 R^2 相比很大,排除了弱工具变量的可能性;高管团队和高管员工外部薪酬差距中值的工具变量Sargan卡方不显著,说明该工具变量是外生变量,不存在过度识别问题。高管团队相对薪酬差距的工具变量Sargan卡方不显著,说明该工具变量是外生变量,不存在过度识别问题;高管员工相对薪酬差距的工具变量Sargan卡方存在一定显著性,拒绝了工具变量是外生的原假设,工具变量会存在一定过度识别的问题。

表5-9 国有公司薪酬差距与商业信用融资水平工具变量法回归结果

变量	Panel A:第一阶段回归		Panel B:第二阶段回归	
	(1)	(2)	(3)	(4)
	CEOdmed	CEOempdmed	Comcreditd	Comcreditd
Instr_CEOdmed			0.0005 (0.49)	
Instr_CEOempdmed				-0.0347*** (-9.41)
LCEOdmed	0.2989*** (27.04)			
L3CEOdmed	0.0908*** (9.80)			
LCEOempdmed		0.6909*** (69.64)		
L3CEOempdmed		0.1268*** (13.55)		
控制变量	控制	控制	控制	控制
年份、行业	控制	控制	控制	控制
N	6970	6970	6970	6970
Adj-R^2	0.1294	0.7025	0.0676	0.0799
F值	16.23 (P=0.0000)	243.02 (P=0.0000)		

续表

变量	Panel A：第一阶段回归		Panel B：第二阶段回归	
	(1)	(2)	(3)	(4)
	CEOdmed	CEOempdmed	Comcreditd	Comcreditd
Shea's Partial R²	0.1229	0.6239		
Sargan 卡方			0.1352 (P=0.9074)	2.8337 (P=0.0923)

变量	Panel A：第一阶段回归		Panel B：第二阶段回归	
	(1)	(2)	(3)	(4)
	CEORg	CEOempRg	Comcredit	Comcredit
Instr_CEORg			−0.0647*** (−5.50)	
Instr_CEOempRg				−0.0052*** (−8.53)
LCEORg	0.5120*** (47.02)			
L3CEORg	0.1622*** (15.44)			
LCEOempRg		0.6784*** (68.98)		
L3CEOempRg		0.1396*** (14.43)		
控制变量	控制	控制	控制	控制
年份、行业	控制	控制	控制	控制
N	6790	6970	6970	6970
Adj−R²	0.4151	0.6762	0.2160	0.2229
F 值	73.73 (P=0.0000)	214.98 (P=0.0000)		
Shea's Partial R²	0.3710	0.6095		
Sargan 卡方			0.1145 (P=0.7351)	5.1644 (P=0.0231)

表5-10显示民营公司薪酬差距与商业信用融资工具变量法回归结果，第（3）列和第（4）列显示控制内生性问题后，高管员工外部薪酬差距中值、高管员工相对薪酬差距与商业信用融资水平分别在10%和1%水平下呈现显著负相关关系。表5-10报告了工具变量的选择合理性的统计性检验结果，工具变量与解释变量显著正相关，F值均显著，Shea's Partial R^2 与这个模型 R^2 相比很大，排除了弱工具变量的可能性；薪酬差距的工具变量Sargan卡方不显著，说明该工具变量是外生变量，不存在过度识别问题。

表5-10　民营公司外部薪酬差距与商业信用融资水平工具变量法回归结果

变量	Panel A：第一阶段回归		Panel B：第二阶段回归	
	（1）	（2）	（3）	（4）
	CEOdmed	CEOempdmed	Comcreditd	Comcreditd
Instr_CEOdmed			-0.0002 （-0.28）	
Instr_CEOempdmed				-0.0083* （-1.90）
LCEOdmed	0.4192*** （33.40）			
L3CEOdmed	0.0977*** （8.78）			
LCEOempdmed		0.7437*** （66.50）		
L3CEOempdmed		0.0923*** （8.49）		
控制变量	控制	控制	控制	控制
年份、行业	控制	控制	控制	控制
N	5822	5822	5822	5822
Adj-R^2	0.2152	0.7058	0.0613	0.0622
F值	23.80 （P=0.0000）	200.53 （P=0.0000）		
Shea's Partial R^2	0.2074	0.6415		

续表

变量	Panel A：第一阶段回归		Panel B：第二阶段回归	
	(1)	(2)	(3)	(4)
	CEOdmed	CEOempdmed	Comcreditd	Comcreditd
Sargan 卡方			1.0470 (P=0.3062)	0.3789 (P=0.5382)

变量	Panel A：第一阶段回归		Panel B：第二阶段回归	
	(1)	(2)	(3)	(4)
	CEORg	CEOempRg	Comcredit	Comcredit
Instr_CEORg			-0.0106 (-0.99)	
Instr_CEOempRg				-0.0023*** (-3.38)
LCEORg	0.6093*** (52.66)			
L3CEORg	0.1237*** (10.75)			
LCEOempRg		0.6803*** (59.02)		
L3CEOempRg		0.1137*** (9.82)		
控制变量	控制	控制	控制	控制
年份、行业	控制	控制	控制	控制
N	5822	5822	5822	5822
Adj-R^2	0.4968	0.6213	0.2243	0.2242
F 值	83.10 (P=0.0000)	137.44 (P=0.0000)		
Shea's Partial R^2	0.4538	0.5585		
Sargan 卡方			0.5104 (P=0.4750)	1.2600 (P=0.2617)

从工具变量法的回归结果中可以发现，基本能够验证支持本书主检验研究结果，由于个别工具变量存在过度识别问题，本书进一步采用了

变更被解释变量的方法进行检验。

3. 内生性检验三：未来一期被解释变量

为克服薪酬差距与商业信用融资的内生性问题，借鉴梁上坤等（2019）检验内生性问题方法，本书采用未来一期被解释变量进行检验。将未来一期商业信用融资水平带入薪酬差距与商业信用融资水平的多元回归模型（5-1），得到多元回归结果如表5-11所示。高管员工外部薪酬差距中值、高管员工相对薪酬差距与未来一期商业信用融资水平的回归系数均在1%水平下呈现显著负相关关系，高管团队相对薪酬差距与未来一期商业信用融资水平在10%水平下呈现显著负相关关系，以上回归结果与原模型检验结果基本一致，说明实证模型中变量之间不存在反向因果的内生性问题。

表5-11 公司薪酬差距与未来一期商业信用融资水平多元回归结果

未来一期商业信用融资水平	FComcreditd	FComcreditd	FComcredit	FComcredit
CEOdmed	0.0001 (0.11)			
CEOempdmed		-0.0142*** (-4.69)		
CEORg			-0.0135* (-1.94)	
CEOempRg				-0.0021*** (-4.46)
控制变量	控制	控制	控制	控制
年份、行业	控制	控制	控制	控制
N	17963	17963	17963	17963
Adj. R-Square	0.03	0.04	0.19	0.19

表5-12显示产权性质对薪酬差距与未来一期商业信用融资的异质性影响：在国有公司中，高管员工外部薪酬差距中值、高管团队相对薪酬差距与未来一期商业信用融资水平的回归系数均在1%水平下呈现显著负相关关系，相对于民营公司而言，其负向效应被显著加强，组间

表 5-12　公司薪酬差距影响未来一期商业信用融资水平的产权性质分组分析

未来一期商业信用融资水平	国有公司	民营公司	国有公司	民营公司	国有公司	民营公司	国有公司	民营公司
CEOdmed	0.0003 (0.87)	-0.0002 (-0.67)						
CEOempdmed			-0.0230*** (-5.47)	-0.0049 (-1.13)				
CEORg					-0.0355*** (-3.57)	0.0037 (0.37)		
CEOempRg							-0.0031*** (-4.47)	-0.0017** (-2.39)
控制变量	控制	控制	控制	控制	控制	控制	控制	控制
年份、行业	控制	控制	控制	控制	控制	控制	控制	控制
N	9071	8892	9071	8892	9071	8892	9071	8892
Adj. R-Square	0.05	0.04	0.06	0.04	0.19	0.20	0.20	0.20
Suest (x^2)	1.98 (0.1590)		28.51*** (0.0000)		20.48*** (0.0000)		5.49 (0.0192)	

系数差异检验均在1%水平下显著。以上回归结果与原模型检验结果基本一致，说明实证模型中变量之间不存在反向因果的内生性问题。

(二) 稳健性检验

1. 稳健性检验一：将被解释变量转换为分类变量

为检验实证结果敏感性，本书借鉴陈汉文和黄轩昊（2019）稳健性检验中设置分类变量的思路，将被解释变量转化为有序分类变量，将商业信用融资水平转换为分类变量（Comcreditd3q and Comcredit3q），其计量过程同第四章负债融资比率分类变量。

表5–13显示公司薪酬差距与商业信用融资水平分类变量进行有序Logistic回归结果，其中公司高管员工外部薪酬差距中值、高管员工相对薪酬差距与商业信用融资水平分类变量均在1%水平下呈现显著负相关关系，高管团队相对薪酬差距与商业信用融资水平分类变量在5%水平下呈现显著负相关关系，和本书实证研究结论基本一致，没有实质差异。

表5–13 公司薪酬差距与商业信用融资水平分类变量多元回归结果

商业信用融资水平分类变量	Comcreditd3q	Comcreditd3q	Comcredit3q	Comcredit3q
CEOdmed	-0.0004 (-0.26)			
CEOempdmed		-0.0768*** (-3.59)		
CEORg			-0.0958** (-2.18)	
CEOempRg				-0.0107*** (-2.91)
控制变量	控制	控制	控制	控制
年份、行业	控制	控制	控制	控制
N	23748	23748	23748	23748
Pseudo R^2	0.0269	0.0276	0.1357	0.1360

表5–14显示产权性质在公司薪酬差距与商业信用融资水平分类变量的异质性影响的有序Logistic回归结果，实证结果表明：在国有公司

表5-14 公司薪酬差距影响商业信用融资水平分类变量的产权性质分组分析

商业信用融资水平分类变量	国有公司	民营公司	国有公司	民营公司	国有公司	民营公司	国有公司	民营公司
CEOdmed	0.0005 (0.19)	-0.0006 (-0.27)						
CEOempdmed			-0.1497*** (-4.74)	-0.0152 (-0.50)				
CEORg					-0.2571*** (-3.71)	-0.0004 (-0.01)		
CEOempRg							-0.0275*** (-4.52)	-0.0002 (-0.05)
控制变量	控制	控制	控制	控制	控制	控制	控制	控制
年份、行业	控制	控制	控制	控制	控制	控制	控制	控制
N	11054	12694	11054	12694	11054	12694	11054	12694
Pseudo R^2	0.0310	0.0357	0.0340	0.0357	0.1395	0.1441	0.1413	0.1441

中，公司高管员工外部薪酬差距中值、高管团队相对薪酬差距、高管员工相对薪酬差距与商业信用融资水平分类变量均在1%水平下呈现显著负相关关系，相对于民营公司而言，其负向效应被显著加强。和本书实证研究结论基本一致，没有实质差异。

2. 稳健性检验二：变更被解释变量衡量方法

为降低实证模型遗漏变量的问题，本章参考陈胜蓝和马慧（2018）、方红星和楚有为（2019）衡量商业信用融资的方法，采取应付账款除以营业成本作为因变量商业信用融资水平的替代变量（Comcredit Ⅱ），公司外部薪酬差距对应的商业信用融资水平替代变量为其超过同年同行业中值（Comcreditd Ⅱ），带入模型（5-1）中，得到回归结果如表5-15所示。

表5-15显示公司薪酬差距与商业信用融资水平Ⅱ的回归结果，其中高管员工外部薪酬差距中值、高管团队和高管员工相对薪酬差距与商业信用融资水平Ⅱ均在1%水平下呈现显著负相关关系，以上回归结果与原模型检验结果一致，能够检验实证模型的稳健性。

表5-16显示产权性质在公司薪酬差距与商业信用融资水平Ⅱ的异

表5-15　公司薪酬差距与商业信用融资水平Ⅱ多元回归结果

商业信用融资水平Ⅱ	Comcreditd Ⅱ	Comcreditd Ⅱ	Comcredit Ⅱ	Comcredit Ⅱ
CEOdmed	0.0001 （0.57）			
CEOempdmed		-0.0146 *** （-5.82）		
CEORg			-0.0167 *** （-3.52）	
CEOempRg				-0.0018 *** （-4.48）
控制变量	控制	控制	控制	控制
年份、行业	控制	控制	控制	控制
N	25690	25690	25690	25690
Adj. R-Square	0.03	0.04	0.19	0.20

表 5 - 16　公司薪酬差距影响商业信用融资水平 II 的产权性质分组分析

商业信用融资水平 II	国有公司	民营公司	国有公司	民营公司	国有公司	民营公司	国有公司	民营公司
CEOdmed	0.0002 (1.02)	0.0001 (0.47)						
CEOempdmed			-0.0205*** (-6.20)	-0.0100*** (-2.88)				
CEORg					-0.0367*** (-4.64)	-0.0047 (-0.78)		
CEOempRg							-0.0026*** (-4.52)	-0.0013** (-2.30)
控制变量	控制	控制	控制	控制	控制	控制	控制	控制
年份、行业	控制	控制	控制	控制	控制	控制	控制	控制
N	11054	12694	11054	12694	11054	12694	11054	12694
Adj. R - Square	0.04	0.04	0.05	0.05	0.20	0.22	0.20	0.22
Suest (X^2)	0.28 (0.5991)		17.62*** (0.0000)		25.01*** (0.0000)		7.03*** (0.0080)	

质性影响的回归结果,实证结果表明:在国有公司中,公司高管员工外部薪酬差距中值、高管团队相对薪酬差距、高管员工相对薪酬差距与商业信用融资水平Ⅱ均在1%水平下呈现显著负相关关系,相对于民营公司而言,其负向效应被显著加强,组间系数差异检验均在1%水平下呈现显著性。和本书实证研究结论基本一致,没有实质差异。

3. 稳健性检验三:变更解释变量衡量方法

为避免遗漏变量,更全面考察薪酬差距对商业信用融资水平的影响,本章更换薪酬差距的衡量方式①,将薪酬差距各自变量带入模型(5-1)中,得到回归结果如表5-17所示。显示公司薪酬差距与商业信用融资水平的回归结果,其中高管员工外部薪酬差距均值、高管员工绝对薪酬差距与商业信用融资水平的回归系数均在1%水平下呈现显著负相关关系,实证回归结果与原模型检验结果一致,说明实证模型检验结果具有一定稳健性。薪酬差距的增加,不利于公司高管和员工团结合作,日常生产经营活动不能有效开展,公司提供的产品和服务质量会受到影响,不利于商业信用的提升,商业信用融资水平呈现下降趋势。

表5-18显示产权性质在公司薪酬差距替换变量与商业信用融资水

表5-17 公司薪酬差距替换变量与商业信用融资水平多元回归结果

因变量	Comcreditd	Comcreditd	Comcredit	Comcredit
CEOdmean	0.0001 (0.14)			
CEOempdmean		-0.0123*** (-4.31)		
CEOAg			-0.0043 (-1.00)	
CEOempAg				-0.0334*** (-5.38)
控制变量	控制	控制	控制	控制
年份、行业	控制	控制	控制	控制
N	23748	23748	23748	23748
Adj. R-Square	0.05	0.05	0.20	0.20

① 替换解释变量的计算过程和第四章核算方式一致,此处不再赘述。

表 5-18　公司薪酬差距替换变量影响商业信用融资水平的产权性质分组分析

商业信用融资水平	国有公司	民营公司	国有公司	民营公司	国有公司	民营公司	国有公司	民营公司
CEOdmean	0.0004 (0.78)	-0.0001 (-0.25)						
CEOempdmean			-0.0201*** (-5.21)	-0.0044 (-1.05)				
CEOAg					-0.0048 (-0.67)	-0.0048 (-0.91)		
CEOempAg							-0.0563*** (-6.01)	-0.0152* (-1.83)
控制变量	控制	控制	控制	控制	控制	控制	控制	控制
年份、行业	控制	控制	控制	控制	控制	控制	控制	控制
N	11054	12694	11054	12694	11054	12694	11054	12694
Adj. R-Square	0.06	0.06	0.06	0.06	0.19	0.22	0.20	0.22
Suest (X^2)	0.89 (0.3450)		21.44*** (0.0000)		0.001 (0.9956)		34.63*** (0.0000)	

平的异质性影响的回归结果,实证结果表明:在国有公司中,公司高管员工外部薪酬差距均值、高管员工绝对薪酬差距与商业信用融资水平均在1%水平下呈现显著负相关关系,相对于民营公司而言,其负向效应被显著加强,组间系数差异检验均在1%水平下呈现显著性。和本书实证研究结论基本一致,没有实质差异。

4. 稳健性检验四:模型补充控制变量

为全面考察公司治理因素对研究结果的影响,尽可能降低模型遗漏变量的问题,本书将管理层持股比例、董事会会议次数和监事会会议次数作为公司股权治理、董事会治理和监事会治理特征的补充控制变量加入原有模型中,重新回归进行检验。

表5-19显示公司薪酬差距与商业信用融资水平补充控制变量后的回归结果,其中高管员工外部薪酬差距中值、高管员工相对薪酬差距与商业信用融资水平的回归系数分别在1%和5%水平下呈现显著负相关关系,该结果与原模型检验结果一致,说明实证模型检验结果具有一定稳健性。

表5-19　公司薪酬差距与商业信用融资水平多元回归结果

商业信用融资水平	Comcreditd	Comcreditd	Comcredit	Comcredit
CEOdmed	-0.0002 (-0.97)			
CEOempdmed		-0.0088*** (-2.76)		
CEORg			-0.0101 (-1.41)	
CEOempRg				-0.0013** (-2.46)
Size	-0.0078* (-1.91)	-0.0044 (-1.02)	-0.0069* (-1.65)	-0.0055 (-1.31)
Curatio	-0.0237*** (-13.42)	-0.0235*** (-13.28)	-0.0254*** (-14.18)	-0.0254*** (-14.19)
ROE	-0.0019*** (-2.96)	-0.0018*** (-2.78)	-0.0022*** (-3.37)	-0.0022*** (-3.31)

续表

商业信用融资水平	Comcreditd	Comcreditd	Comcredit	Comcredit
Age	-0.0227**	-0.0228**	-0.0256**	-0.0260**
	(-2.05)	(-2.06)	(-2.24)	(-2.29)
Tanasratio	0.0908	0.0915	0.1175*	0.1109
	(1.30)	(1.31)	(1.68)	(1.59)
Shholder1	-0.0523*	-0.0592*	-0.0559*	-0.0629**
	(-1.71)	(-1.95)	(-1.76)	(-1.98)
Manaboard	0.0269	0.0263	0.0278	0.0273
	(1.31)	(1.27)	(1.33)	(1.31)
Manasize	0.0001	0.0029	0.0020	0.0022
	(0.01)	(0.12)	(0.08)	(0.09)
Indepratio	0.0613	0.0622	0.0371	0.0338
	(0.79)	(0.80)	(0.46)	(0.42)
Supsize	0.0093	0.0078	0.0041	0.0039
	(0.57)	(0.49)	(0.24)	(0.24)
LnManashold	-0.0008	-0.0007	-0.0007	-0.0006
	(-1.23)	(-1.01)	(-1.08)	(-0.87)
Mameeting	-0.0402***	-0.0397***	-0.0408***	-0.0403***
	(-3.64)	(-3.60)	(-3.57)	(-3.53)
Supmeeting	0.0180*	0.0188*	0.0163	0.0168
	(1.73)	(1.81)	(1.52)	(1.57)
_cons	0.2172*	0.1416	0.2388**	0.2204*
	(1.86)	(1.17)	(2.00)	(1.84)
年度效应	控制	控制	控制	控制
行业效应	控制	控制	控制	控制
N	10836	10836	10836	10836
Adj. R-Square	0.04	0.04	0.17	0.17

表5-20显示国有公司薪酬差距与商业信用融资水平补充控制变量后的回归结果，其中高管员工外部薪酬差距中值、高管员工相对薪酬差距与商业信用融资水平的回归系数分别均在1%水平下呈现显著负相关关系，高管团队相对薪酬差距与商业信用融资水平在5%水平下呈现显

著负相关关系，该结果与原模型检验结果一致，说明实证模型检验结果具有一定稳健性。

表5-20　国有公司薪酬差距与商业信用融资水平多元回归结果

商业信用融资水平	Comcreditd	Comcreditd	Comcredit	Comcredit
CEOdmed	0.0001 (0.03)			
CEOempdmed		-0.0172*** (-3.98)		
CEORg			-0.0246** (-2.53)	
CEOempRg				-0.0027*** (-3.65)
Size	-0.0016 (-0.30)	0.0051 (0.95)	0.0010 (0.19)	0.0040 (0.75)
Curatio	-0.0289*** (-7.70)	-0.0284*** (-7.49)	-0.0295*** (-7.68)	-0.0296*** (-7.66)
ROE	-0.0019*** (-2.70)	-0.0017** (-2.41)	-0.0022*** (-3.08)	-0.0021*** (-3.01)
Age	-0.0204 (-1.19)	-0.0225 (-1.30)	-0.0252 (-1.44)	-0.0255 (-1.45)
Tanasratio	0.0924 (0.84)	0.0909 (0.82)	0.1295 (1.19)	0.1086 (1.00)
Shholder1	-0.0714* (-1.69)	-0.0877** (-2.09)	-0.0825* (-1.90)	-0.0998** (-2.30)
Manaboard	-0.0034 (-0.05)	0.0101 (0.15)	-0.0035 (-0.05)	0.0125 (0.18)
Manasize	0.0345 (1.12)	0.0395 (1.30)	0.0368 (1.15)	0.0374 (1.18)
Indepratio	-0.0116 (-0.13)	-0.0185 (-0.20)	-0.0263 (-0.28)	-0.0258 (-0.28)
Supsize	0.0077 (0.40)	0.0062 (0.32)	-0.0008 (-0.04)	0.0012 (0.06)

续表

商业信用融资水平	Comcreditd	Comcreditd	Comcredit	Comcredit
LnManashold	-0.0019*	-0.0016	-0.0018*	-0.0017
	(-1.92)	(-1.63)	(-1.79)	(-1.63)
Mameeting	-0.0530***	-0.0509***	-0.0509***	-0.0500***
	(-3.85)	(-3.77)	(-3.67)	(-3.60)
Supmeeting	-0.0013	-0.0003	-0.0063	-0.0061
	(-0.11)	(-0.03)	(-0.51)	(-0.49)
_cons	0.1107	-0.0283	0.1031	0.0643
	(0.69)	(-0.17)	(0.64)	(0.40)
年度效应	控制	控制	控制	控制
行业效应	控制	控制	控制	控制
N	5888	5888	5888	5888
Adj. R-Square	0.05	0.06	0.16	0.17

表5-21显示民营公司薪酬差距与商业信用融资水平补充控制变量后的回归结果，和国有公司相对，薪酬差距与商业信用融资水平没有显著关系，结合国有公司表5-20的实证结果可以验证，国有公司中，薪酬差距与商业信用融资水平的负向效应被显著加强，该结果说明实证模型检验结果具有一定稳健性。

表5-21 民营公司薪酬差距与商业信用融资水平多元回归结果

商业信用融资水平	Comcreditd	Comcreditd	Comcredit	Comcredit
CEOdmed	-0.0005			
	(-1.46)			
CEOempdmed		0.0007		
		(0.14)		
CEORg			0.0021	
			(0.20)	
CEOempRg				-0.0005
				(-0.69)
Size	-0.0082	-0.0083	-0.0096	-0.0083
	(-1.16)	(-1.09)	(-1.31)	(-1.09)

续表

商业信用融资水平	Comcreditd	Comcreditd	Comcredit	Comcredit
Curatio	-0.0213***	-0.0213***	-0.0231***	-0.0231***
	(-10.86)	(-10.85)	(-11.62)	(-11.65)
ROE	-0.0021	-0.0021	-0.0022	-0.0022
	(-1.52)	(-1.53)	(-1.63)	(-1.62)
Age	-0.0210	-0.0208	-0.0226	-0.0225
	(-1.34)	(-1.32)	(-1.40)	(-1.40)
Tanasratio	0.0748	0.0752	0.0948	0.0949
	(0.97)	(0.97)	(1.23)	(1.23)
Shholder1	-0.0091	-0.0095	-0.0039	-0.0047
	(-0.21)	(-0.22)	(-0.09)	(-0.11)
Manaboard	0.0387*	0.0386*	0.0389*	0.0382*
	(1.67)	(1.66)	(1.68)	(1.65)
Manasize	-0.0291	-0.0302	-0.0236	-0.0225
	(-0.74)	(-0.77)	(-0.58)	(-0.56)
Indepratio	0.0961	0.0985	0.0704	0.0730
	(0.68)	(0.69)	(0.47)	(0.49)
Supsize	0.0230	0.0229	0.0295	0.0294
	(0.70)	(0.70)	(0.89)	(0.89)
LnManashold	-0.0009	-0.0009	-0.0008	-0.0007
	(-0.91)	(-0.93)	(-0.81)	(-0.79)
Mameeting	-0.0334*	-0.0335*	-0.0346*	-0.0349*
	(-1.83)	(-1.84)	(-1.81)	(-1.82)
Supmeeting	0.0344*	0.0344*	0.0349*	0.0354*
	(1.92)	(1.91)	(1.87)	(1.90)
_cons	0.2063	0.2097	0.2422	0.2179
	(0.93)	(0.89)	(1.06)	(0.93)
年度效应	控制	控制	控制	控制
行业效应	控制	控制	控制	控制
N	4923	4923	4923	4923
Adj. R-Square	0.05	0.05	0.20	0.20

五 进一步分析

（一）薪酬差距、股权制衡度与商业信用融资

由于股权结构对公司绩效存在股东侵占观，当公司股权结构集中度越高时，股东存在独断行权的情况，不利于激发公司高管工作积极性，公司绩效会出现下降的情况（Burkart and Lee，2015；王晓巍和陈逢博，2014）。公司高管如果持有投票权，对公司经营决策的效率会产生影响，不利于公司综合实力的提升（Demsetz and Lehn，1985）。基于股东监控观，公司股权集中度较高时，大股东会对公司高管实施有效监督，促进公司生产经营活动的有效开展，提升公司绩效，进而影响公司各项财务活动。据此，研究薪酬差距对商业信用融资影响时，有必要考察股权制衡度的影响效用。

本书借鉴杨文君等（2016）对股权制衡度的衡量方法，采用第二到第十大股东持股比例之和/第一大股东持股比例的计算方式衡量。考虑行业因素的影响，本书对股权制衡度按照行业中位数进行分类，设置股权制衡度哑变量Shabala10dum，其表示当公司股权制衡度高于行业中值，取值为1，否则为0。

表5-22中显示了股权制衡度对公司薪酬差距（包括外部和内部）与商业信用融资关系的影响，在股权制衡度较低的公司中，高管员工外部薪酬差距中值与商业信用融资水平呈现显著负向效应，相对于股权制衡度较高的公司，两者之间负向效应被加强，组间系数差异检验在5%水平下呈现显著性。多元回归结果表明，股权制衡度高的公司，公司股权相对分散，较少发生公司大股东侵害中小股东权益的情况，有助于公司绩效的提升。公司高管和员工薪酬差距增加，能够激发高管和员工工作积极性，有利于公司绩效的提升，商业信用融资水平下降的幅度被减弱。

（二）薪酬差距、垄断度与商业信用融资

公司处于垄断度较高的行业，能够凭借政府保护或者行业垄断地位，面临较少的市场竞争者。处于高垄断行业的公司，管理层工作勤奋度与公司经济目标紧密度下降，且由于公司面临的市场竞争力小，管理层不关注公司营运发展情况（徐士伟等，2019）。这样会导致公司产品和服务质量很难跟上市场需求的变化，公司未来发展和盈利能力受到影响，导致公司商业信用融资会有显著下降。基于此，需要研究公司所处

表 5-22 公司薪酬差距影响商业信用融资水平的股权制衡度分组分析

商业信用融资水平	股权制衡度高	股权制衡度低	股权制衡度高	股权制衡度低	股权制衡度高	股权制衡度低	股权制衡度高	股权制衡度低
CEOdmed	0.0001 (0.42)	-0.0003 (-0.88)						
CEOempdmed			-0.0102** (-2.11)	-0.0181*** (-4.74)				
CEORg					-0.0145* (-1.89)	-0.0170* (-1.19)		
CEOempRg							-0.0016*** (-2.95)	-0.0022*** (-3.52)
控制变量	控制	控制	控制	控制	控制	控制	控制	控制
年份、行业	控制	控制	控制	控制	控制	控制	控制	控制
N	11872	11876	11872	11876	11872	11876	11872	11876
Adj. R-Square	0.06	0.05	0.07	0.05	0.21	0.21	0.21	0.21
Suest (X^2)	1.43 (0.2315)		6.50** (0.0108)		0.10 (0.7475)		1.38 (0.2402)	

第五章 薪酬差距对商业信用融资的影响

行业垄断度对薪酬差距与商业信用融资之间关系的影响效应。

本书将垄断度①设置为有序分类变量，当公司的垄断度指数大于或等于样本公司垄断度频率分布累积比的 1/2 时，Monopolydum 取 2，否则为 1。表 5-23 显示以垄断度作为分组后公司薪酬差距与商业信用融资影响的回归结果，其中，处于高垄断行业的公司，高管团队相对薪酬差距与商业信用融资水平的负向效应具有显著加强的效果。组间系数差异检验在 5% 水平下呈现显著差异。实证检验结果表明公司受到行业垄断影响较大，公司薪酬差距对商业信用融资水平负向影响会显著加剧，垄断程度越高的行业，由于市场竞争力较小，公司高管和员工缺乏对生产经营和产品市场发展的关注程度，公司发展能力和盈利能力受到影响，商业信用融资水平会显著下降。

（三）薪酬差距、地区分类与商业信用融资

处于经济发达地区的公司，公司面临的市场发展变化速度较快，公司管理层和员工注重产品的研发和服务质量的提高，有利于公司未来持续发展，公司盈利能力会提高；另外，处于经济发达地区的公司，公司高管和员工对于薪酬激励的边际效应呈现下降趋势，随着薪酬差距的增加，并不会有效提高公司高管和员工工作积极性，公司绩效会呈现下降趋势，最终公司商业信用融资水平会降低。因此，本书进一步考虑将地区分类作为薪酬差距与商业信用融资关系的调节影响效应。

表 5-24 显示地区分类②作为调节变量对公司薪酬差距与商业信用融资影响的回归结果，处于东部沿海经济发达地区的公司，高管团队和高管员工相对薪酬差距与商业信用融资水平的负向影响，相对于处于中西部地区的公司而言，其被显著减弱，组间系数差异检验均在 10% 水平下呈现显著差异。实证检验结果显示，处于经济发展较好的东部沿海地区的公司，虽然公司薪酬差距的提升并没有激发公司高管和员工的工作积极性，但由于地区经济发展水平较快，公司相对中西部地区而言，发展趋势较好，公司未来营运能力和偿债能力呈现上升趋势，公司商业信用融资水平会显著提高。

---

① 垄断度的衡量方法和第四章内容一致，这里不再赘述。
② 地区分类虚拟变量的设置和第四章内容一致，这里不再赘述。

表 5-23　公司薪酬差距影响商业信用融资水平的垄断度分组分析

商业信用融资水平	垄断度高	垄断度低	垄断度高	垄断度低	垄断度高	垄断度低	垄断度高	垄断度低
CEOdmed	-0.0001 (-0.18)	-0.0001 (-0.24)						
CEOempdmed			-0.0148*** (-3.97)	-0.0127*** (-3.98)				
CEORg					-0.0184** (-2.39)	-0.0111 (-1.54)		
CEOempRg							-0.0021*** (-3.55)	-0.0017*** (-3.34)
控制变量	控制	控制	控制	控制	控制	控制	控制	控制
年份、行业	控制	控制	控制	控制	控制	控制	控制	控制
N	11789	11959	11789	11959	11789	11959	11959	11959
Adj. R-Square	0.04	0.06	0.05	0.06	0.21	0.20	0.21	0.20
Suest(X^2)	0.01 (0.9088)		0.49 (0.4835)		2.96** (0.0373)		0.40 (0.5269)	

表 5-24　公司薪酬差距影响商业信用融资水平的注册地区分组分析

商业信用融资水平	东部沿海地区	中西部地区	东部沿海地区	中西部地区	东部沿海地区	中西部地区	东部沿海地区	中西部地区
CEOdmed	-0.0001 (-0.05)	-0.0003 (-0.58)						
CEOempdmed			-0.0121*** (-4.01)	-0.0169*** (-3.07)				
CEORg					-0.0103 (-1.62)	-0.0213* (-1.74)		
CEOempRg							-0.0017** (-2.73)	-0.0026*** (-3.29)
控制变量	控制	控制	控制	控制	控制	控制	控制	控制
年份、行业	控制	控制	控制	控制	控制	控制	控制	控制
N	15822	7926	15822	7926	15822	7926	15822	7926
Adj. R-Square	0.05	0.07	0.06	0.07	0.21	0.21	0.21	0.21
Suest (x^2)	0.41 (0.5236)		1.78 (0.1824)		2.56* (0.0677)		2.74* (0.0976)	

第四节 本章小结

本章采用中国沪深两市 A 股主板上市公司 2006—2019 年数据作为研究样本，研究公司薪酬差距对商业信用融资水平的影响，研究发现薪酬差距与商业信用融资水平呈现负向效应，随着公司高管员工外部薪酬差距中值、高管团队和高管员工相对薪酬差距的增加，商业信用融资呈现显著下降趋势。国有性质的公司，高管员工外部薪酬差距中值、高管团队和高管员工相对薪酬差距的增加，会加剧商业信用融资的负向影响。

进一步研究发现，股权制衡度较低的公司，公司高管员工外部薪酬差距中值与商业信用融资水平负向效应会加剧。垄断程度较高的公司，高管团队相对薪酬差距的增加，商业信用融资的下降程度越显著。处于经济发展较好地区的公司，高管团队和高管员工相对薪酬差距越高，商业信用融资的负向效应会减弱。本章研究为公司重视薪酬激励效应提供经验证据，丰富公司商业信用融资影响因素，为拓展公司融资渠道提供实证支持。

第六章

薪酬差距对股权融资的影响

股权融资是现代公司拓展经营的筹集资金的主要来源,股权融资能够节约公司融资成本,融资程序相对简单,而且公司没有定期还款付息的财务压力,适用于公司成长预期较好的情况。本章从公司外部和内部薪酬差距两大方面实证检验高管团队、高管与员工之间的薪酬差距对股权融资影响,并探究公司产权性质对两者产生的异质性影响。进一步结合公司股权制衡、行业垄断程度、地区分布情况三个方面分析对两者之间关系产生的调节影响效应。

第一节 理论分析与研究假设

一 薪酬差距与股权融资

融资方式中,我国上市公司倾向于选择外源融资,内源融资比重较小。在外源融资中,比重较大的是债权融资,其次为股权融资(王燕妮和杨慧,2018)。股权融资是通过公司增资扩股以达到吸收新的投资者入股的融资方式。公司绩效的高低,能够对股权融资规模产生影响,当公司绩效提升时,说明公司具有良好的盈利能力,会吸引更多的股东投资给公司,以期未来取得股利分红,因此,公司采用股权融资方式的可能性增加。当公司绩效下降时,反映公司生产经营存在问题,导致产品和服务质量不佳,公司盈利能力下降,公司很难吸引新的股东投资,公司选择股权融资方式的可能性会下降。

融资优序理论认为公司进行外源融资时,会首先选择债权融资,之后再选择股权融资,主要是由于公司债权融资的成本低于股权融资成本。由于债权融资中发生的利息费用具有税前抵税的作用，会降低公司债权融资的成本。而股权融资中派发给投资者的股利来源与税后利润，不具备抵税的效应，因此，股权融资成本相对较高（黄少安和张岗，2001；陆正飞和叶康涛，2004）。公司采用股权融资，吸引更多股东投资会导致原有公司股东的控制权被稀释、分散。但已有研究发现在我国资本市场中，上市公司偏好采用股权融资，其原因在于我国资本市场尚不完善（胡元木等，2014），对于股东监督力度不强，股权融资的约束条件相对较少，公司采用股权融资不存在到期支付本金和利息的财务压力，因此，股权融资成本会大幅降低。公司采用股权融资主要优势体现为三个方面：一是缓解公司融资压力。股权融资能够为公司注入长期使用的资金，缓解公司拓宽生产经营的资金融资压力，为公司长期战略目标的实现奠定雄厚资金基础；二是分散公司经营风险。股权融资有利于分散公司投资者的投资风险，公司通过发行股票筹集资金，从而吸收更多投资者对公司管理层实施共同监督，在一定程度上提高了公司管理层履行受托责任的动力，激发公司管理层工作积极性和责任感，有助于公司绩效的提升；三是降低公司融资成本。公司通过股权融资，吸引更多股东加入股东大会，能够对公司日常生产经营活动管理和财务决策的制定产生影响，进而影响公司治理机制的有效运行，督促公司治理结构更加规范、科学、合理，有助于提升公司决策的科学性和合理性，能够整体降低融资成本。但不容忽视的问题是股权融资会导致公司资源的所有权、控制权和收益权更加分散，不可避免会引发由于资源所有者和经营者信息不对称所导致的代理问题，会发生"逆向选择"和"道德风险"问题。为尽可能避免代理问题，公司会制定严格的公司治理制度约束公司管理层的自利行为，导致公司监督成本和经营成本增加，公司资金使用效率下降。因此，应当合理控制公司股权融资规模，适当增加债权融资比重，有助于公司绩效的提升。

锦标赛理论观点下，随着公司高管团队、高管与员工之间薪酬差距的增加，会激励公司员工工作的热情，在公司各组织内部建立相互合作的良性竞争氛围，通过对公司高管和员工的工作绩效实施定期考核，提供相应的晋升机会和奖励，不断激励公司高管和员工努力工作，最终确保公司绩效的提高。公司股东通过查阅公司高管定期提供的财务报表，能够了解公司财务状况和经营成果的变动情况,进而推断出公司盈利能力和未来可持续发展能力。在锦标赛理论下,随着公司高管和员工薪酬差距的增加,会增强公司高管和员工的竞争意识,处于较低层级的高管会更加努力工作,以期凭借自身创造的绩效晋级升职;处于相对较高层级的高管,也会更加勤勉,防止被下级高管超越。公司员工工作会更加认真,以期能够步入高管层面。公司员工工作积极性被有效地调动起来,有利于公司日常经营活动的开展和长期战略规划目标的实现,促进公司绩效稳步提升,进而公司盈利能力和未来发展能力会不断提高,吸引更多投资者将资金注入公司,股权融资水平会提升。

在行为理论观点下,公司薪酬差距的增加,并没有激发公司高管和员工工作积极性,反而由于薪酬差距的增加,公司高管和员工会感觉到自身的贡献和报酬不相匹配,有受到公司剥削的不公平感。在行为理论下,公司薪酬差距越高,公司高管和员工的不公平感越强,会出现消极怠工现象,不利于公司日常生产经营活动的开展,公司提供的产品和服务质量不能有效提高,最终导致公司绩效下降。公司投资者通过公司提供的财务报表数据,能够分析出公司盈利能力和未来发展能力会出现下降趋势,不利于吸引更多投资者,导致公司股权融资水平下降。

债务代理成本理论观点下,公司对高管薪酬激励不断增加,会促使公司高管更加注重公司投资者的利益,做出损害公司债权人利益的财务决策。公司债权人为维护自己利益,会增加对公司高管和股东的监督成本,债权人为将增加的监督成本转嫁给股东,从而影响公司债权融资相关指标。由于公司高管和股东权益趋于一致,公司高管在进行相关业务活动和财务决策时,会更多注重股东利益最大化,从而吸引更多投资者投资给公司,导致公司股权融资规模增加。随着公司薪酬差距的不断升高,公司高管预期会取得较高的货币薪酬,具有"防御"意识的公司高管,为避免公司由于债权融资导致到期偿还本金和利息后现金流量的减少,以期能够确保公司按期发放高额的货币薪酬,并确保取得公司更多现金流的自由控制权和支配权,不会选择债权融资(Zwiebel,1996),更希望公司能够采用股权融资筹集资金(Jung et al., 1996),最终导致股权融资水平的上升。

公司治理理论认为当公司股份被大股东控制时,会发生大股东侵占中小股东利益的"隧道挖掘"行为。随着公司高管团队、高管与员工之间薪酬差距的增加，公司高管和大股东利益相一致，在进行公司财务决策和战略规划的制定过程中，会忽略中小股东的权益。公司大股东为防止公司控股权被分散，与公司高管合谋，会倾向于选择债权融资或者商业信用融资，最终导致公司股权融资水平下降。

基于以上分析，本章提出薪酬差距对股权融资水平影响的竞争性对立假设：

H6.1：其他情况相同时，公司薪酬差距对股权融资水平具有正向影响效应。

H6.1.1：公司高管团队外部薪酬差距中值越高，股权融资水平会越高。

H6.1.2：公司高管员工外部薪酬差距中值越高，股权融资水平会越高。

H6.1.3：公司高管团队相对薪酬差距越高，股权融资水平会越高。

H6.1.4：公司高管员工相对薪酬差距越高，股权融资水平会越高。

H6.2：其他情况相同时，公司薪酬差距对股权融资水平具有负向影响效应。

H6.2.1：公司高管团队外部薪酬差距中值越高，股权融资水平会越低。

H6.2.2：公司高管员工外部薪酬差距中值越高，股权融资水平会越低。

H6.2.3：公司高管团队相对薪酬差距越高，股权融资水平会越低。

H6.2.4：公司高管员工相对薪酬差距越高，股权融资水平会越低。

二 薪酬差距、产权性质与股权融资

我国国有上市公司普遍会受到国家政策的直接影响（林毅夫等，2004）。一方面，国有公司受到国家政策扶持，享有税收优惠政策，公司在扩大生产经营规模和拓展业务方面具有一定优势，会吸引更多投资者加入公司，股权融资水平会提高。此外，国有公司自身承担一定社会职能，能够有效发挥稳定就业、促进经济发展的积极作用，当国有公司面临财务危机或者濒临破产时，相对于民营公司会存在更大的预算软约束，国家会考虑给予相应的财政补贴和信贷支持。中国股票市场建立初期，主要为国有公司改革提供便利（祝继高和陆正飞，2011），国有公司在申请股权融资和发布配股预案过程中会更容易通过相关部门的资质审核（Yang，2009），相对于民营公司而言，股权融资水平更高；另一方面，国有公司因为有了国家政府机构的帮助和扶持，容易降低公司高管和员工的"紧迫感"，公司高管和员工会失去努力工作的动力，不利于公司未来稳定、持续发展，随着公司薪酬差距的增加，公司高管和员工的工作积极性并没有充分激发出来，不利于日常生产经营活动的开展，导致国有公司业绩下降，公司盈利能力和发展能力无法有效提升，最终导致公司股权融资水平下降。

正如前文所述，我国国务院、国资委、中央政治局等政府相关部门针对中央企业负责人颁布两次"限薪令"（即 2009 年和 2015 年"限薪令"），国有公司在实施国家政策法规的规范性与民营公司存在差异，势必对薪酬差距与股权融资水平的影响效应产生不同程度作用差异，因此，在探究公司薪酬差距对股权融资影响过程中，有必要考虑上市公司产权性质的影响。

基于以上分析，本章提出公司产权性质对薪酬差距与股权融资水平的异质性影响的竞争性对立假设：

H6.3：相对于民营公司，国有公司中薪酬差距对股权融资水平的正向（或者负向）影响效应会加剧。

H6.4：相对于民营公司，国有公司中薪酬差距对股权融资水平的正向（或者负向）影响效应会减弱。

三　本章理论分析模型

本章理论分析模型如图 6-1 所示。基于锦标赛理论，公司高管团队、高管员工之间薪酬差距越高，有利于公司高管和员工工作积极性的提高，从而提升公司绩效，公司盈利能力和发展能力得以提高，吸引更多投资者，最终提高公司股权融资水平，即假设 H6.1；以债务代理成本理论和管理层防御理论分析，公司薪酬差距增加，会促使公司高管和股东利益趋于一致，公司高管会注重维护股东利益最大化，吸引更多投资者，即假设 H6.1；具有防御意识的高管为确保持有更多现金的控制权和支配权，更希望采用股权融资，即假设 H6.1。

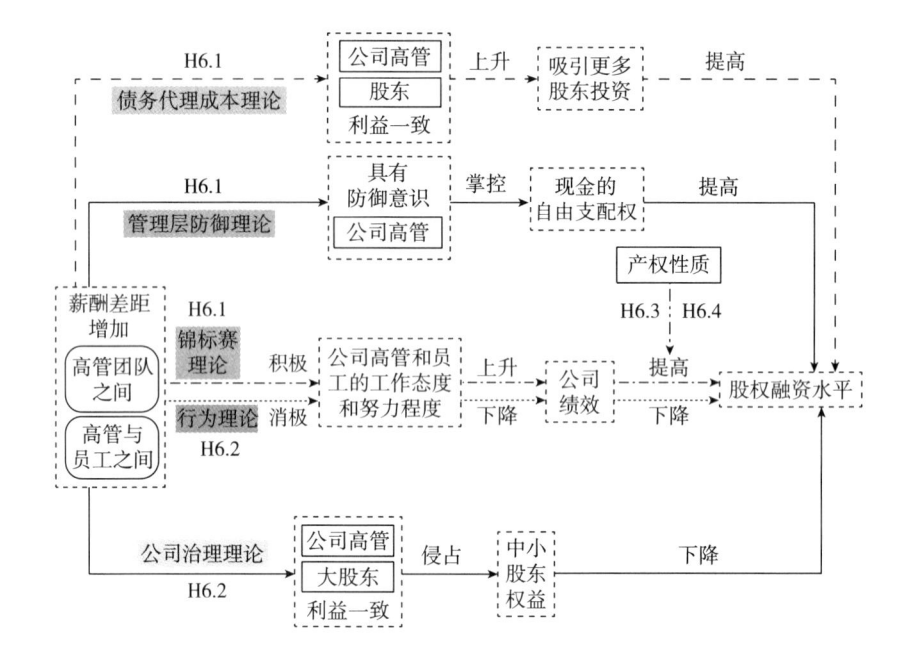

图 6-1 薪酬差距影响股权融资理论分析图解

基于行为理论，公司高管团队、高管与员工之间薪酬差距越高，会导致公司高管和员工消极怠工，不利于公司绩效的提升，降低公司盈利能力和未来发展能力，最终降低了公司股权融资水平，即假设 H6.2；基于公司治理理论，薪酬差距的增加，促使公司高管和大股东权益一致，会损害中小股东的权益，不利于吸引更多投资者，股权融资水平会下降，即假设 H6.2。公司产权性质不同，执行国家政策法规和政府扶持方针存在差异，当公司薪酬差距增加时，对股权融资水平的影响效应会产生异质性影响，本书提出假设 H6.3 和假设 H6.4。

第二节 研究设计

一 变量选择和定义

（一）被解释变量

本章研究股权融资主要从股权融资规模视角分析，股权融资属于公司外部的融资渠道，其主要来源是公司外部的投资者对公司的投入资本，即股本。当投资者投入的资本超过注册资本金或者按照持有股份的面值核定股本的金额后，会计入"资本公积—资本溢价或股本溢价"项目里；此外，公司采用发行股票筹集长期使用的资金时，会有部分由于资本市场股价变动所产生的公允价值变动形成的利得和损失计入"资本公积—其他资本公积"[①]项目里，属于公司外部资本市场股价变动引起筹集资金规模的变化。在衡量公司外源融资的股权融资规模时，本书采用（股本＋资本公积）÷期末资产总额的计算方法。此方法同时借鉴于已有研究吴克平（2015）、孙早和肖利平（2016）、王燕妮和杨慧（2018）股权融资规模的衡量方法最终确定，即研究模型中变量名称为股权融资水平，变量符号为 Equratio；公司外部薪酬差距对应的股权融资水平借鉴钱爱民和朱大鹏（2017）调整方法，采用股权融资水平超过同年同行业中值计算，变量符号为 Equratiod。

（二）解释变量

本章薪酬差距的核算同第四章核算方法相同，薪酬差距包括公司外部和公司内部薪酬差距，前者包括高管团队和高管员工外部薪酬差距中值，后者包括高管团队和高管与员工之间相对薪酬差距。最终薪酬差距包括四个衡量指标，分别为：高管团队外部薪酬差距中值、高管员工外部薪酬差距中值、高管团队相对薪酬差距和高管员工相对薪酬差距。

（三）其他变量

本书选取公司产权性质作为调节变量，将样本公司按照实际控制人性质分为国有公司和民营公司，进而展开研究。同时，为保障研究问题的客观性和全面性，研究结论的可验证性，借鉴已有文献研究，本章主要选用四个方面控制变量[②]对薪酬差距影响股权融资水平进行控制：一是公司基本特征方面：包括公司规模（Size）、流动比率（Curatio）、公司绩效（ROE）、公司成立年龄（Age）、有形资产比重（Tanasratio）变量；二是股权治理特征方面：股权集中度（Shholder1）；三是董事会

[①] 我国财政部于 2017 年 3 月末修订了《企业会计准则第 22 号——金融工具确认和计量》，将此类金融资产重新分类为公允价值计量且其变动计入其他综合收益的金融资产，即公允价值变动所形成的利得和损失计入"其他综合收益"项目里。由于新金融工具相关准则于 2018 年 1 月 1 日起实施，对本书研究结果影响较小，因此，不考虑该项目对模型计量的影响。

[②] 本章控制变量与第四章内容一致，这里不再赘述。

治理特征方面：包括两职合一（Manaboard）、董事会规模（Manasize）、独立董事规模（Indepratio）变量；四是监事会治理特征方面：监事会规模（Supsize）。模型中还控制了行业和年份的影响效应，控制变量定义和具体核算过程与第四章相同。表6-1显示本章模型变量的定义和具体计算过程。

表6-1　　　　　　　　　模型变量设置及计算过程分析

	变量名称	变量符号	计算过程
被解释变量	股权融资水平	Equratiod	股权融资水平 - 同年同行业股权融资水平中值
		Equratio	（股本+资本公积）÷期末资产总额
解释变量	高管团队外部薪酬差距中值	CEOdmed	（公司高管团队薪酬差距 - 同年同行业高管团队薪酬差距中值）/同年同行业高管团队薪酬差距中值
	高管员工外部薪酬差距中值	CEOempdmed	（公司高管员工薪酬差距 - 同年同行业高管员工薪酬差距中值）/同年同行业高管员工薪酬差距中值
	高管团队相对薪酬差距	CEORg	核心高管薪酬均值/非核心高管薪酬均值
	高管员工相对薪酬差距	CEOempRg	公司高管薪酬均值/普通员工薪酬均值
调节变量	产权性质	SOE	如果公司为国有公司，取值为1，如果为民营公司为0
控制变量—公司基本特征	公司规模	Size	Ln（年末资产总额）
	流动比率	Curatio	流动资产/流动负债×100%
	公司绩效	ROE	净资产收益率 = 净利润/平均股东权益×100%
	公司成立年龄	Age	Ln（上市公司成立年数+1）
	有形资产比重	Tanasratio	有形资产比重 =（资产总额 - 无形资产 - 商誉）/总资产
控制变量—股权治理特征	股权集中度	Shholder1	第一大股东持股占总股本比重

续表

	变量名称	变量符号	计算过程
控制变量—董事会治理特征	两职合一	Manaboard	董事长和总经理是否两职合一：两职合一为1，否则为0
	董事会规模	Manasize	Ln（董事会成员人数）
	独立董事规模	Indepratio	独立董事比例 = 独立董事人数/董事会总人数
控制变量—监事会治理特征	监事会规模	Supsize	Ln（监事会人数）
控制变量—其他	年度	Year	公司某一年度取值为1，其他年度取值为0
	行业	Ind	某一行业取值为1，其他行业取值为0

资料来源：笔者根据相关文献整理汇总。

二 模型构建

为检验薪酬差距对股权融资的影响，本书借鉴吴克平（2015）、孙早和肖利平（2016）、王燕妮和杨慧（2018）研究成果，考虑上述控制变量的影响构建回归模型（6-1）① 验证假设 H6.1 和 H6.2。

$$\text{Equity}_{i,t} = \alpha_0 + \alpha_1 \text{Gap}_{i,t} + \sum_{q=2}^{m} \alpha_q \text{ControlVariable}_{i,t} + \sum \text{Year} + \sum \text{Ind} + \varepsilon_{i,t} \quad (6-1)$$

三 样本选取和数据收集

本章选择中国沪深两市 A 股上市公司 2006—2019 年度财务报表数据为研究样本，样本行业分类依据我国证监会于 2012 年修订的《上市公司行业分类指引》，为确保实证检验研究的科学性和可靠性，保障研究结论具有客观性和普适性，本章对研究的数据样本进行如下处理：①剔除金融行业的公司，主要原因在于金融行业公司有特定的账务处理和财经法规；②剔除受到证监会 ST、*ST 和 PT 处理的上市公司，尽可能排除其对实证检验的结果的干扰，影响研究结论的可靠性；③剔除

---

① 模型中 Equity$_{i,t}$ 表示公司股权融资水平，包括对应公司外部薪酬差距基于行业中值计算的股权融资水平 Equratiod 和对应公司内部薪酬差距确定的 Equratio；模型中 Gap$_{i,t}$ 表示公司各类薪酬差距，和第四章衡量方法一致，这里不再赘述。

数据缺失严重的样本；④剔除可能会影响实证检验结果的异常值。在上述样本处理基础上，本章对所有连续变量都在1%和99%分位数上做了Winsorize处理。样本中的薪酬差距、股权融资和实证模型所涉及的具体数据均来自CSMAR数据库、Wind数据库、RESSET数据库，部分数据缺失通过查阅沪深证券交易所官方网站和巨潮咨询网上市公司年报信息进行手工整理。本书采用Stata15.0、SPSS22.0和Excel2010等软件进行统计分析和实证检验。

第三节 实证结果及分析

一 描述性统计分析

本书对薪酬差距与股权融资水平的模型所有变量进行描述性统计，得到表6-2的统计结果。从表6-2的描述性统计，可以发现：①股权融资水平（Equratiod and Equratio）最大值与最小值存在一定差异，说明我国上市公司股权融资水平存在较大差异；②高管团队和高管员工外部薪酬差距中值的最大值与最小值相比相差金额较大，说明公司外部薪酬差距会受到行业因素的影响；高管团队相对薪酬差距最大值为2.9222，均值为0.8723，而高管员工相对薪酬差距最大值为40.1925，均值为8.5580，均高于高管团队相对薪酬差距，说明公司内部高管与员工之间薪酬差距较大；③公司规模的最大值和最小值相差较大，说明我国上市公司规模存在一定差异；流动比率最大值为15.7975，最小值为0.2234，变动程度较大，说明上市公司偿债能力具有较大差异；公司绩效最大值为9.9343，最小值为-32.8298，变化程度较大，说明上市公司绩效波动较大；公司成立年龄最大值为3.5553，最小值为1.6094，均值为2.7687，说明公司成立年龄存在一定差异；有形资产比重最大值为1，最小值为0.5164，均值为0.9278，变化不大，上市公司资产抵押担保水平相差不大；股权集中度最大值为0.7496，最小值为0.0866，均值为0.3495，说明我国上市公司股权集中度具有一定差异，且股权集中度普遍较高；独立董事规模最大值为0.5714，均值为0.3714，相差不大，说明我国上市公司独立董事规模基本相似。董事会和监事会规模最大值和最小值有一定差距，说明我国上市公司之间的公司治理结构存在一定差距。

第六章 | 薪酬差距对股权融资的影响

表6-2 描述性统计分析

变量名称	变量符号	观测值	均值	标准差	最小值	25%分位	中位数	75%分位	最大值
股权融资水平	Equratiod	27776	0.0340	0.2204	-0.4869	-0.1009	0.0000	0.1245	1.4734
	Equratio	27776	0.3861	0.2327	0.0370	0.2270	0.3508	0.4966	1.6039
高管团队外部薪酬差距中值	CEOdmed	27776	0.8278	8.9263	-37.3163	-1.5305	0.0000	2.4006	46.1905
高管员工外部薪酬差距中值	CEOempdmed	27776	0.2754	1.0489	-1.2801	-0.3634	0.0000	0.5541	5.8049
高管团队相对薪酬差距	CEORg	27776	0.8723	0.4581	-0.4745	0.5839	0.8100	1.0823	2.9222
高管员工相对薪酬差距	CEOempRg	27776	8.5580	6.5570	0.6040	4.4522	6.7498	10.5072	40.1925
产权性质	SOE	27776	0.4466	0.4971	0	0	0	1	1
公司规模	Size	27776	22.0521	1.3223	14.7586	21.1360	21.8877	22.7865	28.5200
流动比率	Curatio	27776	2.2468	2.3496	0.2234	1.0543	1.5290	2.4414	15.7975
公司绩效	ROE	27776	-0.4227	4.2029	-32.8298	-0.3277	0.0157	0.2640	9.9343
公司成立年龄	Age	27776	2.7687	0.3684	1.6094	2.5649	2.8332	3.0445	3.5553
有形资产比重	Tanasratio	27776	0.9278	0.0893	0.5164	0.9158	0.9575	0.9804	1.0000
股权集中度	Shholder1	27776	0.3495	0.1492	0.0866	0.2317	0.3294	0.4522	0.7496
两职合一	Manaboard	27776	0.0327	0.1778	0	0	0	0	1
董事会规模	Manasize	27776	2.1523	0.2011	1.0986	2.0794	2.1972	2.1972	2.9444
独立董事规模	Indepratio	27776	0.3714	0.0524	0.3000	0.3333	0.3333	0.4167	0.5714
监理会规模	Supsize	27776	1.2622	0.2600	0.6931	1.0986	1.0986	1.6094	1.9459

251

二 相关性分析

表6-3显示研究变量之间的相关系数矩阵,矩阵下三角部分为Pearson检验结果,矩阵上三角部分为Spearman检验结果。通过相关系数矩阵可以发现,高管团队外部薪酬差距中值(CEOdmed)与股权融资水平(Equratiod)呈现正相关关系,高管员工外部薪酬差距中值(CEOempdmed)、高管团队相对薪酬差距(CEORg)和高管员工相对薪酬差距(CEOempRg)与股权融资水平(Equratiod and Equratio)均在1%水平下呈现显著负相关关系,初步验证假设H6.2.2—6.2.4。综上分析可以发现,薪酬差距与股权融资水平呈现负向相关关系,具体影响还需要通过多元回归模型进一步验证。

公司规模(Size)与股权融资水平呈现显著负相关关系,说明公司规模越大,公司有可能将资本用于公司规模的扩张,股权融资水平下降;公司绩效(ROE)与股权融资水平呈现显著负相关关系,说明公司绩效越高,公司发展、偿债、盈利能力越强,公司可选择的融资方式多元化,公司不一定会采用股权融资方式;公司上市年限(Age)与股权融资水平呈现负相关关系,说明公司上市年份越久,股权融资水平会下降;股权集中度(Shholder1)与股权融资水平呈现显著负相关关系;董事会规模(Manasize)、监事会规模(Supsize)与股权融资水平呈现显著负相关关系,说明公司董事会规模和监事会规模越大,对公司进行日常经营决策的效率产生影响,会影响到股权融资水平。相关性分析仅仅考虑两个因素之间的影响关系,没有考虑其他控制因素影响,因此需要进一步通过多元回归分析进行实证检验。

表6-3中被解释变量和解释变量、控制变量之间的相关系数均小于0.5,本章为进一步验证模型中变量不存在多重共线性采用方差扩大因子法进行检验,检验结果显示各模型方差膨胀因子(VIF)均值小于2,最大值均小于10,说明模型变量之间不存在多重共线性问题。

三 多元回归分析

表6-4显示公司薪酬差距与股权融资水平的回归结果,其中高管员工外部薪酬差距中值、高管团队和高管员工相对薪酬差距与股权融资水平的回归系数分别在5%、1%和5%水平下呈现显著负向效应,能够充分证明假设H6.2.2、H6.2.3和H6.2.4。从回归结果分析,表明公

表 6-3　薪酬差距与股权融资模型变量的相关性分析

	1	2	3	4	5	6	7	8	9	10	11	12	13	14	15	16	17
1. Equratiod		0.865***	0.039***	-0.228***	-0.100***	-0.132***	-0.171***	-0.463***	0.379***	-0.047***	-0.073***	-0.064***	-0.103***	0.026***	-0.146***	0.030***	-0.142***
2. Equratio	0.923***		0.038***	-0.218***	-0.098***	-0.104***	-0.275***	-0.598***	0.470***	-0.053***	-0.164***	-0.166***	-0.164***	0.020***	-0.179***	0.031***	-0.190***
3. CEOdmed	0.006	0.006		0.154***	-0.809***	0.124***	-0.005	-0.045***	0.016***	-0.001	-0.018***	0.005	0.010	-0.023***	-0.008	-0.002	0.067***
4. CEOemplmed	-0.206***	-0.206***	0.077***		-0.051***	0.762***	-0.004	0.318***	-0.007	0.031***	-0.001	-0.003	-0.006	-0.025***	0.124***	-0.024***	0.052***
5. CEORg	-0.108***	-0.104***	-0.456***	0.012**		-0.058***	0.028***	0.119***	-0.013***	0.008	-0.007	-0.002	0.003	0.021***	0.048***	-0.013***	-0.058***
6. CEOempRg	-0.137***	-0.137***	0.051***	0.763***	0.013**		-0.154***	0.166***	0.011*	0.017***	0.029***	-0.093***	-0.084***	0.002	0.044***	-0.020***	-0.030***
7. SOE	-0.130***	-0.215***	-0.014***	0.017***	0.017***	-0.094***		0.266***	-0.308***	0.024***	0.093***	0.165***	0.204***	-0.122***	0.257***	-0.072***	0.402***
8. Size	-0.458***	-0.571***	-0.021***	0.331***	0.120***	0.206***	0.279***		-0.320***	0.022***	0.222***	0.019***	0.173***	-0.017***	0.210***	0.016***	0.179***
9. Curatio	0.295***	0.372***	0.007	-0.057***	-0.026***	-0.059***	-0.233***	-0.283***		-0.013***	-0.081***	0.052***	-0.033***	0.049***	-0.180***	0.050***	-0.238***
10. ROE	-0.078***	-0.079***	-0.002	0.054***	0.024***	0.042***	-0.028***	0.029***	0.050***		0.024***	0.006	0.008	0.036***	0.014***	-0.021***	-0.013***
11. Age	-0.027***	-0.101***	-0.031***	0.009	0.001	0.032***	0.098***	0.182***	-0.110***	0.001		-0.009	-0.134***	0.089***	-0.033***	0.023***	-0.028***
12. Tanasratio	-0.098***	-0.137***	0.009	0.014**	0.004	-0.013***	0.132***	-0.005	0.070***	-0.001	-0.053***		0.128***	-0.038***	0.050***	-0.017***	0.105***
13. Siholder1	-0.124***	-0.173***	0.017***	-0.011*	0.007	-0.072***	0.207***	0.221***	-0.026***	0.033***	-0.140***	0.120***		-0.027***	0.015***	0.025***	0.099***
14. Manasboard	0.024***	0.018***	-0.019***	-0.022***	0.021***	-0.006	-0.122***	-0.021***	0.022***	0.022***	0.090***	-0.035***	-0.030***		-0.088***	0.053***	-0.265***
15. Manasize	-0.144***	-0.177***	0.011***	0.127***	0.043***	0.060***	0.260***	0.231***	-0.139***	0.005	-0.026***	0.048***	0.028***	-0.084***		-0.504***	0.310***
16. Inderpratio	0.032***	0.035***	-0.012***	-0.024***	-0.006	-0.020***	-0.066***	0.036***	0.034***	-0.015***	0.012**	-0.016***	0.041***	0.051***	-0.488***		-0.101***
17. Supsize	-0.118***	-0.173***	0.037***	0.064***	-0.058***	-0.007	0.400***	0.232***	-0.169***	-0.017***	0.033***	0.097***	0.100***	-0.088***	0.329***	-0.108***	

注：*、**、***分别表示变量之间在10%、5%、1%置信水平下显著；下同。下三角为Pearson相关系数，上三角为Spearman相关系数。

司薪酬差距越高，公司高管和员工工作积极性没有有效调动起来，导致公司绩效下降，公司发展能力、盈利能力受到影响，公司股权融资水平会降低。

表6－4　公司薪酬差距与股权融资水平多元回归结果

因变量	Equratiod	Equratiod	Equratio	Equratio
CEOdmed	-0.0001 (-0.92)			
CEOempdmed		-0.0048** (-2.57)		
CEORg			-0.0150*** (-3.57)	
CEOempRg				-0.0006** (-2.09)
Size	-0.0885*** (-22.65)	-0.0868*** (-21.04)	-0.0890*** (-22.71)	-0.0891*** (-22.29)
Curatio	0.0223*** (17.60)	0.0224*** (17.54)	0.0233*** (18.22)	0.0233*** (18.19)
ROE	-0.0040*** (-9.27)	-0.0040*** (-9.17)	-0.0039*** (-9.08)	-0.0039*** (-9.07)
Age	-0.0026 (-0.31)	-0.0026 (-0.30)	-0.0035 (-0.42)	-0.0042 (-0.50)
Tanasratio	-0.3461*** (-11.41)	-0.3459*** (-11.41)	-0.3469*** (-11.42)	-0.3483*** (-11.46)
Shholder1	-0.0725*** (-4.18)	-0.0756*** (-4.37)	-0.0752*** (-4.32)	-0.0775*** (-4.43)
Manarboard	-0.0011 (-0.11)	-0.0010 (-0.10)	-0.0018 (-0.19)	-0.0031 (-0.32)
Manasize	-0.0067 (-0.43)	-0.0057 (-0.37)	-0.0048 (-0.31)	-0.0056 (-0.36)
Indepratio	0.1607*** (3.42)	0.1602*** (3.40)	0.1620*** (3.44)	0.1604*** (3.40)

续表

因变量	Equratiod	Equratiod	Equratio	Equratio
Supsize	0.0079	0.0071	0.0017	0.0039
	(0.72)	(0.65)	(0.15)	(0.36)
_cons	2.1626***	2.1271***	2.6114***	2.6092***
	(26.16)	(24.87)	(31.74)	(31.36)
年度效应	控制	控制	控制	控制
行业效应	控制	控制	控制	控制
N	27776	27776	27776	27776
Adj. R – Square	0.36	0.36	0.43	0.43

表6-5显示了产权性质对公司薪酬差距与股权融资水平的影响,实证结果表明:在国有上市公司中,高管员工外部薪酬差距中值、高管团队和高管员工相对薪酬差距与股权融资水平分别在5%、1%和5%水平下呈现显著负相关关系,相对于民营公司,两者之间的负向效应显著加强。组间系数差异检验呈现1%、10%和1%水平下显著性,实证结果支持假设H6.3。回归结果表明,在国有公司中,随着公司薪酬差距的增加,高管和员工团结合作的氛围会被破坏,不利于公司日常生产经营活动的顺利开展,公司提高发展能力、盈利能力、营运能力和偿债能力受到阻碍,会加剧股权融资水平的下降。

四 稳健性检验

本章通过多种稳健性检验方法,验证实证研究结果的可靠性。首先,解决实证模型内生性问题,采用倾向得分匹配方法解决数据样本自选择偏误的问题,选择工具变量法排除实证模型中被解释变量和解释变量互为因果的问题,采用未来一期被解释变量进一步验证模型内生性问题。其次,将被解释变量转化为分类变量,采用有序Logistic回归模型重新验证、变更被解释变量的衡量方法、变更解释变量的衡量方法,实证回归结果基本稳健。最后,对原有模型控制变量进行了补充,解决遗漏变量的问题。

(一)内生性检验

1. 内生性检验一:倾向得分匹配

公司薪酬差距高低分组不是随机产生,为解决模型样本自选择偏误

表6—5 公司薪酬差距影响股权融资水平的产权性质分组分析

股权融资水平	国有公司	民营公司	国有公司	民营公司	国有公司	民营公司	国有公司	民营公司
CEOdmed	-0.0001 (-0.05)	-0.0002 (-1.11)						
CEOempdmed			-0.0073** (-2.47)	0.0013 (0.50)				
CEORg					-0.0172*** (-2.71)	-0.0093* (-1.71)		
CEOempRg							-0.0011** (-2.59)	0.0005 (1.17)
控制变量	控制	控制	控制	控制	控制	控制	控制	控制
年份、行业	控制	控制	控制	控制	控制	控制	控制	控制
N	12404	15372	12404	15372	12404	15372	12404	15372
Adj. R-Square	0.34	0.38	0.35	0.38	0.40	0.43	0.40	0.43
Suest（X²）	0.94 (0.3336)		20.06*** (0.0000)		2.28* (0.0912)		23.65*** (0.0000)	

问题，本章采用倾向得分匹配（Propensity Score Matching，简称 PSM）方法①。表6-6 显示的是薪酬差距与股权融资水平倾向得分匹配后的回归结果，可以发现公司高管员工外部薪酬差距中值、高管团队和高管员工相对薪酬差距与股权融资水平均在 1% 水平下呈现显著负相关关系，高管团队外部薪酬差距中值与股权融资水平呈现负相关关系，本书研究结论不发生改变。

表6-6　公司薪酬差距与股权融资水平倾向得分匹配回归结果

股权融资水平	Equratiod	Equratiod	Equratio	Equratio
CEOdmed	-0.0001 (-0.35)			
CEOempdmed		-0.0243*** (-5.84)		
CEORg			-0.0374*** (-5.31)	
CEOempRg				-0.0021*** (-3.54)
控制变量	控制	控制	控制	控制
年份、行业	控制	控制	控制	控制
N	14838	15817	14798	15134
Adj. R-Square	0.36	0.33	0.40	0.41

表6-7 显示了产权性质对公司薪酬差距与股权融资水平的影响在倾向得分匹配后的回归结果，实证检验结果表明：在国有上市公司中，高管员工外部薪酬差距中值、高管员工相对薪酬差距与股权融资水平均在 1% 水平下呈现显著负相关关系，相对于民营公司，两者之间的负向效应显著加强。组间系数差异检验在 1% 和 5% 水平下呈现显著性。倾向得分匹配后的结果和本书研究结论基本一致，可以排除实证模型样本自选择问题。

2. 内生性检验二：工具变量法

为消除公司薪酬差距与股权融资之间互为因果问题，本书采取工具

---

① 本章倾向得分匹配方法的回归分析过程与第四章内容一致，这里不再赘述。

表6-7 公司薪酬差距影响股权融资水平倾向得分匹配后产权性质分组分析

股权融资水平	国有公司	民营公司	国有公司	民营公司	国有公司	民营公司	国有公司	民营公司
CEOdmed	0.0002 (0.61)	-0.0003 (-1.18)						
CEOempdmed			-0.0312*** (-4.41)	-0.0143*** (-3.03)				
CEORg					-0.0423*** (-3.71)	-0.0313*** (-3.61)		
CEOempRg							-0.0026*** (-3.07)	-0.0011 (-1.33)
控制变量	控制	控制	控制	控制	控制	控制	控制	控制
年份、行业	控制	控制	控制	控制	控制	控制	控制	控制
N	6286	8552	6517	9300	6270	8528	7514	7620
Adj. R-Square	0.35	0.38	0.33	0.35	0.40	0.40	0.39	0.42
Suest (X^2)	2.75 (0.0971)		11.52*** (0.0007)		1.26 (0.2607)		4.32** (0.0377)	

变量两阶段回归法（2SLS）进行内生性检验①。

表 6-8 显示公司薪酬差距与股权融资水平的工具变量法回归结果，第（3）列和第（4）列显示控制内生性问题后，公司高管团队外部薪酬差距中值，高管团队、高管员工相对薪酬差距与股权融资水平均在 1% 水平下呈现显著负相关关系，能够证明假设 H6.2.2、H6.2.3 和 H6.2.4。表 6-8 报告了工具变量的选择合理性的统计性检验结果，工具变量与解释变量均显著正相关，F 值均显著，Shea's Partial R^2 与这个模型 R^2 相比很大，排除了弱工具变量的可能性；薪酬差距的工具变量 Sargan 卡方不显著，说明该工具变量是外生变量，不存在过度识别问题。

表 6-8　公司薪酬差距与股权融资水平工具变量法回归结果

变量	Panel A：第一阶段回归		Panel B：第二阶段回归	
	(1)	(2)	(3)	(4)
	CEOdmed	CEOempdmed	Equratiod	Equratiod
Instr_CEOdmed			-0.0003	
			(-0.76)	
Instr_CEOempdmed				-0.0097***
				(-5.70)
LCEOdmed	0.3436***			
	(48.20)			
L3CEOdmed	0.0974***			
	(15.29)			
LCEOempdmed		0.7227***		
		(112.93)		
L3CEOempdmed		0.1124***		
		(17.94)		
控制变量	控制	控制	控制	控制
年份、行业	控制	控制	控制	控制
N	17343	17343	17343	17343
$Adj-R^2$	0.1559	0.6973	0.3699	0.3701

① 工具变量的选取方法同第四章，这里不再赘述。

续表

变量	Panel A：第一阶段回归		Panel B：第二阶段回归	
	(1)	(2)	(3)	(4)
	CEOdmed	CEOempdmed	Equratiod	Equratiod
F值	46.12 (P=0.0000)	563.76 (P=0.0000)		
Shea's Partial R^2	0.1536	0.6366		
Sargan 卡方			0.00008 (P=0.9928)	4.4642 (P=0.0346)

变量	Panel A：第一阶段回归		Panel B：第二阶段回归	
	(1)	(2)	(3)	(4)
	CEORg	CEOempRg	Equratio	Equratio
Instr_CEORg			-0.0208*** (-4.38)	
Instr_CEOempRg				-0.0012*** (-4.51)
LCEORg	0.5634*** (82.26)			
L3CEORg	0.1438*** (21.28)			
LCEOempRg		0.6941*** (108.89)		
L3CEOempRg		0.1304*** (20.42)		
控制变量	控制	控制	控制	控制
年份、行业	控制	控制	控制	控制
N	17343	17343	17343	17343
Adj-R^2	0.4359	0.6608	0.4371	0.4369
F值	189.73 (P=0.0000)	476.91 (P=0.0000)		
Shea's Partial R^2	0.4048	0.6093		
Sargan 卡方			0.3487 (P=0.5548)	0.1447 (P=0.7037)

表6-9显示国有公司薪酬差距与股权融资水平的工具变量法回归结果，第（3）列和第（4）列显示控制内生性问题后，公司高管团队外部薪酬差距中值，高管团队、高管员工相对薪酬差距与股权融资水平均在1%水平下呈显著负相关关系。表6-9报告了工具变量的选择合理性的统计性检验结果，工具变量与解释变量均显著正相关，F值均显著，Shea's Partial R^2 与这个模型 R^2 相比很大，排除了弱工具变量的可能性；薪酬差距的工具变量 Sargan 卡方不显著，说明该工具变量是外生变量，不存在过度识别问题。

表6-9　国有公司薪酬差距与股权融资水平工具变量法回归结果

变量	Panel A：第一阶段回归		Panel B：第二阶段回归	
	（1）	（2）	（3）	（4）
	CEOdmed	CEOempdmed	Equratiod	Equratiod
Instr_CEOdmed			-0.0001 (-0.24)	
Instr_CEOempdmed				-0.0118*** (-5.05)
LCEOdmed	0.3065*** (31.31)			
L3CEOdmed	0.0986*** (11.77)			
LCEOempdmed		0.6947*** (78.42)		
L3CEOempdmed		0.1266*** (14.87)		
控制变量	控制	控制	控制	控制
年份、行业	控制	控制	控制	控制
N	8788	8788	8788	8788
Adj - R^2	0.1397	0.7038	0.3601	0.3608
F值	21.69 (P=0.0000)	303.61 (P=0.0000)		
Shea's Partial R^2	0.1329	0.6270		
Sargan 卡方			0.0027 (P=0.9586)	0.8041 (P=0.3699)

续表

变量	Panel A：第一阶段回归		Panel B：第二阶段回归	
	（1）	（2）	（3）	（4）
	CEORg	CEOempRg	Equratio	Equratio
Instr_CEORg			-0.0356*** (-4.82)	
Instrt_CEOempRg				-0.0016*** (-4.28)
LCEORg	0.5168*** (53.05)			
L3CEORg	0.1514*** (16.03)			
LCEOempRg		0.6916*** (79.52)		
L3CEOempRg		0.1382*** (16.05)		
控制变量	控制	控制	控制	控制
年份、行业	控制	控制	控制	控制
N	8788	8788	8788	8788
Adj-R^2	0.3992	0.6878	0.4137	0.4148
F值	85.61 (P=0.0000)	281.53 (P=0.0000)		
Shea's Partial R^2	0.3558	0.6239		
Sargan 卡方			0.7797 (P=0.3772)	0.6862 (P=0.4075)

表6-10显示民营公司薪酬差距与股权融资水平的工具变量法回归结果，第（3）列和第（4）列显示控制内生性问题后，公司薪酬差距与股权融资水平不存在显著关系。表6-10报告了工具变量的选择合理性的统计性检验结果，工具变量与解释变量均显著正相关，F值均显著，Shea's Partial R^2与这个模型R^2相比很大，排除了弱工具变量的可能性；薪酬差距的工具变量Sargan卡方不显著，说明该工具变量是外生变量，不存在过度识别问题。结合国有公司薪酬差距与股权融资水平

的工具变量法结果可以发现，国有公司中薪酬差距与股权融资水平的负向效应被显著增加，支持本书研究结论。

表 6-10　民营公司薪酬差距与股权融资水平工具变量法回归结果

变量	Panel A：第一阶段回归		Panel B：第二阶段回归	
	（1）	（2）	（3）	（4）
	CEOdmed	CEOempdmed	Equratiod	Equratiod
Instr_CEOdmed			-0.0004 (-0.76)	
Instr_ CEOempmed				-0.0033 (-1.32)
LCEOdmed	0.3738*** (35.78)			
L3CEOdmed	0.0909*** (9.32)			
LCEOempdmed		0.7405*** (79.23)		
L3CEOempdmed		0.0981*** (10.54)		
控制变量	控制	控制	控制	控制
年份、行业	控制	控制	控制	控制
N	8555	8555	8555	8555
Adj-R^2	0.1709	0.6936	0.3975	0.3974
F 值	25.84 (P=0.0000)	273.73 (P=0.0000)		
Shea's Partial R^2	0.1666	0.6314		
Sargan 卡方			0.0218 (P=0.8827)	5.5897 (P=0.0181)
变量	Panel A：第一阶段回归		Panel B：第二阶段回归	
	（1）	（2）	（3）	（4）
	CEORg	CEOempRg	Equratio	Equratio
Instr_CEORg			-0.0015 (-0.24)	

续表

变量	Panel A：第一阶段回归		Panel B：第二阶段回归	
	（1）	（2）	（3）	（4）
	CEORg	CEOempRg	Equratio	Equratio
Instr_CEOempRg				-0.00001 (-0.03)
LCEORg	0.5954*** (61.17)			
L3CEORg	0.1311*** (13.48)			
LCEOempRg		0.6838*** (72.69)		
L3CEOempRg		0.1157*** (12.14)		
控制变量	控制	控制	控制	控制
年份、行业	控制	控制	控制	控制
N	8555	8555	8555	8555
Adj－R²	0.4677	0.6300	0.4414	0.4414
F 值	106.86 (P=0.0000)	206.10 (P=0.0000)		
Shea's Partial R²	0.4298	0.5655		
Sargan 卡方			0.0635 (P=0.8011)	0.0109 (P=0.9168)

3. 内生性检验三：未来一期被解释变量

薪酬差距对股权融资能够产生影响，反之，公司股权融资水平的提高或者下降，可能会对薪酬差距产生影响。为排除薪酬差距与股权融资水平的内生性问题，借鉴梁上坤等（2019）检验内生性问题方法，采用未来一期被解释变量股权融资水平进行检验。

为克服内生性问题的干扰，将未来一期股权融资水平带入薪酬差距与股权融资水平的多元回归模型（6-1），得到多元回归结果如表6-11所示。表6-11显示公司薪酬差距与未来一期股权融资水平的回归结果，高管员工外部薪酬差距中值、高管团队和高管员工相对薪酬差距与未来一期股权融资水平的回归系数均在1%水平下呈现显著负相关关系，高管团队外部薪酬差距中值与未来一期股权融资水平呈现负相关关系，以上回归结果与原模型检验结果基本一致，说明实证模型中变量之间不存在反向因果的内生性问题。

表6-11　公司薪酬差距与未来一期股权融资水平多元回归结果

未来一期股权融资水平	FEquratiod	FEquratiod	FEquratio	FEquratio
CEOdmed	-0.0001 (-0.16)			
CEOempdmed		-0.0081*** (-4.12)		
CEORg			-0.0165*** (-3.89)	
CEOempRg				-0.0009*** (-3.03)
控制变量	控制	控制	控制	控制
年份、行业	控制	控制	控制	控制
N	23715	23715	23715	23715
Adj. R-Square	0.31	0.31	0.39	0.39

表6-12显示公司产权性质对薪酬差距与未来一期股权融资水平的异质性影响的回归结果，实证检验结果表明：在国有公司中，高管员工外部薪酬差距中值、高管团队和高管员工相对薪酬差距与未来一期股权融资水平的回归系数均在1%水平下呈现显著负相关关系，相对于民营公司，其负向效应被显著加强了，组间系数差异检验分别在1%、10%和1%水平下呈现显著性，以上回归结果与原模型检验结果基本一致，说明实证模型中变量之间不存在反向因果的内生性问题。

表6–12 公司薪酬差距影响未来一期股权融资水平的产权性质分组分析

未来一期股权融资水平	国有公司	民营公司	国有公司	民营公司	国有公司	民营公司	国有公司	民营公司
CEOdmed	0.0001 (0.26)	-0.0001 (-0.37)						
CEOempdmed			-0.0101*** (-3.93)	-0.0025 (-0.87)				
CEORg					-0.0199*** (-3.23)	-0.0100* (-1.77)		
CEOempRg							-0.0012*** (-2.77)	-0.0001 (-0.06)
控制变量	控制	控制	控制	控制	控制	控制	控制	控制
年份、行业	控制	控制	控制	控制	控制	控制	控制	控制
N	11020	12695	11020	12695	11020	12695	11020	12695
Adj. R-Square	0.30	0.32	0.31	0.32	0.37	0.38	0.37	0.38
Suest (X^2)	0.34 (0.5613)		13.90*** (0.0002)		3.20* (0.0000)		11.39*** (0.0007)	

(二) 稳健性检验

1. 稳健性检验一：将被解释变量转换为分类变量

为检验实证结果敏感性，本书借鉴陈汉文和黄轩昊（2019）稳健性检验中设置分类变量的思路，将被解释变量转化为有序分类变量，其计量过程同第四章负债融资比率分类变量。

表 6-13 显示公司薪酬差距与股权融资水平分类变量进行有序 Logistic 回归结果，其中公司高管员工外部薪酬差距中值、高管团队相对薪酬差距与股权融资水平分类变量分别在 1% 和 5% 水平下呈现显著负相关关系，高管员工相对薪酬差距与股权融资水平分类变量呈现负相关关系，和本书实证研究结论基本一致，没有实质差异。

表 6-13　公司薪酬差距与股权融资水平分类变量多元回归结果

因变量	Equratiod3q	Equratiod3q	Equratio3q	Equratio3q
CEOdmed	0.0008 (0.43)			
CEOempdmed		-0.1205*** (-4.96)		
CEORg			-0.1076** (-2.26)	
CEOempRg				-0.0057 (-1.47)
控制变量	控制	控制	控制	控制
年份、行业	控制	控制	控制	控制
N	27776	27776	27776	27776
Pseudo R^2	0.2008	0.2022	0.2731	0.2730

表 6-14 显示公司产权性质对薪酬差距与股权融资水平分类变量的异质性影响的回归结果，实证检验结果表明：在国有公司中，高管员工外部薪酬差距中值、高管团队和高管员工相对薪酬差距与股权融资水平分类变量的回归系数均在 1% 水平下呈现显著负相关关系，相对于民营公司，其负向效应被显著加强了，以上回归结果与原模型检验结果基本

表6-14 公司薪酬差距影响股权融资水平分类变量的产权性质分组分析

股权融资水平分类变量	国有公司	民营公司	国有公司	民营公司	国有公司	民营公司	国有公司	民营公司
CEOdmed	0.0024 (0.92)	-0.0002 (-0.09)						
CEOempdmed			-0.1549*** (-4.17)	-0.0605* (-1.89)				
CEORg					-0.1876*** (-2.38)	-0.0515 (-0.87)		
CEOempRg							-0.0177*** (-2.80)	0.0057 (1.17)
控制变量	控制	控制	控制	控制	控制	控制	控制	控制
年份、行业	控制	控制	控制	控制	控制	控制	控制	控制
N	12404	15372	12404	15372	12404	15372	12404	15372
Pseudo R^2	0.1841	0.2099	0.1864	0.2102	0.2431	0.2686	0.2436	0.2687

一致,说明实证模型中变量之间不存在反向因果的内生性问题。

2. 稳健性检验二:变更被解释变量衡量方法

为降低实证模型遗漏变量的问题,本章参考闵亮(2011)和吴克平(2015)衡量股权融资的方法,采取吸收权益性投资所收到的现金除以总资产作为因变量股权融资水平的替代变量(EquratioⅡ),对应公司外部薪酬差距的股权融资水平Ⅱ(EquratiodⅡ)为其超过同年同行业中值,将其带入模型(6-1)中,得到回归结果如表6-15所示。

表6-15显示公司薪酬差距与股权融资水平Ⅱ的回归结果,其中高管员工外部薪酬差距中值、高管员工相对薪酬差距与股权融资水平Ⅱ分别在5%和1%水平下呈现显著负相关关系,以上回归结果与原模型检验结果基本一致,能够检验实证模型的稳健性。

表6-15　　　公司薪酬差距与股权融资水平Ⅱ多元回归结果

股权融资水平Ⅱ	EquratiodⅡ	EquratiodⅡ	EquratioⅡ	EquratioⅡ
CEOdmed	0.0001 (0.03)			
CEOempdmed		-0.0009** (-2.10)		
CEORg			0.0025** (2.17)	
CEOempRg				-0.0013*** (-16.92)
控制变量	控制	控制	控制	控制
年份、行业	控制	控制	控制	控制
N	23785	23785	23785	23785
Adj. R-Square	0.05	0.05	0.07	0.08

表6-16显示公司产权性质对薪酬差距与股权融资水平Ⅱ的异质性影响的回归结果,实证结果表明:在国有公司中薪酬差距对股权融资水平Ⅱ负向效应与民营公司相比没有显著差异,以上回归结果与原模型检验结果有一定差异。后续再进一步进行稳健性检验。

表6-16 公司薪酬差距影响股权融资水平Ⅱ的产权性质分组分析

股权融资水平Ⅱ	国有公司	民营公司	国有公司	民营公司	国有公司	民营公司	国有公司	民营公司
CEOdmed	0.0001 (0.53)	-0.0001 (-0.07)						
CEOempdmed			-0.0011* (-1.91)	-0.0020*** (-2.58)				
CEORg					0.0027 (1.63)	0.0015 (0.91)		
CEOempRg							-0.0014*** (-13.51)	-0.0013*** (-10.86)
控制变量	控制	控制	控制	控制	控制	控制	控制	控制
年份、行业	控制	控制	控制	控制	控制	控制	控制	控制
N	9949	11562	9949	11562	9949	11562	9949	11562
Adj. R-Square	0.03	0.06	0.03	0.06	0.03	0.08	0.05	0.09
Suest (X^2)	0.14 (0.7055)		0.97 (0.3242)		0.30 (0.5830)		0.40 (0.5273)	

3. 稳健性检验三：变更解释变量衡量方法

为避免遗漏变量，更全面考察薪酬差距对股权融资的影响，本章更换薪酬差距的衡量方式①，将薪酬差距各自变量带入模型（6-1）中，得到回归结果如表6-17所示。表6-17显示公司薪酬差距替换变量与股权融资水平的回归结果，其中高管团队外部薪酬差距均值、高管员工外部薪酬差距均值、高管员工绝对薪酬差距与股权融资水平的回归系数分别在10%、1%和5%水平下呈现显著负相关关系，该结果与原模型检验结果基本一致，说明实证模型检验结果具有一定稳健性。

表6-17 公司薪酬差距替换变量与股权融资水平多元回归结果

因变量	Equratiod	Equratiod	Equratio	Equratio
CEOdmean	-0.0004* (-1.76)			
CEOempdmean		-0.0060*** (-2.99)		
CEOAg			0.0018 (0.67)	
CEOempAg				-0.0078** (-2.09)
控制变量	控制	控制	控制	控制
年份、行业	控制	控制	控制	控制
N	27776	27776	27776	27776
Adj. R-Square	0.36	0.36	0.43	0.43

表6-18显示公司产权性质对薪酬差距替换变量与股权融资水平异质性影响的回归结果，实证检验结果表明：在国有公司中，高管员工外部薪酬差距均值、高管员工绝对薪酬差距与股权融资水平的回归系数分别在1%和5%水平下呈现显著负相关关系，相对于民营公司，其负向效应被显著加强，组间系数差异检验均在1%水平下呈现显著性。该结果与原模型检验结果基本一致，说明实证模型检验结果具有一定稳健性。

---

① 替换自变量的计算过程和第四章核算方式一致，此处不再赘述。

表6-18 公司薪酬差距替换变量影响股权融资水平的产权性质分组分析

股权融资水平	国有公司	民营公司	国有公司	民营公司	国有公司	民营公司	国有公司	民营公司
CEOdmean	-0.0001 (-0.03)	-0.0007** (-2.34)						
CEOempdmean			-0.0075*** (-2.78)	-0.0005 (-0.15)				
CEOAg					-0.0013 (-0.31)	0.0040 (1.19)		
CEOempAg							-0.0120** (-2.10)	0.0020 (0.42)
控制变量	控制	控制	控制	控制	控制	控制	控制	控制
年份、行业	控制	控制	控制	控制	控制	控制	控制	控制
N	12404	15372	12404	15372	12404	15372	12404	15372
Adj. R-Square	0.34	0.38	0.35	0.38	0.40	0.43	0.40	0.43
Suest(X^2)	3.62 (0.0571)		10.20*** (0.0014)		2.31 (0.1287)		12.19*** (0.0005)	

4. 稳健性检验四：模型补充控制变量

为全面考察公司治理因素对研究结果的影响，尽可能降低模型遗漏变量的问题，本书将管理层持股比例、董事会会议次数和监事会会议次数作为公司股权治理、董事会治理和监事会治理特征的补充控制变量加入原有模型中，重新回归进行检验。

表6-19显示公司薪酬差距与股权融资水平补充控制变量后的回归结果，其中，高管团队相对薪酬差距与股权融资水平的回归系数在1%水平下呈现显著负相关关系，高管团队和高管员工外部薪酬差距中值、高管员工相对薪酬差距与股权融资水平呈现负相关关系，该结果与原模型检验结果一致，说明实证模型检验结果具有一定稳健性。

表6-19 公司薪酬差距与股权融资水平多元回归结果

因变量	Equratiod	Equratiod	Equratio	Equratio
CEOdmed	-0.0001 (-0.74)			
CEOempdmed		-0.0034 (-1.38)		
CEORg			-0.0162*** (-2.75)	
CEOempRg				-0.0005 (-1.19)
Size	-0.0901*** (-16.94)	-0.0888*** (-15.83)	-0.0929*** (-17.37)	-0.0932*** (-17.18)
Curatio	0.0224*** (12.36)	0.0225*** (12.32)	0.0243*** (13.18)	0.0243*** (13.16)
ROE	-0.0036*** (-6.00)	-0.0036*** (-5.92)	-0.0034*** (-5.72)	-0.0035*** (-5.76)
Age	0.0064 (0.60)	0.0064 (0.60)	0.0045 (0.43)	0.0038 (0.36)
Tanasratio	-0.2375*** (-4.74)	-0.2372*** (-4.74)	-0.2489*** (-4.85)	-0.2533*** (-4.94)

续表

因变量	Equratiod	Equratiod	Equratio	Equratio
Shholder1	-0.0508**	-0.0535**	-0.0485**	-0.0497**
	(-2.19)	(-2.32)	(-2.08)	(-2.12)
Manaboard	0.0206	0.0206	0.0158	0.0160
	(0.84)	(0.84)	(0.63)	(0.64)
Manasize	-0.0128	-0.0118	-0.0094	-0.0105
	(-0.66)	(-0.61)	(-0.49)	(-0.54)
Indepratio	0.2864***	0.2869***	0.2970***	0.2925***
	(4.38)	(4.39)	(4.58)	(4.49)
Supsize	0.0149	0.0142	0.0079	0.0102
	(1.09)	(1.04)	(0.57)	(0.75)
LnManashold	-0.0024***	-0.0024***	-0.0020***	-0.0019***
	(-4.59)	(-4.49)	(-3.77)	(-3.62)
Mameeting	0.0058	0.0061	0.0069	0.0067
	(0.73)	(0.77)	(0.87)	(0.83)
Supmeeting	0.0104	0.0106	0.0166**	0.0168**
	(1.46)	(1.48)	(2.32)	(2.35)
_cons	2.0141***	1.9855***	2.4984***	2.5015***
	(18.96)	(17.92)	(23.42)	(23.20)
年度效应	控制	控制	控制	控制
行业效应	控制	控制	控制	控制
N	11890	11890	11890	11890
Adj. R-Square	0.35	0.35	0.44	0.44

表6-20显示国有公司薪酬差距与股权融资水平补充控制变量后的回归结果，其中高管员工外部薪酬差距中值、高管团队相对薪酬差距与股权融资水平的回归系数均在5%水平下呈现显著负相关关系，该结果与原模型检验结果一致，说明实证模型检验结果具有一定稳健性。

表6-21显示民营公司薪酬差距与股权融资水平补充控制变量后的回归结果，其中公司薪酬差距与股权融资水平没有显著关系，结合国有公司中薪酬差距与股权融资水平的回归结果分析，实证检验结果表明：

表 6-20　国有公司薪酬差距与股权融资水平多元回归结果

因变量	Equratiod	Equratiod	Equratio	Equratio
CEOdmed	0.0001 (0.48)			
CEOempdmed		-0.0069** (-2.33)		
CEORg			-0.0156** (-2.04)	
CEOempRg				-0.0009 (-1.62)
Size	-0.0736*** (-12.79)	-0.0710*** (-11.99)	-0.0765*** (-13.30)	-0.0758*** (-12.94)
Curatio	0.0283*** (5.58)	0.0285*** (5.56)	0.0290*** (5.59)	0.0290*** (5.62)
ROE	-0.0028*** (-4.53)	-0.0027*** (-4.41)	-0.0026*** (-4.28)	-0.0026*** (-4.27)
Age	-0.0027 (-0.16)	-0.0035 (-0.21)	-0.0049 (-0.30)	-0.0050 (-0.30)
Tanasratio	-0.2551*** (-3.25)	-0.2558*** (-3.26)	-0.2504*** (-3.09)	-0.2584*** (-3.20)
Shholder1	0.0154 (0.46)	0.0091 (0.27)	0.0111 (0.33)	0.0069 (0.21)
Manaboard	-0.0582** (-2.38)	-0.0531** (-2.13)	-0.0559** (-2.33)	-0.0505** (-2.15)
Manasize	-0.0269 (-1.04)	-0.0248 (-0.96)	-0.0218 (-0.84)	-0.0222 (-0.85)
Indepratio	0.2732*** (3.39)	0.2705*** (3.35)	0.2971*** (3.68)	0.2981*** (3.69)
Supsize	0.0055 (0.34)	0.0052 (0.32)	0.0007 (0.04)	0.0030 (0.19)
LnManashold	-0.0012 (-1.52)	-0.0011 (-1.36)	-0.0009 (-1.16)	-0.0009 (-1.12)

续表

因变量	Equratiod	Equratiod	Equratio	Equratio
Mameeting	0.0063	0.0071	0.0080	0.0077
	(0.65)	(0.73)	(0.84)	(0.80)
Supmeeting	0.0061	0.0065	0.0113	0.0116
	(0.66)	(0.72)	(1.25)	(1.29)
_cons	1.7303***	1.6743***	2.1881***	2.1769***
	(11.73)	(11.24)	(14.75)	(14.53)
年度效应	控制	控制	控制	控制
行业效应	控制	控制	控制	控制
N	5883	5883	5883	5883
Adj. R – Square	0.31	0.32	0.39	0.39

表6–21　民营公司薪酬差距与股权融资水平多元回归结果

因变量	Equratiod	Equratiod	Equratio	Equratio
CEOdmed	-0.0004			
	(-1.53)			
CEOempdmed		0.0035		
		(0.92)		
CEORg			-0.0054	
			(-0.66)	
CEOempRg				0.0007
				(1.22)
Size	-0.1131***	-0.1145***	-0.1164***	-0.1184***
	(-13.97)	(-13.15)	(-14.13)	(-14.02)
Curatio	0.0216***	0.0216***	0.0235***	0.0235***
	(11.66)	(11.57)	(12.80)	(12.85)
ROE	-0.0044***	-0.0044***	-0.0044***	-0.0044***
	(-3.55)	(-3.59)	(-3.51)	(-3.53)
Age	0.0065	0.0067	0.0062	0.0061
	(0.53)	(0.54)	(0.51)	(0.49)
Tanasratio	-0.2478***	-0.2477***	-0.2837***	-0.2845***
	(-3.82)	(-3.82)	(-4.38)	(-4.37)

续表

因变量	Equratiod	Equratiod	Equratio	Equratio
Shholder1	-0.1080***	-0.1074***	-0.0982***	-0.0972***
	(-3.43)	(-3.42)	(-3.06)	(-3.02)
Manaboard	0.0242	0.0246	0.0187	0.0197
	(0.90)	(0.92)	(0.69)	(0.72)
Manasize	-0.0048	-0.0072	-0.0073	-0.0092
	(-0.15)	(-0.23)	(-0.23)	(-0.29)
Indepratio	0.1860*	0.1861*	0.1891*	0.1833*
	(1.89)	(1.90)	(1.94)	(1.88)
Supsize	0.0256	0.0255	0.0224	0.0228
	(1.03)	(1.03)	(0.90)	(0.92)
LnManashold	-0.0036***	-0.0036***	-0.0033***	-0.0033***
	(-4.16)	(-4.24)	(-3.89)	(-3.90)
Mameeting	0.0192	0.0193	0.0163	0.0168
	(1.55)	(1.56)	(1.31)	(1.35)
Supmeeting	0.0101	0.0097	0.0170	0.0163
	(0.86)	(0.82)	(1.42)	(1.36)
_cons	2.5082***	2.5402***	3.0168***	3.0531***
	(15.46)	(14.65)	(18.30)	(18.14)
年度效应	控制	控制	控制	控制
行业效应	控制	控制	控制	控制
N	4923	4923	4923	4923
Adj. R-Square	0.41	0.41	0.48	0.48

在国有公司中，薪酬差距与股权融资的负向效应被显著加强。该结果与原模型检验结果一致，说明实证模型检验结果具有一定稳健性。

从上述各回归结果比较分析可以发现，补充控制变量之后，薪酬差距与股权融资水平仍然呈现显著负相关关系，和本书主检验回归结果一致，说明本书实证检验的结果具有一定稳健性。在国有公司中，薪酬差距与股权融资水平的负向效应更加显著，而在民营公司中，薪酬差距与股权融资水平并没有呈现显著的负相关关系，与原文的实证检验结果一致，能够充分证明本书假设 H6.3，能够反映出国有公司由于受到国家政策扶持，公司高管和员工的"危机"意识不强，薪酬差距的增加无法发挥应有的激励效果，不利于公司生产经营活动的顺利开展，公司未来发展能力、盈利能力不能有效提升，股权融资水平会下降。

五 进一步分析

（一）薪酬差距、股权制衡度与股权融资比例

公司治理理论中对于股权结构影响公司绩效的观点主要有股东侵占观和股东监控观，前者认为当公司股权结构集中度越高时，大股东会发生"隧道挖掘"行为，对公司管理者和中小股东的权益造成损害，不利于公司未来发展，公司绩效最终会下降（Burkart and Lee，2015；王晓巍和陈逢博，2014）。后者则认为公司股权集中于大股东时，会增强大股东对公司高管的监控力度，从而有效地促进公司绩效的提升。在这两种观点下，公司各项财务活动势必受到影响，因此，研究薪酬差距对股权融资水平影响时，势必要考虑股权制衡度对两者关系的调节效应。本书考虑行业因素的影响，对股权制衡度①按照行业中位数进行分类，设置股权制衡度哑变量 Shabala10dum，其表示当公司股权制衡度高于行业中值，取值为 1，否则为 0。

表 6 - 22 中显示了股权制衡度对公司薪酬差距与股权融资水平的影响，在股权制衡度较低的公司中，高管团队相对薪酬差距与股权融资水平呈现显著负向效应，相对于股权制衡度较高的公司，两者之间负向效应被加强，组间系数差异检验（Suest）结果分为 Chi2（1）= 2.94（Prob > chi2 = 0.0865）。多元回归结果表明，股权制衡度高的公司，随着公司高管和员工薪酬差距的增加，高管和员工工作积极性会升高，有利于提升公司绩效，进而提高公司发展能力和盈利能力，股权融资水平下降的幅度被减弱。

（二）薪酬差距、垄断度与股权融资比例

公司处于垄断度较高的行业，由于垄断地位使公司面临的市场竞争者较少，公司高管和员工的竞争意识不强，公司高管对工作的努力程度会下降。随着公司薪酬差距的增加，高管和员工的工作积极性提升不明

---

① 股权制衡度的衡量方法和第四章内容一致，这里不再赘述。

第六章 | 薪酬差距对股权融资的影响

表6-22 公司薪酬差距影响股权融资水平的股权制衡度分组分析

股权融资水平	股权制衡度高	股权制衡度低	股权制衡度高	股权制衡度低	股权制衡度高	股权制衡度低	股权制衡度高	股权制衡度低
CEOdmed	-0.0001 (-0.73)	0.0001 (0.46)						
CEOempdmed			-0.0042* (-2.78)	-0.0059* (-2.72)				
CEORg					-0.0171** (-5.04)	-0.0205*** (-3.90)		
CEOempRg							-0.0009 (-1.04)	-0.0005 (-1.17)
控制变量	控制	控制	控制	控制	控制	控制	控制	控制
年份、行业	控制	控制	控制	控制	控制	控制	控制	控制
N	13820	13881	13820	13881	13820	13881	13820	13881
Adj. R-Square	0.36	0.35	0.37	0.35	0.45	0.43	0.45	0.43
Suest（X^2）	1.69 (0.1548)		0.48 (0.4886)		2.94* (0.0865)		0.91 (0.3410)	

279

显，公司产品和服务质量无法快速、有效地提升，导致公司盈利能力和发展能力下降，不利于吸引新的投资者注入资金，股权融资水平会显著下降。

本书采用垄断度[①]进行分组，当公司的垄断度指数大于或等于样本公司垄断度频率分布累积比的1/2时，Monopolydum取2，否则为1。表6-23显示以垄断度作为分组后公司薪酬差距对股权融资水平影响的回归结果，其中，处于高垄断行业的公司，高管团队、高管员工相对薪酬差距与股权融资水平的负向效应具有显著加强的效果，组间系数差异检验（Suest）结果分为Chi2（1）= 2.79（Prob > chi2 = 0.0714）和Chi2（1）= 3.83（Prob > chi2 = 0.0503）。实证检验结果表明：处于行业垄断度较高的公司，公司高管与员工薪酬的增加，并不会产生较好的激励效果，高管和员工对薪酬激励反应不灵敏，不利于公司日常生产经营活动的顺利开展，公司绩效不能有效提升，导致公司盈利能力、发展能力提升受阻，股权融资活动受到影响。因此，处于行业垄断度较高的公司薪酬差距对股权融资水平负向影响会显著加剧。

（三）薪酬差距、地区分类与股权融资比例

处于经济发达地区的公司，市场竞争激烈，会激励公司高管和员工更努力地工作，有利于公司绩效的提升，从而吸引更多投资者，股权融资水平会提升；另外，由于公司处于经济发展地区，公司高管和员工对薪酬提升的激励效应"反应不灵敏"，不利于激发公司高管和员工工作积极性，会阻碍公司绩效的提升，不利于股权融资水平的提高。因此，本书考虑将地区分类作为薪酬差距与股权融资水平的调节因素。

表6-24显示地区分类[②]作为调节变量对公司薪酬差距与股权融资水平影响的回归结果，处于东部沿海经济发达地区的公司，高管员工外部薪酬差距中值、高管团队和高管员工相对薪酬差距与股权融资水平分别在1%和5%水平下呈现显著负相关关系，相对于中西部地区的公司而言，薪酬差距与股权融资水平的负向效应被显著加强，组间系数差异检验均呈现显著性。实证检验结果显示：处于经济发展较好的东部沿海

---

① 垄断度衡量方法和第四章内容一致，这里不再赘述。
② 地区分类虚拟变量的设置和第四章内容一致，这里不再赘述。

第六章 薪酬差距对股权融资的影响

表6-23 公司薪酬差距影响股权融资水平的垄断度分组分析

股权融资水平	垄断度高	垄断度低	垄断度高	垄断度低	垄断度高	垄断度低	垄断度高	垄断度低
CEOdmed	-0.0001 (-0.61)	-0.0002 (-0.93)						
CEOempdmed			-0.0042* (-1.70)	-0.0052* (-1.85)				
CEORg					-0.0171*** (-2.88)	-0.0125** (-2.32)		
CEOempRg							-0.0009** (-2.31)	-0.0003 (-0.70)
控制变量	控制	控制	控制	控制	控制	控制	控制	控制
年份、行业	控制	控制	控制	控制	控制	控制	控制	控制
N	13820	13956	13820	13956	13820	13956	13820	13956
Adj. R-Square	0.36	0.36	0.37	0.36	0.45	0.41	0.45	0.41
Suest（X²）	0.26 (0.6120)		1.04 (0.3067)		2.79* (0.0714)		3.83* (0.0503)	

表6-24 公司薪酬差距影响股权融资水平的注册地区分组分析

股权融资水平	东部沿海地区	中西部地区	东部沿海地区	中西部地区	东部沿海地区	中西部地区	东部沿海地区	中西部地区
CEOdmed	-0.0001 (-0.56)	-0.0003 (-0.90)						
CEOempdmed			-0.0063*** (-2.96)	-0.0054 (-1.46)				
CEORg					-0.0198*** (-4.06)	-0.0059 (-0.78)		
CEOempRg							-0.0008** (-2.24)	-0.0004 (-0.75)
控制变量	控制	控制	控制	控制	控制	控制	控制	控制
年份、行业	控制	控制	控制	控制	控制	控制	控制	控制
N	18676	9100	18676	9100	18676	9100	18676	9100
Adj. R-Square	0.35	0.39	0.36	0.39	0.44	0.44	0.44	0.44
Suest (X^2)	0.36 (0.5476)		7.07* (0.0870)		6.08** (0.0137)		8.21* (0.0919)	

地区的公司，薪酬激励没有起到提升公司高管和员工工作积极性的作用，公司薪酬差距越高，公司高管和员工有可能会消极怠工，公司绩效呈现下降趋势，公司未来发展能力和盈利能力的提升受到阻碍，公司股权融资水平会显著下降。

第四节　本章小结

本章采用中国沪深两市 A 股主板上市公司 2006—2019 年数据作为研究样本，研究公司薪酬差距（包括外部和内部）对股权融资水平的影响，研究发现薪酬差距与股权融资水平呈现负向效应，随着公司高管团队和高管员工外部薪酬差距中值、高管团队和高管员工相对薪酬差距的增加，股权融资水平呈现显著下降趋势。在国有公司中，高管员工外部薪酬差距中值、高管团队和高管员工相对薪酬差距与股权融资水平的负向影响会加剧。

进一步研究发现，股权制衡度较高的公司，高管团队相对薪酬差距与股权融资水平负向效应会削弱。垄断程度较高的公司，高管团队、高管员工相对薪酬差距的增加，股权融资水平的下降程度越显著。处于经济较好地区的公司，高管员工外部薪酬差距中值、高管团队和高管员工相对薪酬差距越高，股权融资水平的负向效应会增强。本章研究为公司重视薪酬激励效应提供经验证据，丰富公司股权融资影响因素，为拓展公司融资渠道提供经验证据。

第七章
研究结论与政策建议

本章主要是对本书研究结论进行系统、全面地归纳和总结,并深入思考薪酬差距对我国上市公司外源融资渠道产生的影响,对我国政府及相关机构、上市公司管理层和公司各利益相关者在制定薪酬差距和公司外源融资活动方面的工作提出具体的政策和建议,最后思考并阐述本书研究存在的局限性,为开展的后续研究提出展望。

第一节 研究结论

薪酬激励制度以委托代理理论为基础,最终目标是保障公司能够持续、稳定地发展。公司制定薪酬激励标准,形成的公司外部和内部的薪酬差距,不仅会影响公司员工工作的积极性,引起公司绩效的波动,还会对公司进行融资决策产生影响。

综合前文研究,本章得出主要结论如下:

(1)薪酬差距对债权融资影响方面,本书相对以往文献研究,将薪酬差距内容涵盖得更加完整、全面,包括公司外部和内部薪酬差距,研究发现基于行业中值为基础考察了高管团队外部薪酬差距和高管员工外部薪酬差距,以及公司内部高管团队和高管员工相对薪酬差距,其对公司债权融资起到负向影响效应。相对于已有研究债权融资的文献,本书从长期债权融资视角,将债权融资分为融资规模、融资期限和融资方式,研究结论显示公司高管和员工薪酬差距越大,公司选择债权融资规模越低,公司长期负债比率减少。研究结论为验证行为理论提供新的思考角度和数据支撑,说明随着公司薪酬差距的增加,公司高管与股东利

第七章 研究结论与政策建议

益趋于一致，预期债权人的利益会受到损害，公司管理层在进行债权融资时，债权人为保护自身利益，尽可能避免贷款给公司，会导致公司偿债能力受到影响，公司负债融资比率和长期负债比率都会下降。但基于债权融资方式视角分析，公司薪酬差距与长期借款比率呈现正向效应，验证结果支持公司治理理论中的股东侵占观，随着公司薪酬差距增加，公司股东和高管利益趋同，公司大股东会发生侵占小股东的行为，为避免股权分散，会增加公司债权融资，长期借款比率呈现上升趋势。研究结论验证本书所提出的假设，且高管与员工之间薪酬差距的验证结果普遍比高管团队之间薪酬差距引起的债权融资变化显著。充分说明公司中高管与员工之间薪酬差距的增加会更容易引起"不公平"感，导致员工消极情绪，不利于公司生产经营活动的开展，进而对债权融资活动产生影响。在国有性质的公司中，公司高管对薪酬激励制度制定的控制权会更强，薪酬差距对负债融资比率、长期负债比率的负向影响效应会加剧。可以反映出，在国有公司中薪酬差距的增加并不会起到预期的激励效应，公司生产经营活动开展的"活力"不足，债权融资活动受到抑制。研究结论相对以往研究薪酬差距的文献更为全面地从公司外部行业基准和内部垂直薪酬差距的视角探究其对公司债权融资产生的具体影响，债权融资内容的划分更为细致，从长期债权融资视角选取债权融资规模、融资期限和融资方式三个维度，拓展了债权融资的影响因素的研究范畴。

进一步研究发现，股权制衡度较高的公司，公司高管员工薪酬差距与长期负债比率的负向效应会加剧，说明处于股权制衡度较高的公司，由于股权相对分散，不利于大股东对公司高管和员工实施有效监督，导致公司绩效提升水平受到限制，进而降低公司长期负债比率，实证检验结果支持公司治理理论中的股东监控观；处于较高垄断竞争的行业的公司，公司绩效受到行业垄断影响较大，公司管理层拥有更多控制权，高管员工薪酬差距与长期负债比率负向效应会更加显著，对长期借款比率的正向影响效应会明显受到抑制；处于经济发展较好的东部地区的公司，由于受到经济发展宏观因素影响较大，公司高管员工薪酬差距对负债融资比率的负向效应和长期借款比率的正向效应会显著加剧，高管员工薪酬差距对长期负债比率的负向影响效应会明显减弱。本书研究结论丰富了薪酬差距与债权融资的调节因素，为我国政府部门、公司管理层和公司其他利益相关者进行政策法规的制定、经营活动规划和财务决策提供新的视角和数据支持。

（2）薪酬差距对商业信用融资的影响，本书实证检验结果证实了行为理论，当公司高管团队、高管员工薪酬差距增加时，并不会增加高管和员工工作的积极性，不利于公司日常生产经营活动的顺利开展，公司绩效会下降，阻碍了公司营运能力、偿债能力、盈利能力和发展能力的上升趋势，公司违约风险会增加，最终导致商业信用融资水平下降。本书研究拓宽了商业信用融资的影响因素研究范畴。研究发现在国有公司中，会加剧公司高管团队外部薪酬差距中值、高管团队和高管员工相对薪酬差距与商业信用融资水平的负向效应。实证检验结果说明在国有公司中，薪酬差距的增加不能有效发挥激励效应，反而会加强公司员工的负面情绪，加剧商业信用融资水平的下降。本书研究结论丰富了商业信用融资的研究领域，有助于提高公司对商业信用融资的重视程度，进一步拓展公司的外源融资渠道。

进一步研究发现，股权制衡度高的公司，会削弱公司高管员工外部薪酬差距中值与商业信用融资水平的负向效应，验证结果说明股权制衡度较高的公司，不会发生公司大股东侵占（中）小股东的"隧道挖掘"行为，提高公司生产经营活动效率，抑制了商业信用融资水平的下降，研究结果证实公司治理理论；处于高垄断行业的公司，高管团队相对薪酬差距与商业信用融资水平的负向效应会加强，研究结果说明高垄断行业的公司，薪酬差距的激励效果不能有效发挥，不利于公司开展商业信用融资活动；处于经济发展较好地区的公司，高管团队和高管员工相对薪酬差距与商业信用融资水平的负向效应会减弱，实证检验结果可以说明尽管随着公司内部薪酬差距增加，公司高管和员工的工作积极性会受到影响，但公司所处经济发展地区较好，相对于中西部地区而言，公司仍然具有相对较好的发展前景，商业信用相对较高，商业信用融资水平的负向效应会受到抑制。研究结论丰富了薪酬差异与商业信用融资的调节因素，便于公司制定薪酬差距，开展商业信用融资活动过程中考虑的因素更为全面，以便提高公司生产经营效率，提升公司绩效。

（3）薪酬差距对股权融资影响方面，行为理论认为公司薪酬差距与公司绩效之间存在负向效应,当公司薪酬差距越高,公司绩效会呈现下降趋势,反映出公司未来发展和盈利能力不佳。在资本市场中,对公司投资者的投资决策会产生影响,导致公司股权融资的规模下降。在国有公司中,高管团队外部薪酬差距中值、高管团队和高管员工相对薪酬差距与股权融资水平的负向效应会加剧。说明在国有公司中,薪酬差距的增加会导致公司高管和员工消极怠工现象的发生,不利于公司未来发展,相对于民营公司而言,股权融资规模的负向效应会更加显著。研究结论拓展了股权融资的范畴,从股权融资水平的视角,证实了薪酬差距所产生的影响效应,为公司开展股权融资活动提供可以参考的理论依据和数据支撑。

进一步研究发现,股权制衡度较高的公司,公司高管团队相对薪酬差距与股权融资水平负向效应会显著减弱,研究结果说明公司发生大股东侵占中小股东的可能性相对较小,有利于提升公司盈利能力和未来发展能力,抑制股权融资水平的下降,研究结论支持公司治理理论。处于垄断竞争较高的行业的公司,高管团队、高管员工相对薪酬差距不断扩大,会加剧其与公司股权融资水平的负向影响效应,说明处于垄断行业的公司,薪酬差距的增加对公司高管和员工工作积极性不能有效激发,不利于公司绩效的提升,抑制了公司股权融资活动的开展。经济发展对高管员工外部薪酬差距中值、高管团队和高管员工相对薪酬差距与股权融资水平负向效应起到显著加剧影响,可以反映出经济发展地区较好的公司,薪酬差距的激励效应并没有充分发挥出来,抑制股权融资水平。研究结论推进了薪酬差距对股权融资的影响研究,为相关部门后续制定政策规章提供经验证据。

第二节 政策建议

薪酬差距是公司薪酬激励机制研究的主要内容之一,关系到我国收入分配、公司治理改革、社会经济和生产力发展等多方面问题,深入探讨公司薪酬差距经济后果,制定科学、合理的公司薪酬激励方案,对公司未来发展、国家经济的稳定、人民生活的幸福均会产生重要影响。薪酬差距对公司融资决策各个方面会产生不同程度的影响,基于前文理论分析和实证检验，依据研究结论，本章对我国政策制定者、公司管理层和公司利益相关者提出具体建议，以期能够对其制定相关政策或者决策时，提供启示和经验支持。

一　国家政府机构层面

（一）完善薪酬激励相关法律规章建设，提高法律法规执行的有效性

我国针对公司高管薪酬制定的法律法规受到关注较大的是2009年由人力资源与社会保障部等六部门颁布的《关于进一步规范中央企业负责人薪酬管理的指导意见》和2014年由中央政治局颁布的《中央管理企业负责人薪酬制度改革方案》（2015年开始实施），两项法规都是针对中央企业高管的薪酬进行的限制，被称为"限薪令"。但依据本书收集2006—2019年中国上市公司薪酬数据，发现2009年和2015年国有公司高管团队和高管与员工之间的薪酬差距没有明显变化，薪酬差距整体仍然呈现上升趋势，说明两次"限薪令"的实施效果不明显。有必要加强落实国家对公司高管薪酬限制的法规政策，确保法律法规切实可行地发挥效用，是国家政府及相关部门在制定法律法规时应当首要考虑的问题。对于已颁布的法律法规应当不断完善，针对公司薪酬制定方面的规范，注重明确薪酬激励的对象、薪酬激励方式和各个不同岗位层级的薪酬标准；涉及其他法律法规，应当一并进行调整和修订，确保上市公司薪酬制定法律规章具有较强的约束力和严谨性。薪酬制定的法律法规在执行过程中，需要加强监督力度，国家政府部门、国家监管机构、上市公司管理层和员工积极配合，做好法律法规的实施工作。

（二）推动金融机构改革，不断完善金融机构治理机制，拓宽我国上市公司融资渠道

本书整理文献和数据验证发现我国上市公司绝大部分的债权融资来自银行贷款，银行是公司的主要债权人之一。如果上市公司到期无法偿还贷款本金和利息，会承担债务契约损失或者破产清算，由此可见，银行对公司的生产经营活动具有监督职能。目前，我国国有商业银行进行改革还不彻底，还存在各级政府相关机构对其干预的情况，导致银行和公司之间债权债务契约无法顺利达成，因此，有必要推动我国国有银行等金融机构改革，对政策性贷款予以免除，推动国有银行实施股份有限公司相关制度，从而保障我国上市公司能够拓宽债权融资渠道，筹集生

产经营活动所需资金，不断持续、稳定地向前发展。

（三）健全我国债券市场建设，为拓展我国上市公司融资渠道奠定基础

本书在收集整理数据过程中，对上市公司采用发行债券方式筹集资金的样本也进行收集，但数据显示上市公司采用发行债券筹集资金的样本量较小，不适合作为实证检验数据，因此本书未将债券融资作为研究内容。主要原因在于我国目前债券市场规模还需不断扩大，债券产品类型还不丰富，债券融资相关法律法规也需要不断修订完善，公司采用债券融资时会存在一定风险。为拓宽公司所需的资金，应当不断完善债券市场，提高公司债权融资水平。通过健全的债券市场，以更加严谨的债权融资契约实现对公司的监督，约束公司的生产经营活动，促进公司可持续性发展。为推动我国债券市场发展，我国政府相关部门可以考虑从债券产品发行制度方面由审批制转向核准制或者注册制，降低政府部门干预债券发行量和利率的可能性，增强公司债券供给和需求弹性。可以建立债券评级制度，区分不同信用等级的债券，有利于增强债券投资者的信心。建立债券市场市商制度，严格选定具有雄厚实力、信誉良好的债券市场一级自营商作为市商，调整债券市场交易的产品类型，积极推广新型衍生金融产品，为公司融资和债权人投资提供多种选择方式。

（四）营造适合股权融资的资本市场环境，为上市公司外源融资活动的顺利开展提供便利

本书研究发现尽管我国上市公司在资本市场中存在"股权融资偏好"的现象，但随着我国公司薪酬差距的不断增加，股权融资规模尚未得以有效提升，绝大多数上市公司股权融资在外源融资方式中的比重并不高。因此，有必要推动我国上市公司适当开展股权融资活动，营造适合上市公司股权融资的市场环境，保障公司股权融资渠道畅通。可以结合互联网的股权众筹、P2P等融资方式和网络平台，建立开放、包容、公正的市场环境。

（五）完善资本市场公司商业信用融资相关规范，构建商业信用监督体系，净化商业信用融资环境

本书通过文献梳理和数据收集整理，可以证实商业信用融资已经成为我国上市公司主要外源融资渠道之一。但现阶段我国商业信用融资相

关法规还不健全,缺乏有效的商业信用监督体系,因此,我国政府相关部门应当不断完善商业信用融资相关法律法规,构建商业信用监督体系。对商业信用融资的违约成本进行明确界定,积极发展专业水平较高的信用管理机构或信用评级机构,有效地监督公司的商业信用融资活动,可以编制社会信用代码,结合大数据、互联网、财务共享、云计算、区块链等先进科技手段,构建商业信用融资的数据库,确保开展商业信用融资的债务公司信息公开、透明、真实、完整,从而保障债权人合法权益。

二 公司管理层层面

（一）设定合理的岗位薪酬标准,综合考虑公司内外部差异,科学制定薪酬差距,构建适合本公司的薪酬差距体系

本书实证研究结论证实公司薪酬差距的增加,公司高管和员工的工作积极性不能充分激发,不利于公司绩效的提升,公司外源融资活动会受到影响。因此,公司有必要根据公司不同岗位特点,制定适合本公司发展需要的薪酬标准,综合考虑公司内部治理特征和外部环境因素的差异,确保公司高管团队之间、高管与员工之间薪酬差距的科学性和合理性,起到提高公司员工工作积极性的作用,充分发挥薪酬激励效应。薪酬差距体系的建立要遵循专业性和灵活性相统一,既要密切关注国家政府相关法律法规变化,又要与公司实际情况相结合,既要确保薪酬差距制定能够符合国家方针政策,也要能够在实际工作中有效实施。

（二）完善公司激励机制,明确奖惩标准,制定合理的公司管理层晋升制度

通过本书研究可以发现,公司薪酬差距制定的最终目的是激发公司员工工作热情,发挥有效的激励效应,薪酬差距只是公司激励措施中的一种方式。我国上市公司应当不断完善激励机制,明确工作岗位的奖惩标准,激发公司员工工作积极性。公司在完善激励机制时,应当以提升公司成长性为导向,注重公司长远战略目标的实现和持续成长空间的拓展,同时考虑各种薪酬激励方式的优势和劣势,充分发挥薪酬结构系统性和互补性,尽可能发挥出薪酬激励机制的长期效果,规避公司高管"短视化"行为,努力激发公司高管和员工工作积极性,确保能够实现公司长远目标。公司高管对公司未来发展的战略规划的制定和财务决策

的选择具有重要影响,因此,上市公司有必要建立一套合理的公司管理层晋升机制,既能够有效考核管理层业绩,也可以对管理层履约情况进行有效的监督,从而选拔出真正专业素养高、品质优秀、工作能力强的高管人才。上市公司可以根据本公司实际情况,对公司员工业绩考核设置可调整的综合绩效考核指标,对公司员工(特别是公司高管)不同时期、不同岗位层级所完成的工作业绩进行考核,采取定性分析和定量核算相结合,对公司高管的绩效进行综合评定。通过建立员工工作绩效档案库,将员工个人基本情况、入职以来的工作表现和绩效信息予以存档,为公司管理层未来晋升考核提供坚实的依据。

(三)明确公司管理层责权,并建立行之有效的监督体系

本书研究结论证实上市公司薪酬差距的提升并不能有效激发员工工作积极性,此时势必需要提高对公司高管和员工履行职责的监督力度,包括对公司大股东"隧道挖掘"行为的监督和问责。现代公司实施"两权分离",公司管理层的权力和责任划分的清晰程度对公司资源的有效管理和稳定发展起到至关重要的作用,因此,有必要明确公司管理层享有的权利和应当履行的义务,对管理层履行责任的情况进行全面、系统、多层次的考核和监督。公司薪酬委员会、董事会和监事会应当发挥各自职责,对公司管理层的履约情况进行监督,并监督公司高管和员工薪酬激励机制的实施效果,确保公司管理层和员工实现履约责任,公司绩效能够有效提升。公司独立董事人员的比重还可以根据实际情况适当予以调整,确保董事会决策的客观性和中立性。同时,公司应当定期接受第三方机构的监督检查,积极听取公司各利益相关者的建议和意见,确保公司治理机制和监督体系不断完善,进而实现有效运行。

(四)完善公司内部治理机制,合理制衡公司股东控制权

本书研究实证结果表明,在股权制衡度高的公司,薪酬差距与债权融资期限的负向效应被加强,与商业信用融资和股权融资的负向效应被减弱,股权制衡在薪酬差距与外源融资渠道之间起到调节效应。因此,有必要建立行之有效的公司内部治理机制,合理把控公司股权集中程度,充分发挥公司内部治理各项运行机制功效。不断扩大董事会对公司重要事项集体决策权,既要防止出现"内部人控制",避免"一股独大"的现象出现,也要注意防范股权过于分散,不断完善公司股权结

构,充分发挥独立董事的监督功效,增强股东对公司高管监督职能。

(五)增加公司高管薪酬透明度,完善公司高管薪酬信息披露制度

公司应当对公司人员薪酬构成(如基本薪酬、绩效薪酬和中长期薪酬激励等内容)、薪酬制定依据和具体绩效考核指标进行适当披露,定期考察上市公司高管薪酬的实际发放情况,核实其合理性,促进公司内部员工和公司外部财务信息使用者能够及时、准确了解公司员工薪酬等级标准,有效发挥监督作用,尽可能降低公司员工被剥削感。监管机构对虚报薪酬信息的公司应当及时予以曝光,严厉惩戒披露信息不实的公司,从而遏制公司高管薪酬过高的现象,降低公司高管与员工之间不公平的薪酬差距。

(六)公司还应注重树立"诚信为本,规范经营"的理念,积极发挥自身优势,不断提高公司核心竞争力,逐步扩大市场份额,增强商业信用融资的吸引力

本书进行文献梳理和实证检验分析可以说明商业信用融资对于上市公司日常生产经营活动的顺利开展和未来可持续性发展都具有至关重要的作用。因此,公司管理层及普通员工应当提高商业信用融资的重视程度。公司管理层应当科学管理商业信用融资款项,积极维护与供应商之间的信用关系,降低商业信用融资的不利因素,确保公司和债权人都能够实现各自合法权益。公司应当不断提升自身商业信用水平,建立完善的商业信用管理制度。通过规范公司自身管理结构,增强信用评价等级,取得供应商和社会公众的信任。建立完善的内部控制制度和专门的信用管理部门,对公司高管和员工进行培训和考核,提高公司成员的商业信用意识。通过制定科学、合理的商业信用政策,确保公司商业信用管理制度的有效实施。

三 公司利益相关者层面

薪酬差距的制定会直接影响到公司管理层和员工的利益,同样也会对公司股东和债权人等利益相关者的利益产生影响。因此,公司股东、债权人、供应商以及其他利益相关者应当及时关注公司财务报表中所披露的关于公司高管和员工薪酬信息。通过分析公司高管对薪酬激励的具体措施,掌握薪酬差距变动信息,进一步分析财务报表相关会计信息的调整和变化,进而对公司未来偿债能力、盈利能力、营运能力和发展能

力进行合理判断和科学预测,及时做出正确的财务决策,既能够保障自身权益不受损害,也可以合理保障上市公司的合法权益,满足其筹集资金的需求,真正实现利益的"双赢"。作为公司的供应商,应当合理安排与公司的赊销赊购交易量,在与公司商业信用融资的过程中,尽可能占据有利地位,确保降低商业信用所产生的坏账风险、资金成本等问题。

第三节 研究局限与展望

一 研究局限

本书主要研究薪酬差距对债权融资、商业信用融资和股权融资的影响,并探究公司产权性质对两者关系产生的异质性差异的影响效应。进一步结合公司内部股权制衡度、公司外部行业垄断程度和经济发展地区的影响因素,考察其对薪酬差距与外源融资的调节效应。本书从理论基础探究和实证检验分析两个方面开展研究,尽最大可能地排除影响实证检验结果的干扰因素,以期能够对所研究的问题做出系统、全面地分析和总结。本书研究具有一定学术贡献和创新性,但由于作者研究能力和认识问题的深度有限,本书不可避免存在一些局限性,主要体现为如下三个方面:

(一)薪酬差距涵盖的内容

本书以中国沪深两市A股上市公司2006—2019年财务报表数据为样本,薪酬差距通过财务报表中相关指标参考已有研究成果计算获取,财务报表中的信息都是以货币作为计量单位的会计信息,因此,本书研究的公司外部和内部薪酬差距都是货币薪酬,没有考察权益类薪酬和债务类薪酬的影响,这些薪酬对公司高管和员工的工作积极性同样会产生影响,如何确定薪酬差距并开展相关问题的研究有待进一步思考。

(二)外源融资渠道的研究维度

本书选择债权融资、商业信用融资和股权融资三个维度作为公司外源融资渠道的研究视角,外源融资是否还可以从其他维度展开,每个维度衡量方法都值得再深入探讨。本书研究薪酬差距对外源融资的影响,仅仅就每个维度单独考察薪酬差距的影响效果,而并没有从整体上确定一个最佳的外源融资决策的方案。受到研究方法和数据收集的限制，本书并未针对三个外源融资活动如何进行适当的选择进行探究，未来可以就外源融资决策的选择"平衡点"展开深入研究。

（三）公司产权性质的划分标准

本书主要根据公司实际控制人的性质，将样本公司划分为国有公司和民营公司，没有进一步考虑公司产权性质的其他划分标准。正如前文所述，已有研究对公司产权性质的划分有：国家股、法人股和流通股（林颖，2020）；国有控股公司和非国有控股公司（王跃堂等，2010；连立帅，2019）等，在未来研究中可以考虑展开相关研究。

二 研究展望

本书针对薪酬差距与外源融资的关系开展了一定深度的探索研究，但仅仅是研究领域的沧海一粟，对于薪酬差距和外源融资这一研究领域的未来探索，本书认为可以围绕如下三个方面不断拓展深入研究。

（一）收集薪酬激励的其他指标数据，核算公司其他薪酬激励产生的薪酬差距

根据已有研究文献资料，查阅并收集对公司高管和员工起到激励效应的其他薪酬类型，通过数据库和证券交易所网站搜集相关信息，确定相应的薪酬差距，逐步开展相关问题研究。

（二）不断拓展公司外源融资的研究内容

根据国内外已有研究成果，选择其他视角深入挖掘探索公司外源融资活动的相关问题，不断拓展研究空间和视角。研究薪酬差距变化对外源融资的影响过程中，可以考虑深入探究如何进行融资决策，即在薪酬差距变化过程中，寻求债权融资、商业信用融资和股权融资最佳的"融资平衡点"，进而构建上市公司合理的资本结构。

（三）细化公司产权性质的划分标准

参考国内外已有研究文献，对公司产权性质可以采用更为细致的划分标准，例如，按照行政管理级别将国有公司划分为中央国有公司和地方国有公司；按照是否为公司资本或者股份是否由家族控制将民营公司划分为家族公司和非家族公司等，进一步开展相关研究。

参考文献

步丹璐、白晓丹：《员工薪酬、薪酬差距和员工离职》，《中国经济问题》2013 年第 1 期。

步丹璐、王晓艳：《政府补助、软约束与薪酬差距》，《南开管理评论》2014 年第 4 期。

曹向等：《管理者过度自信、市场竞争与商业信用》，《财经理论与实践》2013 年第 5 期。

常健：《外部薪酬不公平性与公司绩效——基于上市公司的实证研究》，《软科学》2016 年第 6 期。

陈德球、陈运森：《政策不确定性与上市公司盈余管理》，《经济研究》2018 年第 6 期。

陈丁、张顺：《薪酬差距与公司绩效的倒 U 型关系研究——理论模型与实证探索》，《南开经济研究》2010 年第 10 期。

陈汉文、黄轩昊：《内部薪酬差距与公司价值——基于生命周期理论的新探索》，《厦门大学学报》2019 年第 2 期。

陈汉文、周中胜：《内部控制质量与企业债务融资成本》，《南开管理评论》2014 年第 17 期。

陈胜蓝、马慧：《贷款可获得性与公司商业信用——中国利率市场化改革的准自然实验证据》，《管理世界》2018 年第 11 期。

陈文、王飞：《负债融资约束与中国上市公司股权融资偏好》，《投资研究》2013 年第 7 期。

陈运森、王玉涛：《审计质量、交易成本与商业信用模式》，《审计研究》2010 年第 6 期。

戴钰：《我国上市公司负债融资的治理效应研究》，《湖南大学学报》（社会科学版）2011年第1期。

邓大松、卢小波：《高管与普通职工薪酬差距对国企发展影响的实证》，《统计与决策》2017年第4期。

董斌、曲蓬：《薪酬水平、薪酬差距与公司业绩——来自中国上市公司的经验证据》，《山西财经大学学报》2014年第11期。

董黎明：《债务融资期限结构与融资效率的实证研究》，《财经理论与实践》2008年第6期。

范海峰、胡玉明：《机构投资者持股与股权融资成本的实证研究》，《经济与管理研究》2010年第2期。

范海峰、石水平：《财务信息透明度、机构投资者与公司股权融资成本》，《暨南学报》（哲学社会科学版）2016年第5期。

方红星、楚有为：《公司战略与商业信用融资》，《南开管理评论》2019年第5期。

冯丽艳等：《社会责任、商业信任与商业信用成本》，《北京工商大学学报》2016年第1期。

高亮亮等：《货币紧缩、产权性质和商业信用融资渠道》，《上海金融》2014年第6期。

宫义飞、郭兰：《分析师跟踪、所有权性质与融资约束——基于不同产权主体的研究》，《经济管理》2012年第1期。

宫义飞、夏艳春：《分析师对上市公司外部融资结构的影响》，《财经科学》2017年第11期。

巩娜、刘清源：《CEO还是TMT——民营上市公司高管薪酬差距对于企业研发的影响》，《南方经济》2015年第1期。

韩鹏飞、胡奕明：《政府隐性担保一定能降低债券的融资成本吗？——关于国有企业和地方融资平台债券的实证研究》，《金融研究》2015年第3期。

何玉等：《碳信息披露、碳业绩与资本成本》，《会计研究》2014年第1期。

侯德帅等：《企业战略定位差异与商业信用》，《数理统计与管理》2019年第11期。

胡国柳、胡珺：《董事高管责任保险与公司绩效——基于中国 A 股上市公司的经验分析》，《经济评论》2014 年第 5 期。

胡珺等：《董事高管责任保险与企业商业信用》，《财经理论与实践》2019 年第 9 期。

胡珺等：《董事高管责任保险的公司治理效应：理论综述与研究展望》，《财务研究》2016 年第 6 期。

黄波、王满：《分析师跟踪影响了商业信用融资吗？——基于我国上市公司的实证分析》，《山西财经大学学报》2018 年第 8 期。

黄辉：《高管薪酬的外部不公平、内部差距与企业绩效》，《经济管理》2012 年第 7 期。

黄少安、张岗：《中国上市公司股权融资偏好分析》，《经济研究》2001 年第 11 期。

黄少安、钟卫东：《股权融资成本软约束与股权融资偏好——对中国公司股权融资偏好的进一步解释》，《财经问题研究》2012 年第 12 期。

黄送钦等：《高管超额薪酬影响了企业债务融资吗?》，《当代财经》2017 年第 11 期。

黄文青：《债权融资结构与公司治理效率——来自中国上市公司经验证据》，《财经理论与实践》2011 年第 3 期。

黄志忠、韩湘云：《大股东股权质押、资金侵占与盈余管理》，《当代会计评论》2014 年第 2 期。

姜付秀等：《投资者利益保护与股权融资成本》，《管理世界》2008 年第 2 期。

蒋腾等：《经济政策不确定性与企业债务融资》，《管理评论》2018 年第 3 期。

靳曙畅：《债务异质性、产权性质与企业可持续发展》，《山西财经大学学报》2019 年第 6 期。

雷霆、周嘉南：《股权激励、高管内部薪酬差距与权益资本成本》，《管理科学》2014 年第 11 期。

雷宇、曾雅卓：《法律背景高管与公司债务期限结构》，《财贸研究》2019 年第 2 期。

黎来芳等：《会计信息质量对民营企业债务融资方式的影响研究——基于货币政策的视角》，《会计研究》2018年第4期。

黎文靖等：《外部薪酬差距激励了高管吗——基于中国上市公司经理人市场与产权性质的经验研究》，《南开管理评论》2014年第4期。

黎文靖、胡玉明：《国企内部薪酬差距激励了谁?》，《经济研究》2012年第12期。

李碧连：《内部人交易对公司债务融资规模的影响——来自A股上市公司的经验证据》，《浙江金融》2015年第7期。

李秉祥、袁烨：《经理管理防御对企业融资行为影响路径研究——基于三元交互分析框架》，《现代财经（天津财经大学学报）》2016年第5期。

李辰颖、刘红霞：《基于买方市场理论的CEO声誉与商业信用融资关系研究》，《经济与管理研究》2013年第8期。

李欢等：《客户效应与上市公司债务融资能力——来自我国供应链客户关系的证据》，《金融研究》2018年第6期。

李君平、徐龙炳：《资本市场错误定价、融资约束与公司融资方式选择》，《金融研究》2015年第12期。

李世新、刘兴翠：《上市公司财务重述公告的市场反应与行业传递效应研究》，《管理评论》2012年第5期。

李维安等：《经理才能、公司治理与契约参照点——中国上市公司高管薪酬决定因素的理论与实证分析》，《南开管理评论》2010年第2期。

李晓玲、赖亚文：《法律诉讼事件与企业商业信用融资》，《东南学术》2019年第4期。

李艳平：《企业地位、供应链关系型交易与商业信用融资》，《财经论丛》2017年第4期。

李争光等：《机构投资者异质性、会计稳健性与股权融资成本——来自中国上市公司的经验证据》，《管理评论》2016年第7期。

李争光等：《机构投资者异质性、会计稳健性与投资效率——来自中国上市公司的经验证据》，《当代财经》2015年第2期。

连立帅：《对外直接投资、产权性质与过度负债》，《上海财经大学学报》2019 年第 6 期。

梁上坤等：《内部薪酬差距与公司价值——基于生命周期理论的新探索》，《金融研究》2019 年第 4 期。

廖理、朱正芹：《中国上市公司股权融资与债权融资成本实证研究》，《中国工业经济》2003 年第 6 期。

林浚清等：《高管团队内薪酬差距、公司绩效和治理结构》，《经济研究》2003 年第 4 期。

林晚发等：《分析师预测与企业债券信用利差——基于2008—2012年中国企业债券数据》，《会计研究》2013 年第 8 期。

林毅夫、李志赟：《政策性负担、道德风险与预算软约束》，《经济研究》2004 年第 2 期。

林颖：《不同产区性质的上市公司财务重述对其股权融资成本的影响》，博士学位论文，上海外国语大学，2020 年。

凌士显、白锐锋：《董事高管责任保险的公司治理作用——基于双重代理成本的视角》，《财贸经济》2017 年第 38 期。

刘宝财：《内部控制、产权性质与商业信用——基于货币政策紧缩视角的检验》，《南京审计学院学报》2014 年第 3 期。

刘春、孙亮：《薪酬差距与公司绩效——来自国企上市公司的经验证据》，《南开管理评论》2010 年第 2 期。

刘刚等：《股权结构、产权性质与债券融资成本》，《经济理论与经济管理》2020 年第 3 期。

刘行等：《企业避税、债务融资能力与债务融资来源——基于所得税征管体系改革的断点回归分析》，《管理世界》2017 年第 10 期。

刘惠好、冯永佳：《经济政策不确定性、信息披露与债务融资——基于债权人异质性视角》，《经济经纬》2019 年第 11 期。

刘慧等：《诉讼风险、法律环境与企业债务融资成本》，《南开管理评论》2016 年第 5 期。

刘进等：《内部控制、信任与商业信用融资》，《科学决策》2018 年第 7 期。

刘坤、戴文涛：《企业违规、产权性质与贷款融资》，《财经问题研究》2017 年第 6 期。

刘美玉、姜磊:《高管内部薪酬差距、股权激励与投资效率》,《经济问题》2019 年第 5 期。

刘敏、冯丽娟:《高管内部薪酬差距、投资行为与企业绩效——以中国制造业 A 股上市公司为例》,《科学决策》2015 年第 10 期。

刘全齐、李力:《媒体报道、市场化进程与股权融资成本——来自中国重污染行业的证据》,《财经论丛》2017 年第 12 期。

刘思彤等:《高管内部薪酬差距能否抑制企业风险承担?》,《科研管理》2018 年第 3 期。

刘天保:《创新影响企业债务融资成本的实证检验》,《统计与决策》2018 年第 2 期。

刘文欢等:《行业环境、审计意见与债务成本》,《审计研究》2018 年第 5 期。

刘向强等:《诉讼风险与董事高管责任保险——基于中国 A 股上市公司的经验证据》,《商业经济与管理》2017 年第 9 期。

刘星、安灵:《大股东控制、政府控制层级与公司价值创造》,《会计研究》2010 年第 1 期。

刘银国、张琛:《自由现金流、管理层防御与企业绩效》,《经济学动态》2012 年第 3 期。

刘张发等:《国有企业内部薪酬差距影响生产效率吗?》,《经济学动态》2017 年第 11 期。

刘追、刘孟:《高管薪酬激励、创业战略导向与创业型企业成长性关系研究》,《工业技术经济》2017 年第 4 期。

卢锐:《管理层权力、薪酬差距与绩效》,《南方经济》2007 年第 7 期。

鲁海帆:《高管团队内薪酬差距、风险与公司业绩——基于锦标赛理论的实证分析》,《经济管理》2011 年第 12 期。

陆正飞、杨德明:《商业信用:替代性融资,还是买方市场?》,《管理世界》2011 年第 4 期。

陆正飞、叶康涛:《中国上市公司股权融资偏好解析——偏好股权融资就是源于融资成本低吗?》,《经济研究》2004 年第 4 期。

罗华伟等:《高管薪酬外部公平性与企业绩效关联——来自中国 A

股上市房地产公司的证据》,《软科学》2015 年第 1 期。

吕峻:《异质性企业、薪酬差距与公司绩效》,《财经问题研究》2014 年第 1 期。

马晨等:《薪酬差距对企业会计错报的影响研究》,《中央财经大学学报》2018 年第 7 期。

马文超、何珍:《产业政策、产品市场竞争与企业债务融资》,《会计与经济研究》2017 年第 7 期。

马永斌:《公司治理之道——控制权争夺与股权激励》,清华大学出版社 2018 年第二版。

毛洪涛、沈鹏:《我国上市公司 CFO 薪酬与盈余质量的相关性研究》,《南开管理评论》2009 年第 10 期。

闵亮:《金融危机冲击下上市公司融资约束与融资决策的实证研究》,《财经丛论》2011 年第 4 期。

牛建波等:《高管薪酬差距、治理模式和企业创新》,《管理科学》2019 年第 3 期。

潘临等:《控股股东股权质押与商业信用融资——基于内部控制质量和审计质量的考量》,《财经理论与实践》2018 年第 7 期。

潘敏、刘希曦:《"限薪令"对企业内部薪酬差距激励效果的影响研究》,《武汉大学学报》(哲学社会科学版) 2016 年第 5 期。

潘镇等:《女性高管、薪酬差距与企业战略差距》,《经济管理》2019 年第 2 期。

钱爱民、朱大鹏:《财务重述影响供应商向企业提供商业信用吗?——来自 A 股上市公司的经营证据》,《财经理论与实践》2017 年第 7 期。

钱明辉等:《我国中央企业上市公司薪酬差距与管理绩效关系研究》,《软科学》2017 年第 4 期。

邵剑兵、朱芳芳:《晋升效应还是财富效应:CTO 激励机制影响企业研发投入分析》,《商业研究》2015 年第 11 期。

申香华:《政府补助、产权性质与债务融资效应实证检验》,《经济经纬》2015 年第 3 期。

沈灏:《转型经济环境下社会资本和组织学习对企业战略变化的影

响》,《经济管理》2017 年第 6 期。

沈洪涛等:《再融资环保核查、环境信息披露与权益资本成本》,《金融研究》2010 年第 12 期。

盛明泉等:《高管薪酬差距与企业全要素生产率》,《河北经贸大学学报》2019 年第 3 期。

施燕平、刘娥平:《产权性质、风险承担与公司债券信用利差》,《华东经济管理》2019 年第 1 期。

石榴红等:《基于面板数据的上市公司薪酬差距与公司绩效关系研究》,《当代经济科学》2013 年第 7 期。

石依依等:《我国上市公司高管薪酬差距与企业成长性关系的实证研究》,《湖南师范大学自然科学学报》2017 年第 1 期。

时军、闫盼盼:《薪酬差距与商业信用融资——基于沪深 A 股上市公司的经验证据》,《社会科学战线》2020 年第 12 期。

时军、张红霞:《会计稳健性、高管员工薪酬差距与公司绩效》,《财会月刊》2019 年第 3 期。

宋婕等:《媒体报道能缓解企业融资约束吗?——基于商业信用融资视角》,《北京工商大学学报》2019 年第 7 期。

孙凯等:《高管团队特征、薪酬差距与创业企业绩效》,《科研管理》2019 年第 2 期。

孙兰兰、王竹泉:《供应链关系、产权性质与营运资金融资结构动态调整》,《当代财经》2017 年第 5 期。

孙莉儒、薛莹雯:《金融股权关联、会计稳健性与商业信用》,《海南大学学报》2018 年第 11 期。

孙早、肖利平:《融资结构与企业自主创新——来自中国战略性新兴产业 A 股上市公司的经验证据》,《经济理论与经济管理》2016 年第 3 期。

覃予、靳毓:《经济波动、薪酬外部公平性与公司业绩》,《中南财经政法大学学报》2015 年第 3 期。

汪平、张孜瑶:《股权资本成本、市场化进程与高管员工薪酬差距——来自中国上市公司的经验证据》,《外国经济与管理》2014 年第 7 期。

王爱国、王哲：《高管－职工薪酬差距与企业绩效、股权特征、企业成长性的相关性研究》，《山东社会科学》2016年第5期。

王爱群等：《薪酬差距如何影响股权融资？——基于沪深A股上市公司的经验证据》，《当代会计评论》2020年第3辑。

王红建等：《放松利率管制、过度负债与债务期限结构》，《金融研究》2018年第2期。

王化成等：《经济政策不确定性、产权性质与商业信用》，《经济理论与经济管理》2016年第5期。

王怀明、陈雪：《高管持股、环境不确定性与债务融资规模》，《税务与经济》2017年第1期。

王建军、刘红霞：《高管团队内部薪酬差距对投资效率影响的实证研究——以A股国有上市公司为例》，《北京工商大学学报》2015年第3期。

王鲁平等：《终极所有权、银行借款与投资行为的关系：基于商业银行制度变迁背景的经验研究》，《南开管理评论》2011年第6期。

王满等：《经济政策不确定性下企业会计稳健性与商业信用融资》，《商业研究》2017年第6期。

王明虎、魏良张：《区域金融、企业生命周期与商业信用融资》，《南京审计大学学报》2017年第1期。

王生年、徐亚飞：《融资约束、会计稳健性与股权融资成本》，《现代财经（天津财经大学学报）》2016年第11期。

王晓巍、陈逢博：《创业板上市公司股权结构与企业价值》，《管理科学》2014年第6期。

王晓颖等：《上市公司履行企业社会责任水平与银行债务融资能力的提升》，《改革》2018年第7期。

王彦超等：《诉讼风险、法制环境与债务成本》，《会计研究》2016年第6期。

王燕妮、杨慧：《融资方式、资本化研发选择与企业价值》，《预测》2018年第2期。

王宇、于辉：《供应链合作下零售商股权融资策略的模型分析》，《中国管理科学》2017年第6期。

王跃堂等：《产权性质、债务税盾与资本结构》，《经济研究》2010年第9期。

王珍义等：《CEO声誉、内部控制与商业信用融资关系的实证》，《统计与决策》2017年第7期。

王振山、王秉阳：《股票投机、信息发现与权益成本——对股权融资偏好的再讨论》，《经济评论》2018年第2期。

王振山、王秉阳：《股票投机性与股权融资成本——基于中国A股市场的经验研究》，《财经问题研究》2017年第7期。

魏卉等：《治理环境、终极控制人两权分离与股权融资成本》，《南方经济》2011年第12期。

吴红军：《环境信息披露、环境绩效与权益资本成本》，《厦门大学学报》2014年第3期。

吴克平等：《投资者权益保护与企业股权融资——基于中国资本市场的经验证据》，《山西财经大学学报》2015年第9期。

吴联生等：《薪酬外部公平性、股权性质与公司业绩》，《管理世界》2010年第3期。

夏宁、董艳：《高管薪酬、员工薪酬与公司的成长性》，《会计研究》2014年第9期。

肖东生等：《高管员工薪酬差距、高管控制权与企业成长性》，《华东经济管理》2014年第5期。

肖泽忠、邹宏：《中国上市公司资本结构的影响因素和股权融资偏好》，《经济研究》2008年第6期。

肖作平、李孔：《债务到期结构的影响因素：理论和证据》，《证券市场导报》2004年第3期。

肖作平、刘辰嫣：《上下游企业议价能力、产品独特性与企业商业信用——来自中国制造业上市公司的经验证据》，《证券市场导报》2017年第9期。

肖作平、尹林辉：《终极所有权性质与股权融资成本——来自中国证券市场的经验证据》，《证券市场导报》2015年第7期。

谢军：《债务期限结构、公司治理和政府保护：基于投资者保护视角的分析》，《经济评论》2008年第2期。

辛清泉等：《政府控制、经理薪酬与资本投资》，《经济研究》2007年第8期。

熊婷、程博：《高管团队薪酬差距与企业过度投资》，《软科学》2017年第1期。

胥佚萱：《企业内部薪酬差距、经营业绩与公司治理——来自中国上市公司的经验证据》，《山西财经大学学报》2010年第7期。

徐光华、沈戈：《企业共生财务战略及其实现路径》，《会计研究》2011年第2期。

徐虹等：《内部控制有效性、会计稳健性与商业信用模式》，《审计与经济研究》2013年第4期。

徐士伟等：《企业社会责任信息披露与并购绩效——垄断度与组织冗余的权变效应》，《北京理工大学学报》2019年第1期。

徐尧等：《货币政策、股权激励与企业债务融资》，《统计与信息论坛》2018年第1期。

许小年、王燕：《中国上市公司的所有制结构与公司治理》，《经济研究》2008年第7期。

许晓芳等：《CEO性别、产权性质与公司债务融资行为》，《苏州大学学报》（哲学社会科学版）2018年第4期。

严太华、何芳丽：《债务融资、两权分离与终极股东掏空及支持行为：基于面板门限模型的实证分析》，《管理工程学报》2018年第5期。

杨婵等：《垂直薪酬差距与新创企业的创新精神》，《财经研究》2017年第7期。

杨海生等：《政策不稳定性与经济增长——来自中国地方官员变更的经验证据》，《管理世界》2014年第9期。

杨薇等：《企业内部薪酬差距与盈余管理》，《中山大学学报》2019年第1期。

杨文君等：《家族企业股权制衡度与企业价值的门槛效应分析》，《会计研究》2016年第11期。

杨鑫等：《审计师质量、产权性质与债务期限结构》，《山西财经大学学报》2018年第4期。

杨兴全等：《治理环境、股权制衡与股权融资成本》，《财贸研究》

2012年第6期。

杨勇等：《银行贷款、商业信用融资及我国上市公司的公司治理》，《南开管理评论》2009年第12期。

杨志强、王华：《公司内部薪酬差距、股权集中度与盈余管理行为——基于高管团队内和高管员工之间薪酬的比较分析》，《会计研究》2014年第6期。

姚立杰等：《企业避税、债务融资能力和债务成本》，《中国软科学》2018年第10期。

叶陈刚等：《外部治理、环境信息披露与股权融资成本》，《南开管理评论》2015年第10期。

叶勇、张丽：《政策不确定性与企业债务融资的实证研究——来自地级市层面的证据》，《财经理论与实践》2019年第5期。

殷治平、张兆国：《管理者任期、内部控制与战略差异》，《中国软科学》2016年第12期。

于富生、张颖：《薪酬差距与盈余管理》，《经济问题》2013年第4期。

于辉、李鑫：《供应链视角下零售商股权融资最优估值模型》，《管理科学学报》2018年第9期。

于辉、王宇：《供应链视角下成长型企业融资方式选择：债权融资VS股权融资》，《中国管理科学》2018年第5期。

余明桂、潘红波：《金融发展、商业信誉与行业竞争》，《管理世界》2010年第8期。

俞震、冯巧根：《薪酬差距：对公司盈余管理与经营绩效的影响》，《学海》2010年第10期。

袁卫秋等：《市场化环境、审计师行业专长与债务融资成本》，《现代财经（天津财经大学学报）》2018年第6期。

袁卫秋、汪立静：《货币政策、信息披露质量与商业信用融资》，《云南财经大学学报》2016年第1期。

袁卫秋等：《货币政策、社会责任信息披露质量与商业信用模式》，《会计与经济研究》2017年第1期。

岳树民、肖春明：《"营改增"对上市公司债务融资的效应分析》，

《中央财经大学学报》2017年第9期。

翟淑萍等:《薪酬差距激励了高新技术创新吗?》,《科学决策》2017年第6期。

张海龙、李秉祥:《公司价值、资本结构与经理管理防御》,《软科学》2012年第6期。

张嘉兴、余冬根:《产权性质、审计师声誉与债务融资能力》,《财经论丛》2015年第11期。

张俊民等:《关联担保与公司债务融资成本分析——基于信息风险和债务代理风险的机制检验》,《商业研究》2018年第12期。

张丽平等:《管理者权力、内部薪酬差距与公司价值》,《经济与管理研究》2013年第5期。

张丽平、杨兴全:《管理者权力、外部薪酬差距与公司业绩》,《财经科学》2013年第4期。

张巧良等:《碳排放量、碳信息披露质量与企业价值》,《南京审计学院学报》2013年第2期。

张蕊等:《关键下属高管——CEO薪酬差距与公司业绩及其波动性——来自中国证券市场的经验证据》,《证券市场导报》2018年第9期。

张维迎:《理解公司——产权、激励和治理》,上海人民出版社2014年版。

张伟华等:《利率市场化改革降低了上市公司债务融资成本了吗?》,《金融研究》2018年第10期。

张兴亮:《高管薪酬影响企业债务融资的研究综述与未来展望》,《外国经济与管理》2014年第8期。

张勇:《产权性质、投资者实地调研与企业债务融资成本》,《广东财经大学学报》2020年第4期。

张勇:《会计信息可比性与企业商业信用融资——基于企业市场地位和行业竞争环境的双重考量》,《财经理论与实践》2017年第11期。

张勇:《信任、审计意见与商业信用融资》,《审计研究》2013年第5期。

张泽南、马永强:《市场化进程、薪酬差距与盈余管理方式选择》,

《山西财经大学学报》2014年第6期。

张长征、李怀祖：《经理自主权、高管报酬差距与公司业绩》，《中国软科学》2008年第4期。

张正堂、李欣：《高层管理团队核心成员薪酬差距与公司绩效的关系》，《经济管理》2007年第1期。

张正堂：《高层管理团队协作需要、薪酬差距和公司绩效：竞赛理论的视角》，《南开管理评论》2007年第4期。

张正堂：《企业内部薪酬差距对组织未来绩效影响的实证研究》，《会计研究》2008年第9期。

张正勇、胡言言：《高管—员工薪酬差距对企业绩效影响的实证研究》，《湖南财政经济学院学报》2017年第10期。

张志宏、朱晓琳：《产权性质、高管外部薪酬差距与企业风险承担》，《中南财经政法大学学报》2018年第3期。

赵健梅等：《薪酬差距、市场化进程与公司业绩》，《经济问题》2017年第5期。

赵睿：《高管员工薪酬差距与公司绩效》，《经济管理》2012年第5期。

赵颖：《国企高管与普通员工薪酬差距的激励效应分析》，《中国政法大学学报》2016年第6期。

赵玉洁：《媒体报道、外部治理与股权融资成本》，《山西财经大学学报》2019年第3期。

赵振洋等：《宏观货币政策、会计稳健性与债务融资成本——基于中国A股上市公司的实证研究》，《会计与经济研究》2017年第11期。

甄丽明、杨群华：《产权性质、薪酬制度与企业研发——基于中国上市公司的实证检验》，《南方经济》2014年第12期。

郑登津、闫天一：《会计稳健性、审计质量和债务成本》，《审计研究》2016年第2期。

郑国坚等：《大股东股权质押、占款与企业价值》，《管理科学学报》2014年第9期。

郑军：《高质量的内部控制能增加商业信用融资吗？——基于货币政策变更视角的检验》，《会计研究》2013年第6期。

周冬华、王晶：《客户集中度、产品市场竞争与股权融资成本》，《山西财经大学学报》2017年第7期。

周楷唐等：《持续经营审计意见是否具有额外价值？——来自债务融资的证据》，《会计研究》2016年第8期。

周志强等：《民营企业参与国有企业混合所有制改革的协同治理研究》，《江淮论坛》2020年第4期。

朱晨赫、程晨：《地方政府债务治理对企业债务融资的影响——基于"43号文"的研究》，《河南社会科学》2018年第7期。

朱芳芳、李海舰：《高管薪酬差距与企业研发投入——基于高管团队重组的情景作用》，《商业研究》2018年第11期。

朱杰：《财务战略影响公司商业信用融资能力吗?》，《审计与经济研究》2018年第6期。

朱文莉、白俊雅：《供应商集中度、非标准审计意见与商业信用融资》，《商业研究》2018年第6期。

朱晓琳、方拥军：《CEO权力、高管团队薪酬差距与企业风险承担》，《经济经纬》2018年第1期。

朱志标、张楠：《债务代理成本形成机理分析》，《财会通讯》2010年第10期。

祝继高、陆正飞：《产权性质、股权再融资与资源配置效率》，《金融研究》2011年第1期。

祝继高、陆正飞：《融资需求、产权性质与股权融资歧视——基于企业上市问题的研究》，《南开管理评论》2012年第15期。

A be de Jong, "Chris Veld. An Empirical Analysis of Incremental Capital Structure Decisions under Managerial Entrenchment", *Journal of Banking and Finance*, Vol. 25, No. 10, 2001.

Aggarwal, R., Samwick, A. A., "The Other Side of the Tradeoff: The Impact of Risk on Executive Compensation", *National Bureau of Economic Research*, 1998.

Akerlof, George A., Yellen, Janet L., "Fairness and Unemployment", *American Economic Review*, No. 78, 1988.

Anantharaman, D., et al., "Inside Debt and the Design of Corporate

Debt Contracts", *Management Science*, Vol. 60, No. 5, 2014.

Angela Gore, "Financial Expertise and the Usefulness of Earnings: Evidence from the Cash Compensation of Chief Financial Offcers", Workpapers, 2007.

Ashbaugh-Skaife, H., et al., "The Effect of SOx Internal Control Deficiencies on Firm Risk and Cost of Equity", *Journal of Accounting Research*, Vol. 47, No. 1, 2009.

Ashbaugh-Skaife, H., et al., "Corporate Governance and the Cost of Equity Capital University of Wisconsin Madison", Working paper, 2005.

Baber, William R., et al., "The Explanatory Power of Earnings Levels vs. Earnings Changes in the Context of Executive Compensation", *The Accounting Review*, No. 4, 1999.

Baker, G P., et al., "Compensation and Incentives: Practice vs Theory", *The Journal of Finance*, No. 43, 1988.

Baker, M., et al., "When does the Market Matter? Stock Prices and the Investment of Equity-Dependent Firms", *Quarterly Journal of Economics*, Vol. 118, No. 3, 2003.

Barker, V. L., Mueller, G. C., "CEO Characteristics and Firm R&D Spending", *Management Science*, Vol. 48, No. 6, 2002.

Barnett, M. L., R. M. Salomon, "Does it Pay to be Really Good? Addressing the Shape of the Relationship between Social and Financial Performance", *Strategic Magement Journal*, Vol. 33, No. 11, 2012.

Bebchuk, L., Fried, J. M., "Executive Compensation as an Agency Problem", *The Journal of Economic Perspectives*, Vol. 17, No. 3, 2003.

Begley J., Feltham, G. A., "An Empirical Examination of the Relation Between Debt Contracts and Management Incentive", *Journal of Accounting and Economics*, Vol. 27, No. 2, 1999.

Beladi, H., Quijano, M., "CEO Incentive for Risk Shifting and Its Effect on Corporate Bank Loan Cost", *International Review of Financial Analysis*, No. 30, 2013.

Berger, P., Ofek, E., Yermack, D., "Managerial Entrenchment

and Capital Structure Decisions", *Journal of Finance*, No. 52, 1997.

Berle A., Means G., *The Modern Corporation and Private Property*, New York: Macmillan, 1932.

Bingley, Paul, Tor Eriksson, "Pay Spread and Skewness, Employee Effort and Firm Productivity", Working Paper, 2001.

Bloom, M., Milkovich, G. T., "Relationships among Risk, Incentive Pay, and Organizational Performance", Academy of Management Journal, Vol. 41, No. 3, 1998.

Bloom, M., "The Performance Effects of Pay Dispersion on Individuals and Organization", *The Academy of Management Journal*, No. 42, 1999.

Botosan, C., Plumlee, M. A., "Reexamination of Disclosure Level and the Expected Cost of Equity Capital", *Journal of Accounting Research*, No. 40, 2002.

Botosan, C. A., "Evidence That Greater Disclosure Lowers the Cost of Equity Capital", *Journal of Applied Corporate Finance*, Vol. 12, No. 4, 2000.

Bougheas, S., et al., "Access to External Finance: Theory and Evidence on Theimpact of Monetary Policy and Firm - specific Characteristics", *Journal of Banking & Finance*, Vol. 30, No. 1, 2006.

Bowen, R. M., et al., "Analyst Coverage and Cost of Raising Equity Capital: Evidence from Underpricing of Seasoned Equity Offerings", *Contemporary Accounting Research*, Vol. 25, No. 3, 2008.

Brander, J. A., Poitevin, M., "Managerial Compensation and the Agency Costs of Debt Finance", *Managerial and Decision Economics*, Vol. 13, No. 1, 1992.

Brian, L. C., et al., "Tournament Theory: Thirty Years of Contests and Competitions", *Journal of Management*, Vol. 40, No. 1, 2014.

Brockman, P., "Executive Compensation and the Maturity Structure of Corporate Debt", *Journal of Finance*, Vol. 65, No. 3, 2010.

Burkart, M., Lee, S., "Signalling to Dispersed Shareholders and Corporate Control", *The Review of Economic Studies*, Vol. 82,

No. 3, 2015.

Burns, N., Kedia, S., "The Impact of Performance – Based Compensation on Misreporting", *Journal of Financial Economics*, Vol. 79, No. 1, 2006.

Campello, M. J., "Customer Concentration and Loan Contract Terms", *Journal of Financial Economics*, Vol. 123, No. 1, 2017.

Campello, M., Graham, J. R., "Do Stock Prices Influence Corporate Decisions? Evidence from the Technology Bubble", *Journal of Financial Economics*, Vol. 107, No. 1, 2013.

Capasso, A., et al., "Equity – worthiness and Equity – willingness: Key Factors in Private Equity Deals", *Business Horizons*, Vol. 57, No. 5, 2014.

Carpenter, M., Sanders, W., "Top Management Team Compensation, The Missing Link between CEO Pay and Firm Performance", *Strategic Management Journal*, No. 23, 2002.

Carroll, A. B., "The Pyramid of Corporate Social Responsibility: Toward the Moral Management of Organizational Stakeholders", *Business Horizons*, Vol. 34, No. 4, 1991.

Cassell, C. A., "Seeking Safety: The Relation Between CEO Inside Debt Holdings and the Riskiness of Firm Investment and Financial Policies", *Journal of Financial Economics*, Vol. 103, No. 3, 2012.

Cen, L., et al., "Reputation and Loan Contract Terms: The Role of Principal Customers", *Review of Finance*, Vol. 20, No. 2, 2016.

Chafik, K., Younes, B., "The Nature of the Relationship Between Debt and Managerial Entrenchment", *Economics and Finance Review*, Vol. 2, No. 2, 2012.

Chan Li, et al., "National Level, City Level Auditor Industry Specialization and Cost of Debt", *Accounting Horizons*, No. 24, 2010.

Chen, D., et al., "Five – year Plans, China Finance and Their Consequences", *China Journal of Accounting Research*, Vol. 10, No. 3, 2017.

Chen, J. C., et al., "Initiating Disclosure of Environmental Liability

Information: An Empirical Analysis of Firm Choice", *Journal of Business Ethics*, Vol. 125, No. 4, 2014.

Chen, P. E., et al., "The Information Role of Audit Opinion in Debt Contracting", *Journal of Accounting and Economics*, Vol. 61, No. 1, 2016.

Chen, W. R., Miller, K. D., "Situational and Institutional Determinants of Firms' R&D Search Intensity", *Strategic Management Journal*, No. 28, 2007.

Chod, J., Zhou, J., "Resource Flexibility and Capital Structure", *Management Science*, Vol. 60, No. 3, 2014.

Claessens, S., et al., "Disentangling the Incentive and Entrenchment Effects of Large Share Holdings", *Journal of Finance*, Vol. 57, No. 6, 2002.

Cochran, P., Wood, R., "Corporate Social Responsibility and Financial Performance", *The Academy of Management*, Vol. 27, No. 1, 1984.

Coles, J. L., "Managertial Incentives and Risk – taking", *Journal Financial Economics*, Vol. 79, No. 2, 2006.

Conyoun, M., et al., "Corporate Tournaments and Executive Compensation: Evidence from the U. K. ", *Strategic Management Journal*, No. 22, 2001.

Core, J. E., et al., "Corporate Governance, Chief Executive Officer Compensation, and Firm Performance", *Journal of Financial Economics*, No. 51, 1999.

Costello, A. M., Wittenberg – Moerman, R., "The Impact of Financial Reporting Quality on Debt Contracting: Evidence from Internal Control Weakness Reports", *Journal of Accounting Research*, Vol. 49, No. 1, 2011.

Cowherd, D. M., Levin, D. I., "Product Quality and Pay Equity between Lower – level Empoyees and Top Management: An Investigation of Distributive Justice Theory", *Administrative Science Quarterly*, No. 37,

1992.

Crosby, F., Gonzalez, A. M., "Intal Relative Deprivation and Equity Theories", Springer, 1984.

Croson, R., Gneezy, U., "Gender Differences in Preferences", *Journal of Economic Literature*, Vol. 47, No. 2, 2009.

Cyert, R. M., March, J. G., "A Behavioral Theory of the Firm", Published by Wiley – Blackwell, 1963.

Dann, L., DeAngelo, "Standstill Agreements Privately Negotiated Stock Repurchases, and the Market for Corporate Control", *Journal of Financial Economies*, Vol. 11, No. 3, 1983.

Datta S., "Managerial Stock Ownership and the Maturity Structure of Corporate Debt", *The Journal of Finance*, Vol. 60, No. 5, 2005.

De Bettignies, J. E, Duchene, A., "Product Market Competition and the Financing of New Ventures", *Management Science*, Vol. 61, No. 8, 2015.

DeAngelo, H., et al., "Dividend Policy and the Earned/Contributed Capital Mix: A Test of the Life – cycle Theory", *Journal of Financial Economics*, Vol. 81, No. 2, 2006.

DeConinck, J. B., Stilwell, C. D., "Incorporating Organizational Justice, Role States, Pay Satisfaction and Supervisor Satisfaction in a Model of Turnover Intentions", *Journal of Business Research*, Vol. 57, No. 3, 2004.

Delgado – Garcia, J. B., D L Fuente – Sabate J M., "How do CEO Emotions Matter? Impact of CEO Affective Traits on Strategic and Performance Conformity in the Spanish Banking Industry", *Strategic Management Journal*, Vol. 31, No. 5, 2010.

Demsetz, H., Lehn, K., "The Structure of Corporate Ownership: Causes and Consequences", *Journal of Political Economy*, No. 93, 1985.

Dhaliwal, D., "Voluntary Non – financial Disclosure and the Cost of Equity Capital: The Initiation of Corporate Social Responsibility Reporting", *The Accounting Review*, Vol. 86, No. 1, 2011.

Doidge, C., et al., "Why are Foreign Firms Listed in the U. S. Worth More?", *Journal of Financial Economics*, Vol. 71, No. 2, 2004.

Duru, A., "Earing-based Bonus Plans and the Agency Costs of Debt", *Journal of Accounting and Public Policy*, Vol. 24, No. 5, 2005.

Dyck, A., Zingales, L., "The Coporate Governance Role of the Media", NBER Working Paper, 2002.

Dyck, A., Zingales, L., "The Media and Asset Prices", NBER Working Paper, 2003.

Dye, R. A., "Auditing Standards, Legal Liability and Auditor Wealth", *Journal of Political Economy*, No. 10, 1993.

Edmans, A., Liu, Q., "Inside Debt", *Review of Finance*, Vol. 15, No. 1, 2011.

Englemann, K., Cornell, B., "Measuring the Cost of Corporate Litigation: Five Case Studies", *The Journal of Legal Studies*, Vol. 17, No. 2, 1988.

Eriksson, T., "Compensation and Tournament Theory: Empirical Tests on Danish Data", *Journal of Labor Economics*, Vol. 17, No. 2, 1999.

Fabbri, D., Menichini, A. M. C., "Trade Credit, Collateral Liquidationand Borrowing Constraints", *Journal of Financial Economics*, Vol. 96, No. 3, 2010.

Faber, D. B., "Restoring Trust After Fraud: Does Corporate Governance Matter?", *The Accounting Review*, Vol. 80, No. 2, 2005.

Faccio. M., et al., "CEO Gender, Corporate Risk-taking, and the Efficiency of Capital Allocation", *Journal of Corporate Finance*, Vol. 39, No. 8, 2016.

Fan, J. P. H., Titman, S., Twite, G., "An International Comparison of Capital Structure and Debt Maturity Choices", *Journal of Financial and Quantitative Analysis*, Vol. 47, No. 1, 2012.

Faulkender, M., et al., "Cash Flows and Leverage Adjustments", *Journal of Financial Economics*, Vol. 103, No. 3, 2012.

Finkelstein, S. , Hambrick, D. C. , "Top – Management – Team Tenure and Organizational Outcomes: The Moderating Role of Managerial Discretion", *Administrative Science Quarterly*, Vol. 35, No. 9, 1990.

Firth, M. , et al. , "Auditors' Organizational Form, Legal Liability, and Reporting Conservatism: Evidence from China", *Contemporary Accounting Research*, Vol. 29, No. 1, 2012.

Firth, M. , et al. , "The Effects of Political Connections and State Ownership on Corporate Litigation in China", *Journal of Law and Economics*, Vol. 54, No. 3, 2011.

Fisman, R. , I Love. , "Trade Credit, Financial Intermediary Development and Industry Growth", *Journal of Finance*, No. 58, 2003.

Francis, B. , et al. , "Gender Differences in Financial Reporting Decision – making: Evidence from Accounting Conservatism", 2009 *FMA Annual Meeting Program*, October2009.

Fredrickson, J. W. , et al. , "Sharing the Wealth: Social Comparisons and Pay Dispersion in the CEO's Top Team", *Strategic Manangement Journal*, Vol. 31, No. 10, 2010.

Ganarella, G. , Gasparyan, A. , "New Insights into Executive Compensation and Firm Performance: Evidence from a Panel of 'New Economy' Firms, 1996 – 2002", *Managerial Finance*, Vol. 34, No. 8, 2008.

Geletkanycz, M. A. , Hambrick, D. C. , "The External Ties of Top Executives: Implication for Strategic Choice and Performance", *Administrative Science Quarterly*, Vol. 42, No. 4, 1997.

Gerhart, B. , Rynes, S. L. , *Compensation: Theory, Evidence, and Strategic Implications*, Thousand Oak, CA: Sage Publications, 2003.

Gilson, S. C. , Vetsuypens, M. , "CEO Compensation in Financial Distressed Firms: An Empirical Analysis", *Journal of Finance*, No. 48, 1993.

Gilson, S. C. , "Management Turnover and Financial Distress", *Journal of Financial Economy*, No. 5, 1989.

Goel, A. M. , Thakor, A. V. , "Overconfidence, CEO Selection and

Corporate Governance", *The Journal of Finance*, Vol. 63, No. 6, 2008.

Gomulya, D., Boeker, W., "How Firms Respond to Financial Restatement: CEO Sucessors and External Reactions", *Academy of Management Journal*, Vol. 57, No. 6, 2014.

Gonul, C., et al., "Political Uncertainty and IPO Activity: Evidence from U. S. Guber National Elections", *Journal of Financial and Quantitative Analysis*, Vol. 52, No. 6, 2017.

Graham, J. R., et al., "The Value Relevance of Accounting Under Political Uncertainty: Evidenc Related to Independence Movement", *Journal of International Financial Management&Accounting*, Vol. 16, No. 1, 2005.

Graham, J. R., Tucker, A. L., "Tax Shelters and Corporate Debt Policy", *Journal of Financial Economics*, Vol. 81, No. 3, 2006.

Greenberg, J., "A Taxonomy of Organizational Justice Theories", *Academy of Management Review*, Vol. 12, No. 1, 1987.

Greve, Henrich R., "A Behavioral Theory of R&D Expenditures and Innovations: Evidence from Ship building", *Academy of Management Journal*, Vol. 46, No. 6, 2003.

Griner, E. H., Gordon, L. A., "Internal Cash Flow, Insider Ownership and Capital Expenditures", *Journal of Business, Finance and Accounting*, No. 22, 1995.

Grundy, B. D., Li, H., "Investor Sentiment, Executive Compensation, and Corporate Investment", *Journal of Banking& Finance*, No. 34, 2010.

Gul, F. A., et al., "Earing Quality: Some Evidence on the Role of Auditor Tenure and Auditor's Industry Expertise", *Journal of Accounting and Economics*, Vol. 47, No. 3, 2009.

Gul, F., et al., "Investor Protection, Firm Informational Problems, Big N Auditors, and Cost of Debt around the World", *Auditing: A Journal of Practice and Theory*, Vol. 32, No. 3, 2013.

Guo, L., et al., "The Effects of Vertical Pay Dispersion: Experimental Evidence in a Budget Setting", *Contemporary Accounting Research*, Vol. 34, No. 1, 2017.

Guy, F., "CEO Pay, Shareholder Returns, and Accounting Profits", *International Journal of the Economics of Business*, Vol. 7, No. 3, 2000.

Hall, B. J., Liebman, J. B., "Are CEOs Really Paid Like Bureaucrats?", *The Quarterly Journal of Economics*, Vol. 3, No. 1, 1998.

Hambrick, D. C., Siegel, P. A., "Pay Dispersion within Top Management Groups: Hamful Effects on Performance of High – Technology Firms", *Academy of Management Proceedings*, No. 1, 1997.

Harris, M., Raviv, A., "Corporate Control Contests and Capital Structure", *Journal of Financial Economics*, Vol. 20, No. 4, 1988.

Hart, O., "The Market as an Incentives Mechanism", *Bell Journal of Economics*, Vol. 14, No. 2, 1983.

Healy, P. M., "The Effect of Bonus Schemes on Accounting Decision", *Journal of Accounting and Economics*, Vol. 7, No. 1, 1985.

Henderson, A. D., Fredrickson, J. W., "Top Management Team Coordination Needs and the CEO Pay Gap: A Competitive Test of Economic and Behavioral Views", *Academy of Management Journal*, Vol. 44, No. 1, 2001.

Hibbs, et al., "Wage Dispersion and Productive Effciency: Evidence for Sweden", *Journal of Labor Economics*, No. 18, 2000.

Hiller, N. J., Hambrick, D. C., "Conceptualizing Executive Hubris: The Role of (Hyper –) Core Self – Evaluations in Strategic Decision – Making", *Strategic Management Journal*, Vol. 26, No. 4, 2005.

Hirshleifer, D., Lim, S. S., Teoh, S. H., "Driven to Distraction: Extraneous Events and Underreaction to Earnings News", *The Journal of Finance*, Vol. 64, No. 5, 2009.

Holthausen, R. W., et al., "Annual Bonus Schemes and the Manipulation of Earnings", *Journal of Accounting and Economics*, Vol. 19, No. 1, 1995.

Hong, H., et al., "Bad News Travels Slowly: Size, Analyst Coverage, and the Profitility of Momentum Strategies", *Joutnal of Finance*, No. 1, 2000.

Hoskisson, R. E., et al., "Managerial Incentives and Investment in R&D in Large Multiproduct Firms", *Organization Science*, Vol. 4, No. 2, 1993.

Hribar, P., Jenkins, N. T., "The Effect of Accounting Restatements on Earnings Revisions and the Estimated Cost of Capital", *Review Accounting Studies*, Vol. 9, No. 2 - 3, 2004.

Hribar, P., Yehuda, N., "The Mispricing of Cash Flows and Accruals at Different Life - Cycle Stages", *Contemporary Accounting Research*, Vol. 32, No. 3, 2015.

Huang, J., Kisgen, D. J., "Gender and Corporate Finance: Are Male Executives Overconfident Relative to Female Executives?", *Journal of Financial Economics*, Vol. 108, No. 3, 2013.

Irvine, P. J., Pontiff, J., "Idiosyncratic Return Volatility, Cash Flows, and Product Market Competition", *Review of Financial Studies*, Vol. 22, No. 3, 2009.

Israel, R., "Capital Structure and the Market for Corporate Control: The Role of Debt Financing", *Journal of Finance*, Vol. 46, No. 6, 1991.

Ittner, C. D., "The Structure and Performance Consequences of Equity Grants to Employees of New Economy Firms", *Journal of Accounting and Economics*, Vol. 34, No. 1, 2003.

Jayant, S., "Rank - Order Tournaments and Incentive Alignment: The Effect on Firm Performance", *The Journal of Finance*, Vol. 10, No. 3, 2009.

Jensen, M. C., Meckling, W. H., "Theory of the Firm: Managerial Behavior, Agency Costs and Ownership Structure", *Journal of Financial Economics*, Vol. 3, No. 4, 1976.

Jens, C., "Political Uncertainty and Investment: Causal Evidence from U. S. Gubernatorial Elections", *Journal of Financial Economics*, Vol. 124, No. 6, 2017.

Jensen, M. C., Murphy, K., "Performance Compensation and Top Management Incentives", *Journal of Political Economy*, Vol. 4, No. 98, 1990.

John, K., et al., "Corporate Governance and Corporate Risk Taking", *The Journal of Finance*, Vol. 63, No. 4, 2008.

Julio, B., Yook, Y., "Political Uncertainty and Corporate Investment Cycle", *The Journal of Finance*, Vol. 67, No. 1, 2012.

Jung Kim, Stulz, "Managerial Entrenchment and Payout Policy", *Journal of Financial Quantitative Analysis*, Vol. 39, No. 4, 1996.

Kabir, R., "Executive Compensation and the Cost of Debt", *Journal of Banking&Finance*, Vol. 37, No. 8, 2013.

Kahneman, D., Tversky, A., "Prospect Theory: An Analysis of Decision Under Risk", *Econometrica: Journal of the Econometric Society*, 1979.

Karen, M. H., Anarew, J. L., Brian, P. M., "Auditor Dismissals After Accounting Restatements", Working Paper, 2012.

Karpoff, J. M., Lott, J. R., "The Reputational Penalty Firms Bear from Committing Criminal Fraud", *Journal of Law & Economics*, Vol. 36, No. 2, 1993.

Kashyap, A. K., Stain, J. C., "Monetary Policy and Bank Lending. Monetary Policy", *Gregory Mankiw University of Chicago Press*, 1994.

Kim, J. B., et al., "Internal Control Weakness and Bank Loan Contracting: Evidence from SO_X Section 404 Disclosure", *The Accounting Review*, Vol. 86, No. 4, 2011.

Kini, O., Williams R., "Tournament Incentives, Firm Risk and Corporate Policies", *Journal of Financial Economics*, Vol. 103, No. 2, 2012.

Koo, J., Shin, S., "Financial Liberalization and Corporate Investments: Evidence from Korean Firm Data", *Asian Economic Journal*, Vol. 18, No. 3, 2004.

Korajczyk, R., Levy, A., "Capital Structure Choice: Macroeconomic Conditions and Financial Constraints", *Journal of Financial Economics*,

No. 68, 2003.

Krishnan, J., et al., "Legal Expertise on Corporate audit Committees and Financial Reporting Quality", *The Accounting Review*, Vol. 86, No. 6, 2011.

La Pastor, P. Veronesi, "Political Uncertainty and Risk Premia", *Journal of Financial Economics*, Vol. 110, No. 3, 2013.

La Pastor, P. Veronesi, "Uncertainty about Government Policy and Stock Prices", *Journal of Finance*, Vol. 67, No. 4, 2012.

La Porta, Rafael, et al., "Legal Determinants of External Finance", *Journal of Finance*, No. 52, 1997.

Laeven Luc., "Does Financial Liberalization Reduce Financing Constraints?", *Financial Management*, Vol. 31, No. 4, 2003.

Lafond, R., Roychowdhury, S., "Managerial Ownership and Accounting Conservatism", *Journal of Accounting Research*, Vol. 46, No. 1, 2008.

Lallemand, T., et al., "Intrafirm Wage Dispersion and Firm Performance: Evidence from Linked Employer Employee Data", *Kyklos*, No. 57, 2004.

Lambert, R. A., et al., "Executive Stock Option Plans and Corporate Dividend Policy", *Journal of Financial and Quantitative Analysis*, Vol. 24, No. 4, 1989.

Lambert, R. A., Larcker, D. F., Weigelt, K., "The Structure of Organization Incentives", *Adiministrative Science Quarterly*, No. 38, 1993.

Lambert, R. A., Larcker, D. F., "An Analysis of the Use of Accounting and Market Measures of Performance in Executive Compensation Contracts", *Journal of Accounting Research*, No. 25, 1987.

Lazear, E. P., Rosen, S., "Rank-Order Tournaments as Optimum Labor Contracts", *Journal of Political Economy*, Vol. 89, No. 5, 1981.

Lee, K. W., et al., "Executive Pay Dispersion Corporate Governance and Firm Performance", *Review of Quantitative Finance and Accounting*, Vol. 30, No. 3, 2008.

Lee, T. W., et al., "The Unfolding Model of Voluntary Turnover are Plication and Extension", *Academy of Management Journal*, Vol. 42, No. 4, 1999.

Leland, H. E., Pyle, D. H., "Informational Asymmetries, Financial Structure, and Financial Intermediation", *The Journal of Finance*, Vol. 32, No. 2, 1977.

Litov, L. P., Sepe, S. M., Whitehead, C. K., "Lawyers and Fools: Lawyer – directors in Public Corporations", *The Georgetown Law Journal*, Vol. 102, No. 2, 2013.

Love Inessa, "Financial Development and Financing Constraints: International Evidence from the Structural Investment Mode", *The Review of Financial Studies*, Vol. 16, No. 3, 2003.

Lys, T., Sohn, S., "The Association between Revisions of Financial Analysts' S Earnings Forecasts and Security Price Changes", *Journal of Accounting and Economics*, Vol. 13, No. 4, 1990.

Mahy, B., et al., "Does Wage Dispersion Make All Firms Productive?", *Scottish Journal of Political Economy*, Vol. 58, No. 4, 2011.

Main, B. G., et al., "Top Executive Pay: Tournament or Teamwork?", *Journal of Labor Economics*, Vol. 11, No. 4, 1993.

Manne, H. G., "Insider Trading: Hayek, Virtual Markets, and the Dog that did not Bark", *Journal of Corporation Law*, Vol. 31, No. 1, 2005.

Martin, J., "Relative Deprivation: A Theory of Distributive Injustice for an Era of Shrinking Resources", Graduate School of Business, Stanford University, 1979.

Matsumura, E. M., et al., "Firm – Value Effects of Carbon Emissions and Carbon Disclosures", *The Accounting Review*, Vol. 89, No. 2, 2014.

Matsunaga, S. R., Park, C. W., "The Effect of Missing a Quarterly Earnings Benchmark on the CEO's Annual Bonus", *The Accounting Review*, Vol. 76, No. 3, 2001.

Mei, J. W., Xiong, J. A., "Scheinkman. Speculative Trading and

Stock Prices: Evidence from Chinese A - B Share Premia", *SSRN Electronic Journal*, Vol. 10, No. 2, 2009.

Milgrom, P., Roberts, J., "An Economic Approach to Influence Activities in Organizations", *American Journal of Sociology*, 94 (Supplement), 1988.

Miller, G. S., "The Press as a Watchdog for Accounting Fraud", *Journal of Accounting Research*, Vol. 44, No. 5, 2006.

Minnis, M., "The Value of Financial Statement Verification in Debt Financing: Evidence from Private U. S. Firms", *Journal of Accounting Research*, Vol. 49, No. 2, 2011.

Morgan Jim, Stundza Tom, "Buyer - supplier Alliances don't Just Come Together", *Purchasing*, Vol. 114, No. 3, 1993.

Muravyev, A., et al., "Entrepreneurs' Gender and Financial Constraints: Evidence from International Data", *Journal of Comparative Economics*, Vol. 37, No. 2, 2009.

Murphy, K. J., "Corporate Performance and Managerial Remunertion: An Empirical Analysis", *Journal of Accounting and Economics*, Vol. 7, No. 1 -33, 1985.

Myers, S. C., "Determinants of Corporate Borrowing", *Journal of Financial Economics*, No. 5, 1977.

Narayanan, M. P., "Managerial Incentives for Short - term Results", *The Journal of Finance*, Vol. 40, No. 5, 1985.

Ndofor, H. A., Vanevenhoven, J., Iii V. L. B., "Software Firm Turnarounds in the 1990s: An Analysis of Reversing Decline in a Growing, Dynamic Industry", *Strategic Management Journal*, Vol. 34, No. 9, 2013.

Nejla, "Management Entrenchment: Modelisation and Impact on the Shareholders Wealth", NBER Working Paper, 2006.

Novaes, Waltet, Zingales, "Capital Structure Choice When Managers are in Control: Entrenchment Versus Efficiency", Working Paper, 1995.

Nwaeze, T., et al., "Accounting Information and CEO Compensation: The Role of Cash Flow from Operations in the Presence of Earnings",

Workpapers, 2007.

O'Reilly, C. A., et al., "CEO Compensation as Tournament and Social Compensation: A Tale of Two Theories", *Administrative Science Quarterly*, Vol. 32, No. 2, 1988.

Ortiz-Molina, H., "Executive Compensation and Capital Structure: The Effects of Convertible Debt and Straight Debt on CEO Pay", *Journal of Accounting and Economics*, Vol. 43, No. 1, 2007.

Ozkan Neslihan, "Do Corporate Governance Mechanisms Influence CEO Compensation? An Empirical Investigation of UK Companies", *Journal of Multinational Financial Management*, No. 17, 2007.

Palmros, Z.-V., Scholz, S., "The Accounting Causes and Legal Consequences of Non GAAP Reporting: Evidence from Restatements", *Contemporary Accounting Research*, Vol. 21, No. 1, 2004.

Park, K. E., "Pay Disparities within Top Management Teams and Earning Management", *Journal of Accounting and Public Policy*, Vol. 36, No. 1, 2017.

Parthasarathy, K., Newberry, K., "The Impact of Financial Restatements on Debt Markets", *SSRN Electronic Journal*, 2007.

Pearce, J. A., Robbins, K., "Toward Improved Theory and Research on Business Turnaround", *Journal of Management*, Vol. 19, No. 3, 1993.

Petersen, M. A., Rajan, R. G., "Trade Credit: Theories and Evidence", *Review of Financial Studies*, Vol. 10, No. 3, 1997.

Pfeffer, J., Nancy, L., "The Effect of Wage Dispersion on Satisfaction, Productivity, and Working Collaboratively: Evidence from College and University Faculty", *Administrative Science Quarterly*, No. 38, 1993.

Piotroski, J. D., Roulstone, D. T., "Do Insider Trades Reflect both Contrarian Beliefs and Superior Knowledge about Future Cash Flow Realizations?", *Journal of Accounting and Economics*, No. 39, 2005.

Pittman, J. A., Fortin, S., "Auditor Choice and the Cost of Debt Capital for Newly Public Firms", *Journal of Accounting and Economics*,

Vol. 37, No. 1, 2004.

Porter, M. E., "Consumer Behavior Retailer Power and Market Performance in Consumer Goods Industries", *Review of Economics and Statistics*, Vol. 56, No. 4, 1974.

Rajan, R. G., Zingales, L., "Financial Dependence and Growth", *Social Science Electronic Publishing*, Vol. 88, No. 3, 1999.

Reigenga, A. L., "Environmental Regulation, Capital Intensity, and Cross - sectional Variation in Market Returns", *Journal of Accounting and Public Policy*, Vol. 19, No. 2, 2000.

Rezaul Kabir, et al., "Executive Compensation and the Cost of Debt", *Journal of Banking Finance*, No. 37, 2013.

Richardson, A. J., Welker, M., "Social Disclosure, Financial Disclosure and the Cost of Equity Capital", *Accounting, Organizations and Society*, No. 26, 2001.

Rosen, S., "Authority, Control and the Distribution of Earnings", *Bell Journal of Economics*, Vol. 10, No. 13, 1982.

Rosen, S., "Prizes and Incentives in Elimination Tournaments", *American Economic Review*, No. 76, 1986.

Ruby, P. K., Timothy, P. O., "Monetary Policy, Bank Lending, and the Risk - pricing Channel", *Journal of Money, Credit and Banking*, Vol. 44, No. 4, 2012.

Scheinkman, J. A., Xiong, W., "Overconfidence and Speculative Bubbles", *Journal of Political Economy*, Vol. 111, No. 6, 2003.

Schmidt, K. M., "Managerial Incentives and Product Market Competition", *Review of Economic Studies*, Vol. 64, No. 2, 1997.

Schubert, R., et al., "Financial Decision - making: Are Women Really More Risk - averse?", *American Economic Review*, Vol. 89, No. 2, 1999.

Sharma, Z., "Pay Disparity and Innovation: Evidence from Firm Level Data", *International Journal of Banking, Accounting and Finance*, Vol. 3, No. 4, 2011.

Shaw, K. W., "CEO Incentives and the Cost of Debt", *Review of Quantiative Finance and Accounting*, Vol. 38, No. 3, 2012.

Short, H., Keasey, K., "Managerial Ownership and the Performance of Firms: Evidence from the UK", *Journal of Corporate Finance*, Vol. 5, No. 1, 1999.

Siegel, P. A., Hambrick, D. C., "Pay Disparities within Top Management Groups: Evidence of Harmful Effects on Performance of High-technology Firms", *Organization Science*, Vol. 16, No. 3, 2005.

Smith, C. W., Warner, J. B., "On Financial Contracting: An Analysis of Bond Covenants", *Journal of Financial Economics*, Vol. 7, No. 2, 1979.

Smith, C. W. J., Watts, R. L., "The Investment Opportunity Set and Corporate Financing, Dividend, and Compensation Policies", *Journal of Financial Economics*, Vol. 32, No. 3, 1992.

Steven Freund, et al., "Executive Compensation and Corporate Financing Policies: Evidence from CEO Inside Debt", *Journal of Corporate Finance*, Vol. 50, No. 1, 2018.

Stulz, R., "Management Control of Voting Rights: Financing Policies and the Market for Corporate Control", *Journal of Financial Economics*, No. 20, 1988.

Summers, B., Wilson, N., "An Empirical Investigation of Trade Credit Demand", *International Journal of the Economics of Business*, Vol. 9, No. 2, 2002.

Sundaram, R. K., Yermack, D. L., "Pay Me Later: Inside Debt and Its Role in Managerial Compensation", *The Journal of Finance*, Vol. 62, No. 4, 2007.

Tang, J., et al., "Dominant CEO, Deviant Strategy, and Extreme Performance: The Moderating Role of a Powerful Board", *Journal of Management Studies*, Vol. 48, No. 11, 2011.

Thomas, D. E., et al., "Internationalization, TMTgender Diversity and Firm Performancein Mexican Firms", *International Journal of Strategic*

Management, Vol. 12, No. 2, 2012.

Van Horen, N., "Trade Credit as a Competitiveness Tool: Evidence from Developing Countries", Rermany: University Library of Munich, 2005.

Wang, Y., et al., "Economic Policy Uncertainty and Corporate Investment: Evidence from China", *Pacific - Basin Finance Journal*, Vol. 26, No. 3, 2014.

Wang, Q., et al., "State Ownership, Institutional Environment and Auditor Choise: Evidence from China", *Journal of Accounting and Economics*, Vol. 46, No. 1, 2006.

Warfield, T. D., et al., "Managerial Ownership, Accounting Choices and Informativeness of Earnings", *Journal of Accounting and Economics*, Vol. 20, No. 1, 1995.

Watts, R. L., Zimmerman, J. L., "Positive Accounting Theory", Prentice - Hall, 1986.

Williams, T. A., Shepherd, D. A., Zhao, E. Y., "Organizational Response to Adversity: Fusing Crisis Management and Resilience Research Streams", *Academy of Management Annals*, Vol. 11, No. 2, 2017.

Wright, P., et al., "Influences of Top Management Team Incentives on Firm Risk Taking", *Strategic Management Journal*, Vol. 28, No. 1, 2007.

Yanadori, Y., Cui, V., "Creating Incentives for Innovation? The Relationship between Pay Dispersion in R&D Groups and Firm Innovation Performance", *Strategic Management Journal*, Vol. 34, No. 12, 2013.